BÀIRD GHLEANN DAIL

THE GLENDALE BARDS

BÀIRD GHLEANN DAIL
THE GLENDALE BARDS

A *selection of songs and poems by*
Niall MacLeòid (*c.*1843–1913), '*The Bard of Skye*',
HIS BROTHER
Iain Dubh (1847–1901)
AND THEIR FATHER
Dòmhnall nan Òran (1787–1872)

EDITED BY
Meg Bateman
with Anne Loughran

First published in Great Britain in 2014 by
John Donald, an imprint of Birlinn Ltd

West Newington House
10 Newington Road
Edinburgh
EH9 1QS

www.birlinn.co.uk

ISBN: 978 1 906566 80 7

Copyright © Meg Bateman and Anne Loughran 2014

The publishers gratefully acknowledge the support of following
towards the publication of this book:

Chuidich Comhairle nan Leabhraichean am foillsichear
le cosgaisean an leabhair seo
Tha na ùghdaran fada an comainn Urras an Eilein
airson an cuid taic dhan phròiseact seo
Fèisean nan Gàidheal
Sabhal Mòr Ostaig
Commun Gaidhlig Inbhir Nis / The Gaelic Society of Inverness
Norman MacLeod OBE

British Library Cataloguing-in-Publication Data
A catalogue record for this book is available on request from the British Library

Typeset by Mark Blackadder

Printed and bound in Great Britain by T.J. International Ltd, Padstow, Cornwall

Contents

List of Illustrations

Preface

In 2013 Ian Blackford of the Glendale Trust proposed re-editing and trans-
lating Neil MacLeod's *Clàrsach an Doire* to mark the centenary of Neil's
death in 1913. Hugh Andrew of Birlinn publishers approached me to carry
out the work, but I remembered a suggestion made by my fellow post-
graduate student, Anne Loughran, in the 1980s. She maintained that the
publication of Neil MacLeod's poetry alongside that of his father and
brother, Dòmhnall nan Òran and Iain Dubh, would be a laboratory of
changing literary tastes revealed within one family. Having researched the
sources for such a publication in her MLitt thesis, 'The Literature of the
Island of Skye: A bibliography with extended annotation' (University of
Aberdeen, awarded 1986), Anne proposed the idea to the Scottish Gaelic
Texts Society in the mid 1990s. The Society felt unable to take the work on
at the time, and it has fallen to me, twenty years later, to bring the work
out. This book is founded on Anne's insightful proposal, bibliography and
sourcing of relevant material. She and I have made our selection of texts
together and she has provided part of the material for the English biogra-
phies of the poets. A longer account of the family in Gaelic has been kindly
provided by Norman Macdonald, Portree, who has followed the diaspora
of the family to the present day, and whose photos, given to him by Neil
MacLeod's grandson, Norman MacLeod, are also used here.

Meg Bateman

Acknowledgements

I am most grateful to Allan Campbell for giving me versions of Iain Dubh's songs as noted down by his father, Archie Campbell or Eàirdsidh Ruadh (1917–1997) of Colbost, from his own memory and from older people in the neighbourhood. He also identified our sixteenth poem by Iain Dubh as this book went to press. Ailean Dòmhnallach (Am Maighstir Beag) has also supplied me with transcriptions of songs by Iain Dubh which he collected himself. Christine Primrose, Aonghas Dubh MacNeacail, Ceana Chaimbeul, Allan Campbell and Norman Macdonald have helped me with transcribing Iain Dubh's songs from sound archives. I am grateful to Rupachitta (or Patricia Robertson) for taking me to places in Glendale connected with the MacLeod family. Mary Beaton (Newton Mearns) and Ann MacDonald (Glasgow) have been most helpful regarding the family's genealogy. Prof. Colm Ó Baoill's unpublished editions of some of Dòmhnall nan Òran's work have been invaluable, as has his help and encouragement throughout the process, and his corrections to the completed text. Rody Gorman has been on hand to answer further linguistic questions. I also thank the team at Birlinn/John Donald for their patience and helpfulness. For final editorial and translation corrections and for proof-reading, requiring sensitivity, scholarship, a native-speaker's knowledge of idiom and painstaking work, I am deeply indebted to Ian MacDonald, formerly of the Gaelic Books Council. Any outstanding irregularities are my own.

The sound archives *Tobar an Dualchais* and *Bliadhna nan Òran* add another dimension to the texts presented here, for they let us hear the songs sung by traditional singers. They have also been invaluable in allowing me to locate words and identify the tunes for some of the texts below. I am grateful to both bodies for permission to transcribe words and tunes for this book, and to the relatives of those quoted. I am grateful to Neil

Campbell (MacBeat) for transcribing the tunes for Iain Dubh's songs from the sound archives; to Christine and Alasdair Martin for giving permission to reproduce five of their arrangements of Neil's songs from *Òrain an Eilein*; and to Eilidh Scammell and Eilidh NicPhàidein for transcribing these tunes into the computer programme Sibelius.

I must thank Greg MacThòmais and Cairistìona Cain of the library at Sabhal Mòr for generous and inventive help. Ulrike Hogg of the National Library of Scotland found three letters for me from Neil MacLeod to Alexander MacDonald (Inverness), the latter's poem on Neil's death, and the MS of the 16th poem by Iain Dubh. A four-month sabbatical from the University of the Highlands and Islands was a great help in completing this project.

Meg Bateman
Skye 2014

Introduction

Neil MacLeod was born in Glendale in Skye about 1843 and at the age of twenty-two he moved to Edinburgh, where he remained till his death in 1913. A rare opportunity for examining the influence of life in the Lowlands on his work is afforded by his father and brother also being poets, but ones who remained culturally attached to Skye. Anne Loughran first suggested making this comparison between Dòmhnall, who was born in the 18th century, and his sons, Neil, the Edinburgh tea-merchant, and Iain, the sailor, whom some have rated more highly than his famous brother.[1] The point was reiterated recently by Màrtainn Dòmhnallach in a newspaper article discussing the erection of a headstone for Neil in the centenary of his death, in Morningside Cemetery in Edinburgh.[2] Changes in poetic taste are clear in the work of the three poets in the same family, spread over two generations and three centuries, with their different lifestyles, urban, rural and maritime. The requirement to produce songs for the Gaelic diaspora in Lowland cities made for a different sort of song from those produced to entertain or edify a Highland community.[3]

No other Gaelic poet has suffered such a dramatic change in reputation as Neil MacLeod. Nowadays many consider him facile and superficial.[4] Derick Thomson and Donald Meek have compared him unfavourably with Màiri Mhòr, criticising him for a softness of focus and lack of political engagement with the Clearances and Land Wars. While Màiri Mhòr shared a platform with politicians such as Charles Fraser-MacIntosh, Neil spoke in generalities from a distance. While Màiri Mhòr's poetry is passionate and gutsy, Neil's is criticised for the simulation of emotion with little heightening of language.[5] Yet in 1892 Dr MacDiarmid wrote, 'Niall is probably the best known and most popular poet living',[6] and John N. MacLeod, addressing the Gaelic Society of Inverness in 1917, described Neil's collection, *Clàrsach an Doire,* as *co-chruinneachadh cho binn blasda tomadach 's a chaidh riamh an clò* (as sweet, pungent and weighty a collection as has ever been printed).[7] At the time of his death in 1913, Donald MacKinnon, professor of Celtic at Edinburgh University, referred to Neil as one of the three foremost Gaelic writers of his time:

> Since Duncan McIntyre died, no Gaelic poet took such firm hold of the imagination of the Highlanders as Neil MacLeod was able to do . . . There is a happy selection of subject. The treatment is simple, unaffected. You have on every page evidence of the equable temper and gentle disposition of the author – gay humour or melting pathos; happy diction; pure idiom; exquisite rhyme . . . and the melody of versification.[8]

Derick Thomson writes, 'Niall MacLeòid would seem to be the example *par excellence* of the popular poet in Gaelic, and he more than any other became part of the pop culture of his time'.[9] It may be easier to try to account for Neil's popularity in his own time than to give a conclusive assessment of the worth of his poetry.

The social conditions which Neil encountered in the Lowlands were very different from those of the ceilidh house in the townships of the Highlands. For the first time Gaelic speakers from all over the Highlands were meeting socially at dances in the cities of the Lowlands. While traditional songs had alluded to specific communities and places, a new kind of song was required for the Lowland gatherings that would evoke a common background and identity through some sort of generic neighbourhood and landscape. The new urbanisation of the Gaels made new demands on their poets: pieces were required for the annual gatherings of Gaelic societies, and after 1893 for singing at the Mod, for encouraging the Gaelic language, and for historical pieces, arising from a new self-consciousness about being a Gael.[10]

While the characters and places of Neil's father's and brother's songs were known to the people of Glendale, in Neil's songs characters and place become every community and every place. This accounts in large measure for the vagueness of Neil's verse, so different from the traditional exactitude of Gaelic verse.[11] His songs were required to entertain, to be easily memorable and immediately understandable, without the length, complexity of argument or of vocabulary, or the specificity of emotion seen in the work of his father and brother and other traditional poets. It has been suggested that the different subjects of his love songs – Sìne Chaluim Bhàin, Màiri Bhaile Chrò and Màiri Ailein – were one and the same girl.[12]

Neil's father, Dòmhnall nan Òran, was born in 1787, his life therefore overlapping with Uilleam Ros's and Dùghall Bochanan's, while Mac Mhaighstir Alasdair and Donnchadh Bàn were only a couple of generations older. He escaped the press-gang by working as a road-tax collector, which took him all over Skye. Like Robert Burns and Alexander Carmichael, his work allowed him to collect poetry and stories. Some of these he published with his own poetry in *Orain Nuadh Ghaeleach* in 1811, with the financial help of four MacLeod tacksmen.[13] He emigrated to America, perhaps as a result of the death of his sweetheart at the age of twenty-one and his boredom with fishing as a livelihood, but returned fifteen years later. In 1839, when he was fifty-two, he married Anna MacSwan of Glendale and they had a family of ten. He published another book at the end of his life in 1871, but we are to understand from mention of manuscripts in the possession of his widow that a lot more of his work has been lost.

Dòmhnall is a traditional poet: he acts as a clan poet in praising the chief and in evoking a bird, in the traditional manner, to recount the past glories of the clan.[14] He uses satire as a means of social control, sometimes to mock but sometimes to marshal righteousness to correct wrongdoing (see nos. 52–57). He is highly literary and moves easily between genres, whether comic village verse, praise, satire, love, nature or religious verse. Sometimes he composes to entertain, but equally he composes to caution and exhort (see nos. 58–59). Most of his poetry is passionate and personal, with a range of metre, diction and vocabulary.

Neil was the oldest surviving child of Dòmhnall's and Anna's children. He moved to Edinburgh in the 1860s to join his cousin's tea firm where he worked as a travelling salesman. In 1889 he married,[15] and he and his wife settled and raised a family at 51 Montpelier Park in Bruntsfield, Edinburgh.

MacKinnon spoke of Neil's 'equable temper and gentle disposition', and it seems he was different from his father and his brother both in outlook and personality. However, an early poem of Neil's, no. 10, 'Còmhradh eadar Òganach agus Oisean', composed when he was twenty-eight and left unpublished in his lifetime, demonstrates a forcefulness and anger rarely seen in his later work:

Tha na Gàidheil air claonadh om maise
Is air aomadh gu laigs' ann am mòran:
Thug iad riaghladh an dùthcha 's am fearainn
Do shluagh do nach buineadh a' chòir sin . . .

The Gaels have declined in their fineness
and have yielded to weakness in many matters:
the rule of their land and country
they have handed to people with no right to it . . .

Iain Dubh was Neil's younger brother by three years, and unlike his father
and brother, he never published his poems. The contradistinctions between
the two brothers may have been exaggerated in local folklore. He was
married twice and spent much time away from home as a seaman. In
Glendale it was said that he was *dubh air a h-uile dòigh* (black in every
way), in hair, skin colour and even in deed. This last comment probably
relates to his skills as a conjuror and powers of hypnosis which would be
demonised by the church, but all evidence is that he was a kindly man
whose poetry John MacInnes describes as 'strong, realistic, compas-
sionate'.[16] We know of only sixteen poems by Iain, but it is widely held that
Neil saved some for posterity by publishing them under his own name in
Clàrsach an Doire. Ailean Dòmhnallach (former headmaster of Staffin
primary school) can be seen making the case for 'A' Bhean Agam Fhìn' being
Iain's on You-tube,[17] and certainly its irreverent humour is unlike Neil's.
The people of Glendale generally understood this poem to have been Iain's,
and were critical that Neil had published perhaps three poems of Iain's
without acknowledgement. The present editor suggests on stylistic grounds
that the other two may be no. 18, 'Turas Dhòmhnaill do Ghlaschu', and
no. 23, 'Cuairt do Chuith-raing'. Both exemplify vivid idiosyncratic imagery
and celebrate the world of drink so typical of Iain. Their length, though not
the metre, is more like Iain, while Neil's work tends to be shorter. The
beguilement of a man by a pretty girl is a theme Iain returns to on several
occasions, in 'A' Bhean Agam Fhìn', 'Nuair a Rinn Mi Do Phòsadh' and
'Gillean Ghleann Dail' and it is also the moral of 'Turas Dhòmhnaill do
Ghlaschu'. However, Ian MacDonald thinks that the style of 'A' Bhean
Agam Fhìn' is too smooth for Iain Dubh and prefers its ascription to Neil.

We cannot know how many of Iain's songs have been lost. Though Iain
does not have the same range of diction in what survives as his father, he

likewise composes from his own experience, describing his life at sea and on land, the landscape of Glendale and situations that arose in his neighbourhood in Duirinish and in the cities. He does not show the same moral seriousness as his father, but still praises the praiseworthy (see nos. 42–44) and teases the misguided (see nos. 38–41).

A sense of the difference in tone between the three poets can be shown in excerpts from poems each made on the subject of sea-faring: 'Rann Fìrinn do Sheann Bhàta' (A Truthful Verse to the Same Boat) by Dòmhnall nan Òran, 'Gillean Gleann Dail' (The Boys of Glendale) by Iain Dubh and 'Duanag an t-Seòladair' (The Sailor's Song) by Neil (nos. 54, 33 and 5 respectively). Dòmhnall's poem purports to be a faithful account of a decrepit ship that he had fulsomely praised in the mock-heroic poem preceding it. The boat is compared to a beast and a carcase into which the crew venture at their peril, standing hip-deep in water however fast it is baled out. The planks are badly planed, the nails rusting; she contains nests of slaters and enough grass to feed a cow; her mast is like a kiln-stick turned to charcoal, her sails like wet paper and her ropes like rushes:

> Bha i sgallach breac mar dhèile
>   Air dhroch locradh,
> Bha sruth dearg o cheann gach tàirne
>   Mar à chorcar;
> Mar a bha mheirg air a cnàmh
>   'S a làr ga grodadh,
> Bha neid nan corrachan-còsag
>   Na bòird mhosgain.

> *She was bald and pitted like dealboards*
>   *planed badly,*
> *there was a red stream from every rivet*
>   *as if from crimson dyestuff;*
> *the rust had so consumed her*
>   *and her floor was rotting,*
> *there were nests of woodlice*
>   *in her musty planking.*

The poem (rather than song, for we are told that Dòmhnall spoke his work[18]) was composed about a real event concerning a local man. However, a certain amount of inter-textuality is involved, not only with the preceding praise of the old boat, but also with Mac Mhaighstir Alasdair's seafaring poem, 'Birlinn Chlann Raghnaill', whose language and metrics it echoes, and also with the boat satires in the Book of the Dean of Lismore.[19] All this very much declares Dòmhnall nan Òran as an 18th century poet himself, deeply conversant with the older culture.

'The Boys of Glendale', no. 33, is probably Iain Dubh's best known song. It is said he composed it spontaneously, sitting in Pàdraig MacFhionghain's shop in Glendale, as a response to questions about life at sea from the local lads. He gives a realistic and frank account of his experiences, of being sworn at by other sailors, of the unpleasantness of the heat, storms, rationing, of burials at sea, and the dangers of women and drink in port. If he had a half of what he had spent on drink, he would sooner be at home in Pollosgan.

> Gur iomadh cruas a thachras riut
> Mun till thu far do chuairt:
> Bheir droch lòn do neart asad
> 'S a' mhaise far do ghruaidh;
> Chì thu cuid a' bàsachadh
> Gun bhàidh riutha no truas,
> Ach sèineachan mun sliasaidean
> 'S an tiodhlacadh sa chuan.

> *Many a hardship will befall you*
> *before you return from your trip:*
> *bad food will take your strength from you*
> *and the bloom from your cheeks;*
> *you'll see people dying*
> *shown no tenderness or care,*
> *only chains put around their thighs*
> *for their burial at sea.*

Neil's 'Sailor's Song' is in marked contrast to the other two. It is not written from personal experience, but is a sentimental set-piece on the separation of a sailor and his sweetheart as the boat sails.[20] They part with pain and tears and she gives him a lock of hair to remember her by. While she sleeps in her warm bed, he must climb the masts to rig the sails. Though life is hard at sea, the hope of winning her gives the sailor renewed strength. He asks the wind to convey a message to the girl that, should she wait for him, she will gain her reward. The notion that wind can speak is new to Gaelic, coming through English songs, and perhaps ultimately through Macpherson's *Ossian*.

An àm dhuinn dealachadh Dimàirt,
Gun fhios an tachair sinn gu bràth,
Gun d' iarr mi gealladh air mo ghràdh,
    'S a làmh gum biodh i fuireach rium.
      . . .
Ach thusa, ghaoth, tha dol gu tuath,
Thoir leat mo shoraidh seo gum luaidh,
Is innis dhi, ma bhios mi buan,
    Nach caill i 'duais ri fuireach rium.[21]

When on Tuesday we did part,
not knowing if we'll meet again,
I asked my love to make a pledge
    that she would keep her hand for me.
      . . .
But you, O wind, that travels north,
take my greetings to my love,
and tell her that, if I survive,
    she won't lose out if she waits for me.

Many further comparisons could be made between the poets in songs of love and nature.[22] Again and again we see Dòmhnall and Iain composing from personal experience for a community of which they were a recognisable part, in the same way that Iain Lom, Donnchadh Bàn or Uilleam Ros are recognisable in their songs. By contrast, Neil addresses a generalised Gaelic audience with poems from which he is largely absent as himself. Rather, he is a ventriloquist, producing songs to express different sorts of people, often as part of an emotional set-piece. He speaks for an emigrant leaving Skye, for a widow burying her only child and a man burying his sweetheart – none of his own experience nor closely imagined.[23] Neil is the generic poet, a figure in his own fantasies. In 'Màiri Bhaile Chrò' for example, the speaker gets lost in the mist in the heights and meets a girl who offers him a bed for the night in her humble dwelling. He swears his undying love for her, yet there is no expectation of their meeting again. It is an idyll evoked by cows, birdsong, flowers and dew, and should perhaps be read as a fantasy of escapism – even of virginity. As the walled garden was to the European medieval love lyricist, so to the Victorian is the girl by herself in a remote sheiling, yet in reality the sheiling was a place for communal activity. The most palpable part of Neil's different personae is his nostalgia.

Not only is the poet a generic, so also are the characters who appear in his songs – the old maid and old bachelor, the sailor and the sweetheart, the drunk, the widow burying her only child, the man and his wife, Anna. Of necessity, Niall's Lowland Gaelic community is largely imagined, except for a few prominent individuals such as John Stuart Blackie, the Professor of Greek who raised money for the first chair of Celtic, or Dr Morrison, who had a shop in Edinburgh where Gaels were wont to meet. How interesting it would be to get more of a picture of his experiences of 19th century Gaelic communities in the Lowlands. Iain Dubh does it magnificently in no. 46, 'Tost Dhòmhnaill an Fhèilidh' (A Toast to Donald of the Kilt), and less so in no. 47. It is to be found in the periodicals of Caraid nan Gàidheal, and later in the songs of Dòmhnall Ruadh Phàislig (Donald Macintyre, 1889–1964). Apart from a few poems for Highland gatherings, Neil's main purpose was to provide songs of escapism through evocation of the homeland. He lacked Gaelic models for depicting city life and we should look for English language models for what few urban scenes he does depict, e.g. 'Taigh a' Mhisgeir' (The Drunkard's House, no. 15) and 'Dòmhnall Cruaidh agus an Ceàrd' (Tough Donald and the Tinker, no. 28). We see the influence of Victorian idylls and sentimental verse, the songs of Robert Burns (Neil uses the Scotch Habbie metre in poems 9, 16 and 28 and sets words to many tunes made popular through Burns's songs, e.g. nos 4, 14 and 17), Chartist songs and the literature of the Temperance Movement, of which Neil was himself a member.[24]

As his brother, Iain Dubh, spoke of his own experience at sea, it is also he who suffers pangs of homesickness in 'Mo Mhàthair an Àirnicreap', he whose shoes are eaten by his mother's heifer, and he who has to carry home a drunken publican.[25] To underline his presence in his songs, seven of his sixteen surviving songs include his name to vouch for their truth.[26] As he is a real personality, so too are the characters who appear in the songs: his wife who worries about his drinking ('Ò Anna, na bi brònach'); Ruairidh

Chaluim Bhàin and Calum Ros who take more than their fair share of ling, crabs and lobsters ('Oran a' Cheannaiche'); Dòmhnall Grannd whom he satirises for cutting boughs from a tree in the graveyard ('Aoir Dhòmhnaill Ghrannda') and whose sister Catrìona he pretends to mollify in 'Òran Catrìona Ghrannda'. Iain's songs are quirky, closely observed and risk unusual flights of the imagination. His portrayal of the drunken publican in no. 46, 'Tost Dhòmhnaill an Fhèilidh', is a good example:

Ged ghabh mi fhìn air spraoi gun chiall,
 Bha d' ìomhaigh-sa a' cur eagal orm,
Nuair a laigh thu air a' *carpad* sìos
 Mar chearc ag iarraidh neadachadh;
Thuit an sgian a bha gad dhìon
 Le d' shliasaid a bhith cho leibideach,
Do dhà dhòrn bheag' a-null 's a-nall
 A' sealltainn dhomh mar bhogsaiginn.

Though I went myself on a senseless spree,
your appearance began to frighten me
when you lay down on the carpet
like a hen wanting to nest;
the knife fell that protected you,
as your thigh had grown so shaky,
with your two small fists back and forth
showing me how I should box.

If Dòmhnall nan Òran sometimes fulfilled the role of praise poet to MacLeod (in 'Marbhrann do Chaiptean Alasdair MacLeòid, ann a Bhatan' and 'Smeòrach nan Leòdach', nos. 49 and 50), he was also a village poet, making poetry to commemorate local events, to entertain, to commend and to chastise. Rob Donn, from the same century, makes an obvious comparison with Dòmhnall. Dòmhnall's earliest extant poem, composed, it is said, when he was fifteen, 'Rann Molaidh do Thaigh Ùr', no 55, is a satire on an ostentatious house built by one of his father's friends, whose splendour, the poet suggests, will have the effect of overwhelming the guests and frightening them away.

 Much more serious is his satire against the church elders of Lonmore (no. 57), who refused to baptise one of his children on the grounds that he was not himself converted (*Chan eil thu iompaichte dha sin*). Dòmhnall vents his anger on what he sees as the pharisaic power of the elders. It was said that he knew most of the Bible by heart[27] and, in an overwhelming array of biblical citations, he gives examples of others who have withheld God's grace, among them the foolish virgins, Balaam, and the prodigal son's brother. The elders are named and he says they look as if they have been kissed by death. They should be careful that they do not get caught out by their own judgementalism, like Haman in the Book of Esther, who was hanged on the gallows he had built to kill Mordecai. This shows Dòmhnall at the height of moral indignation, with a complexity of allusion and intellectual argument never encountered in the work of his sons.

That Neil deals in generalities while Domhnall and Iain deal in specifics is as true of their handling of people as it is of their handling of place. Neil's famous song, 'An Gleann san Robh Mi Òg', no. 1, is a beautiful but generalised place that could evoke the homeland of any Gael in the Highlands. Dòmhnall and Iain are more typical of the tradition in evoking a specific landscape through placenames familiar to a local audience. It is the specific sight of Àirnicreap seen at a distance from his ship that awakens Iain's longing; and it is playing with the concepts of the strangely named headland, *An t-Àigeach* (the Stallion), and the stack, *An Ceannaiche* (the Merchant), that provides the material of a further two songs (see nos. 34, 42 and 43).

The humour in Dòmhnall's and Iain's poems arises from the situations in which they find themselves, but Neil's humour is that of the music-hall and its stock characters. John N. MacLeod and Professor MacKinnon, quoted at the beginning of this introduction, praise Neil for his delicacy of sentiment and exquisite humour, which, they say, differentiated him from other poets.[28] By today's standards, this same humour can sometimes seem in poor taste. The old maid is a figure of fun, desperate for any man, poor, blind or coloured ('Òran na Seana-Mhaighdinn', no. 17); while a poor drunk dies from his wounds and a cold after being set upon by a demonic crew of tinkers ('Dòmhnall Cruaidh agus an Ceàrd', no. 28).

There are marked formal contrasts between the three poets. Neil produced a standard product – almost two-thirds of his poems are between six and nine verses long.[29] This is considerably shorter than the average length of his brother's and father's work, and of traditional song-poetry in general. The city ceilidh with a structured list of performers perhaps had greater time pressures than the ones in the Highlands. Neil's regularity of rhyme and rhythm also makes for easier memorisation and execution than the more conversational rhythms of Iain's and Dòmhnall's poetry. Neil's metres were praised by Sorley MacLean as being 'exquisite in modulation and even in general technique', but were criticised by Derick Thomson, who made a connection between their rhythmic regularity and their lack of surprise, shock and tension.[30] In his thinking, too, Neil follows simple formulas. Very often he describes the land, then the nostalgia it awakens, and closes with a rallying call for recovery, or with a pointer to the fragility of life. All of Neil's poems are rounded off with some clear message or conclusion, but because Iain's songs were aimed at a known audience, they are not always self-explanatory, e.g. 'Òran Catrìona Ghrannda', and some end abruptly.[31] 'Mo Mhàthair an Àirnicreap' (no. 34) describes Iain's dangerous life at sea and his longing for home, and ends with the couplet:

Nach sona dhutsa, Fhionnlaigh,
Gun do dh'ionnsaich thu cur is buain.

You are fortunate, Finlay,
that you learned to sow and reap.

His audience would have understood what lay behind his envy of Finlay: Finlay was Iain's brother who stayed at home to work the croft.

The three have a distinctly different tenor to their language. Dòmhnall's language has an 18th century density and exuberance. We saw this in his seafaring poem above. His poem to a grassy hillock in Glendale called Tungag recalls Mac Mhaighstir Alasdair's nature poetry – and even quotes from it – while his poem on the Day of Judgement brings Dùghall Bochanan to mind. In Neil, there is a limited centralised vocabulary and a new Victorian prettiness combined with the influence of Macpherson. Love swims in the face of Màiri Bhaile Chrò (no. 4, v. 6); the sun dries a daisy's tears ('Rainn do Neòinean', no. 29); the wind laments lost warriors and the departed population in 'Fàilte don Eilean Sgitheanach' and 'Mhuinntir a' Ghlinne Seo' (nos. 2 and 12). This is quite different from the rocks, An t-Aigeach and An Ceannaiche, speaking to Iain Dubh, because the wind had never spoken in Gaelic before James Macpherson's time, while the rocks had been talking since the Lia Fáil.

Some of Neil's poetic ideals are made explicit in his correspondence with Alexander MacDonald about the latter's *Còinneach 'us Coille* (Inverness 1895). He expresses views on the divine provenance of poetry and its edifying nature:

How is your book doing? I hope it is selling well. Gaelic publications seldom or never pay, at least that is my experience in my own humble efforts. Good many Highlanders are very patriotic till you touch their pockets and then their patriotism vanishes. But my dear friend, that should not drown the poetic flame. The mavis and lark don't sing with a view to a reward but because it is the talent that God gave them and they use it well. Poetry is a divine gift if properly directed. Although the poetic sentiment is almost sneered at in this commercial and prosaic age. Still it must be admitted that we are indebted to the bards for much of what is noble, pure and sweet in the language and literature of our country.[32]

When pressed to give a candid view of the younger poet's work, he praises his poems for being sweet and 'singable' but criticises him for contracting some words. Neil shows a preference for the literary rather than spoken forms of the language, and concomitant with that, perhaps, a taste for gracefulness:

Of course there are cases in writing poetry where one is obliged to contract and twist words for the sake of the rhyme and measure, but the less of that the better. In composing poetry we ought to endeavour to clothe our thoughts and ideas with the most graceful and fitting words at our command.[33]

For all his advocacy of non-violence in the Land Wars, for all his lack of understanding of Highland history, and his unwarranted hope for the restoration of the population and their language in the Highlands, Neil was more politically aware than either his brother or father, who, I think, make no mention of the Clearances. Sorley MacLean has written of Neil in this regard:

Niall MacLeod . . . had no deficiency in intellect, and his fine sensitive nature reacted keenly to the tragedy of his people, but he was incapable of expressing a militant ardour . . . incapable of bitterness and incapable of the adequate expression of strong indignation, and he saw human life as sad whether the sorrow was of a particular or universal nature.[34]

MacLean points out that 'Poetic sincerity is not the same thing as moral sincerity', and so, although Neil wrote poetry in which he expressed indignation at the treatment of the Highlanders, Sorley felt that they were not as convincing as his poems of nostalgia.

Though Neil might be said to have created a new genre of emigré verse, it is important to recognise those places where he still worked within the Gaelic tradition, which he clearly knew well. (We see him, for example, helping Frances Tolmie with her transcriptions of Gaelic song while both were resident in Edinburgh.[35]) In writing elegies for prominent city Gaels (e.g. nos. 31 and 32), Neil fulfilled the traditional role of the Gaelic poet, by commemorating the dead and holding up their virtues to others. Just as his father had used tree imagery in his lament for Captain MacLeod, and Iain had been shocked by his neighbour's cutting of branches from a tree in Cille Chòmhghain cemetery, so too does Neil use tree imagery to praise not a warrior but the academic, Professor Blackie:

Ghearradh a' chraobh bu torrach blàth,
'S a dh'àraich iomadh meanglan òg –
Bu taitneach leam a bhith fo sgàil,
'S mo chàil a' faotainn brìgh a lòin.

The tree of fruitful blossom has been felled,
that nurtured many a tender shoot;
I delighted in being beneath its shade,
my mind nourished by its store.

Neil seeks seclusion to enable him to experience the beauty of the Highland landscape without the evidence of the Clearances (e.g. in 'Ri Taobh na Tràigh', no. 30). The idyll of seclusion and of finding comfort and companionship in nature is at least as old in Gaelic as the hermetic poetry of the 6th–9th centuries, and the traditions of Mad Sweeney of the 9th–12th centuries. However, the emptiness of the Highlands is itself a sign of Clearance, and so the beauty of the landscape for Neil is always synonymous with sadness.

If we judge by the number of people who knew the eighty-eight poems in *Clàrsach an Doire* by heart,[36] and by the demand for his book which has run to six editions, it is clear that the Gaels have relished Neil's songs, whatever late-20th-century critics may say. Two poems from the time of his death (see below) show how intensely his death was felt by Gaels in the Lowlands and Highlands alike.

People appreciate Neil's poems' shortness, their simple language and rhythms, their availability in book form and their ability to stand alone without explanation. They were a mass-produced product for the Gaels working in the industries of the Lowlands when they came together socially. In such a situation they would not want the songs of protest and anguish that were part of Land League rallies; rather, they wanted a balm to heal the wounds of recent history, of Clearance and war.[37] The social function of Neil's poetry was to give people who historically would have felt little commonality a group identity, based on a shared Highland upbringing, a shared language, and a shared nostalgia and concern for their homelands. Neil's songs expressed, and were shaped by, the closeness and affection that were the glue of such gatherings. But without their music, the words of songs live only a half-life.[38] We should be careful about judging Gaelic song as poetry, nor should we forget that Neil's work may have worked all the better for its relative simplicity. The fusion of melody with easy-flowing versification in the evocation of an idyll gave thousands a sense of pride in their past, a sense of common purpose and optimism about their new lives.

It is hoped this book will allow for a reassesment of Neil's work in the context of his family and of the Gaelic diaspora. Though neither son displays the linguistic capacity nor dialectic power of his father, a sample of whose work is edited and translated here for the first time, it will probably be agreed that the main fault-line runs between Neil on one side and his father and younger brother on the other. But perhaps the greater revelation, at least for people outwith Duirinish, will lie in the publication of all Iain Dubh's surviving songs and poems. We are indebted to the people in his neighbourhood like Sam Thorburn and Ùisdean MacRath *a thug leotha iad,* 'who took them with them' or memorised them, but with their sense of fun and of place, with their informality and intensity of feeling, it is not hard to see why they did so.

Two Poems on Neil MacLeod's Death

1.

RANNAN CUIMHNEACHAIN AIR NIALL MACLEOD, AM BÀRD

le 'Domhnullach' (1860–1928)

1. Is ann an uair a bha 'm Foghar òirdhearc
Na làn mhaisealachd is bhòidhchead,
'S na chulaidh sgiamhach bhallach òr-bhuidh,
    Fo shràc ga bhuain,
A chuala sinn an sgeula brònach
    Bu deòin leinn bhuainn.

2. Gun tàinig spealadair nan aoisean
A-nall bho dhìomhaireachd nan saoghal,
'S gun tug e leis bho thìr chlann-daoine
    Gu dhùthaich fhèin
Am Bàrd MacLeòid, 's tha sinne faoin deth,
    Is Niall gun fheum.

3. Am Bàrd bu bhinne ceòl is clàrsachd,
Am bàrd bu mhìlse guth is gàire;
Bàrd nan doire dlùth 's nam blàth-dhail,
    Bàrd nan gleanntan;
Bàrd nan cnoc, nan loch 's nan làn-choill,
    'S bàrd nam beanntan.

4. Am bàrd bu chuthag is bu smeòrach,
Bu lon-dubh is bu bhrù-dhearg còmhla;
’S mar an uiseig air chùl òrain,
    Bu bhòidhche gleusadh;
Bàrd nam braon, nan gaoth ’s nan neòilibh,
    ’S bàrd na grèine.

5. Bha do chridhe mar theudan clàrsaich,
’S dhannsadh ceòl is cainnt bho d’ fhàilte;
’S cha b’ urra’ dhuit a chleith air càcha
    Do mhòr-èibhneas
Ri na bha nad shealladh àillidh
    Fo chuairt nan speuran.

6. ’S bha do bhlàth-shùil donn mar sgàthan
A’ sìor dheàlradh oibribh Nàdair,
Mar bu bhrèagha ’s mar a b’ àlainn
    A’ tighinn fod chomhair;
’S fhuair thu lorg air breab neo-bhàsmhor
    Cridhe ’n domhain.

7. ’S chan ann gun adhbhar tha na Gàidheil
Uileadh pròiseil à do bhàrdachd;
’S thug thu togail dan a’ Ghàidhlig
    Fad an t-saoghail;
’S chuir thu ’m broilleach Alba bràiste,
    ’S cha bu shaor e.

8. Ach rug an uair ort – uair ar dunaich,
Uair nam buadh ’s na buana guinich;
Thriall i leat ’s cha till thu tuilleadh
    Gu tìr nam beò;
An talla nam bàrd gu Là na Cruinne
    Bithidh Niall MacLeòid.

1. Memorial Verses on Neil MacLeod, the Poet

by Alexander MacDonald (1860–1928)

1. It was when the glorious harvest
was at its height of grace and beauty,
in its fair, dappled, golden garments,
    harvested in swathes,
that we heard the sorry tidings
    we'd sooner not have.

2. That the reaper of generations
crossed over from mysterious ages
and took him away from the land of the living
    to his own land,
the poet MacLeod, and we are made feeble
    by Neil being dead.

3. The bard of the sweetest song and harping,
the bard of most melodious voice and laughter;
bard of dense groves and flower-strewn meadows,
    bard of the valleys;
bard of the hills, the lochs and woodlands,
    bard of the mountains.

4. The bard who was both cuckoo and mavis,
the blackbird and the robin together;
who behind a song was like the skylark
    of finest tuning;
bard of the dews, the winds and clouds,
    bard of the sun.

5. Your heart was like the strings of the clarsach,
music and chatter would dance at your welcome;
and you could not hide from others
    your ecstasy
at what appeared lovely to your gaze
    under turning skies.

6. Your warm brown eye was like a mirror
always illuminating the works of Nature,
everything beautiful and comely
    coming into your view,
and you detected the eternal beat
    of the heart of the world.

7. It isn't without reason that the Gaels
are all proud of your poetry;
you raised up the Gaelic language
    throughout the world,
and pinned a brooch on Scotland's bosom
    that was not tawdry.

8. But time caught up with you – the hour of our undoing,
the hour of virtues and the wounding harvest;
time took you away and you'll return no more
    to the land of the living;
in the hall of the poets till the Day of Judgement
    Neil MacLeod will be.

2.

CUMHA NÈILL MHICLEÒID

Gun urra

1. Chaidh sgeula tron tìr seo dh'fhàg mìltean fo phràmh –
Mo lèireadh bhith 'g innseadh an nì sin ro-chràit',
An treun-fhear ro phrìseil de chinneadh nan sàr,
Don eug rinn e strìochdadh, 's e sìnte fon làr.

2. Air fraoch-bheannaibh stùcach, cluinn giùcal a' bhròin,
Sa ghaoith mhòir a' diùltainn a ghiùlan le deòin;
Ghuil caointeach gu tùrsach; sguir buileach na h-eòin,
Thaom Cuilitheann na sruthain fo churrac den cheò.

3. Chrom bileagan cùbhraidh san uair sin an cinn –
Cò nis a bheir cliù dhaibh on dh'fhalbh is nach till
Bàrd fileanta speileanta ealanta grinn,
Fear macanta bàidheil balbh sa chill?

4. Chan fhaicear e tuilleadh aig Faidhir no aig Mòd,
Mo gheur-lot, an curaidh bhith laighe fon fhòid,
Mac-Alla ag aithris le fann-ghuth gun treòir,
'Cha mhaireann, cha mhaireann, cha mhaireann MacLeòid!'

5. Cha mhaireann an gaisgeach a sheasadh sa chàs,
Chaill Ghàidhlig cùl-taice nach faigh i gu bràth
Thuirt e rithe 's i meata, 'Na gabh geilte no sgàth,
Chan aontaich mi 'm-feasta gum faigh thu am bàs.'

6. Dh'fhàg e dìleab na dhèidh nach tuigear a luach
Feadh bhios filleadh na gaoith mu mhullach nan cruach;
Dh'fhàg e mìltean ga chaoidh mu Dheas is mu Thuath,
Mo mì-ghean 's mo lèireadh gum feumar a luaidh!

7. Cò ghleusas a' chlàrsach, cò thogas am fonn?
Cò dhùisgeas a' cheòlraidh à suain-chadal trom?
Cò sheinneas le caithream air euchdan nan sonn?
Mo sgaradh, mo sgaradh, geur-acaid nam chom!

8. MhicLeòid, a MhicLeòid, fhir gun ghò is gun bheud,
Fhir mhodhail, chiùin, chòir, fhir fhòghlaimte ghleust',
Fhir mhòir am measg shlòigh, theich m' aighear 's mo ghleus –
Cha d' fhàg thu do choimeas san àl seo ad dhèidh.

9. Tha lionn-dubh is iargain a' lìonadh nan gleann,
Cumhadh dubhach is tuireadh air filidh nam beann –
Mo dhùil anns a' Chruithear chaidh gu bàs air a' chrann
E thoirt sìth is furtachd don bhantraich 's don chlann.

10. Geug àlainn an fhìonain rinn cinntinn cho àrd,
Lùb measan a-sìos i 's bu rìomhach a blàth;
Rinn aois mhòr tro linntean a crìonadh on bhàrr,
'S rinn fuar-ghaoth nan siantan a bristeadh gu làr.

11. Mo shòlas bhith 'g aithris thu bhith marbh san fheòil,
Mo shòlas, a charaid, tha d' anam glè bheò –
Gun còmhlaich sinn fhathast, tha mo dhòchas ro mhòr,
An Còisir nam Flaitheas tha seinn ann an Glòir.

2. Lament for Neil MacLeod

Anonymous

1. News swept through this land that left thousands depressed –
it's my misfortune to tell of this terrible thing,
that this beloved man of the warrior race
has yielded to death and is laid in the earth.

2. On heather-covered peaks hear sorrow moan
in the great wind resenting carrying the news;
a *caointeach* wailed forlornly, the birds have fallen quiet,
the Cuillin poured forth torrents below its cap of mist.

3. Fragrant flowers at that time bent their heads
for who will spread their fame now he's gone and won't return,
a poet who was melodious, eloquent, elegant, fine,
a modest, kind man now dumb in the grave?

4. He'll be seen no more at fair or at Mod,
my agony, the hero to be lying below the sod,
with Echo repeating in a weak voice without strength,
'No more, no more, no more is MacLeod.'

5. No more is the warrior who stood in the breach –
Gaelic has lost a support she'll never find again:
he told her, when she grew faint, 'Neither fear nor yield,
I'll never allow that you will die.'

6. He left a legacy whose worth can't be gauged
as long as the plaiting of the wind is round the peaks;
he has left thousands lamenting him South and North,
alas and alack that it has to be told.

7. Who will tune the harp, who will sing the song,
who will waken the muses from heavy sleep,
who will declaim about heroic feats –
my undoing is the sharp pain in my breast.

8. MacLeod, MacLeod, man without guile or fault,
courteous, kind, gentle, learned, cultured man,
O great man amongst peoples, all my joy has fled –
in this generation after you none can compare.

9. Melancholy and dejection are filling the glens,
dark lament and mourning for the poet of the hills –
my hope in the Creator who died on the Cross
that He will give comfort to the widow and the young.

10. A branch of the vine that grew so high,
that was bent with fruit and lovely in bloom,
great age through the centuries caused its decline
and cold stormy winds smashed it to the ground.

11. My comfort in relating, though you've died in the flesh,
my comfort, dear friend, is that your soul truly lives –
that we will meet yet is my great hope,
singing in Glory in the heavenly choir.

Notes on Editorial
and Translation Practice

The translations that follow are intended to provide help to the Gaelic learner, particularly with the more obscure language of Dòmhnall nan Òran, while giving the reader with no Gaelic a sense of the song-like qualities of the originals. The translations therefore are literal, following the originals line by line, and scanning similarly. No attempt has been made to follow the rhyme schemes of the Gaelic.

Neil's language is very simple and seldom causes difficulties in translation or interpretation. Eleven translations by Neil and others were published in the 1902 edition of *Clàrsach an Doire* and fifteen in the 1909 edition. Because of the license taken to make them rhyme and to give the mood of the Gaelic, they are not as useful a crib as the translations in this volume. However, the names of the translators are interesting in indicating the members of Neil's circle: 'Fionn', D. Mackay (Ledaig), Duncan Livingstone (Ohio), P. Macnaughton, Mrs Mary Mackellar, Neil Ross and Malcolm Macfarlane.

Of the sixteen songs and poems by Iain Dubh in this volume, four have been taken from unpublished sources and two from sound recordings. Only two of Iain Dubh's songs have been previously translated, no. 33, 'Gillean Ghleann Dail', and no. 34, 'Mo Mhàthair an Àirnicreap'.

None of Dòmhnall nan Òran's texts has been translated before but they all have a written source. The texts are much easier to follow in his *Dàin agus Orain* of 1871 than in his *Orain Nuadh Ghaeleach* of 1811. Reconstructions, where there is considerable doubt, have been marked in the notes. Dòmhnall clearly delighted in old and unusual words, and goes to great lengths to choose and spell words according to metrical requirements. In one case (no. 50, v. 3), he chooses the wrong word for wine glasses, *spiaclan* (spectacles), in order to make internal rhyme with *fhìona* (wine).

The metrics are always a help in divining what words might be, whether spelled irregularly for metrical purposes or out of spelling conventions. MacDiarmid rightly considered that his texts were not exceptional for the times:

> No doubt such errors are somewhat conspicuous in his old book; but it is only fair to state that that book was edited by a gentleman in whose Gaelic scholarship MacLeod had great confidence. He is not, therefore, altogether responsible for the many errors in grammar, spelling, accentuation, and punctuation, which are so glaring in this old collection. With careful editing, these faults would not have been more obtrusive than similar ones in some of our best Gaelic books (MacDiarmid 1888: 23–24).

An attempt has been made to apply current Gaelic orthographic conventions to all the texts, while not obscuring rhyme, dialectal or idiolectal variation. Where there is a choice between spelling to reflect the rhyme scheme or to reflect dictionary citations, precedence is given to the rhyme. Elisions have been marked throughout to show how the lines should scan. Dòmhnall has a tendency to use datives, both singular and plural, for the nominative/accusative (e.g. no. 56: 7, *Ged a shàraich thu an drannaig*; and no. 58: 12, *Càit a-nis a bheil na h-eachaibh*). He also uses dative plurals as genitive plurals (e.g. no. 56: 11, *beanachd leanaibh is mhàthraibh*). Plurals are often formed by slenderisation rather than by suffix (e.g. no. 59:1, *No bheil do bhuaidh agad uait fhèin?*).

A double letter indicates vowel length, e.g. *loinneagach* for *lòineagach*; *roinneagach* for *ròineagach*.

Where there are several versions of a song, the oldest or most complete version has been selected, but certain lines have been supplied by other versions where they give a preferable reading. Variations are marked in the notes.

The question arises whether to write a verse as four long lines or eight shorter lines. The second option has generally been chosen, as this has become conventional, though it is clear from the way such songs are sung that the basic unit is the long line. It is hoped that this deficiency will be reduced by the electronic links to the sound archives, *Tobar an Dualchais* or the BBC's *Bliadhna nan Òran*.

No musical notation is given in *Clàrsach an Doire* but some melodies are indicated with the words *air fonn* . . . 'to the tune of . . .', though fewer such indications are given in the 1975 edition of the book. Musical notation is given here where the melodies can be discovered, either from the original texts or from sound archives. Sources for the melodies are noted with those of the texts. Some songs were sung to various tunes and so the notated form and the sound link are not always the same.

Abbreviations

AC	Allan Campbell's unpublished records of his father's versions of Iain Dubh's songs. His father, Archie Campbell or Eàirdsidh Ruadh (1917–1997), belonged to Colbost, Dunvegan. He had some of Iain Dubh's songs himself and had noted others from older people in his neighbourhood. He also had an extensive repertoire of anecdotes relating to the songs.
AG	*An Gàidheal,* An t-Sultain, 1938
ALG	Gillies, Anne Lorne (2005), *Songs of Gaelic Scotland,* Edinburgh, Birlinn
AD	Ailean Dòmhnallach, Alan MacDonald, 'Am Maighstir Beag', (b. 7 April 1933)
ASLS	Association of Scottish Literary Studies
CM	Mhàrtainn, Cairistìona (2001), *Òrain an Eilein.* An t-Eilean Sgitheanach, Taigh na Teud
DG	*An Deò-Gréine*
DIL	Dictionary of the Irish Language, Royal Irish Academy
FMacN	Finlay MacNeill BBC recording
GWE	Fr Allan McDonald (1972), *Gaelic Words and Expressions from South Uist,* Oxford University Press
IA	Iain Aiteig (John MacDonald) on Tobar an Dualchais
JR	James Ross, 1964 James Ross's radio programme, *Iain Dubh Dhòmhnaill nan Òran,* broadcast 3 February 1964
MacA	MacAonghais, An t-Urr. Iain (1973), 'Bardachd Iain Duibh Mac Dhomhnaill nan Oran', *Gairm,* 82: 113–121
MT	*Mac-Talla* (8 January 1904)
NTS	National Trust of Scotland
OST	MacKenzie, William (1934), *Old Skye Tales,* Glasgow

SSS	School of Scottish Studies
SGTS	Scottish Gaelic Texts Society
SO	MacKenzie, John (1872), *Sàr-Obair nam Bàrd Gaelach:* Edinburgh
TD	Tobar an Dualchais: http://www.tobarandualchais.co.uk/
TGSI	*Transactions of the Gaelic Society of Inverness*
y.o.b.	year of birth

Biographical Data

Neil MacLeod (*c.*1843–1913)
'The Skye Bard'

Neil MacLeod was born in Glendale, Skye *c.*1843, the eldest son of Dòmhnall nan Òran. He came to Edinburgh in the 1860s and joined the tea firm of his cousin Roderick MacLeod. He remained based in Edinburgh for the remainder of his life and during his employment with his cousin's firm he spent a number of years as a travelling salesman.

In April 1889 in Glasgow, Neil married Katie Blane Stewart, a twenty-five-year-old schoolteacher and daughter of a schoolteacher of Kensaleyre, Skye.[1] They had three children: two daughters and a son who became a distinguished physician.

Shortly after Neil MacLeod's death in 1913, Professor Donald MacKinnon published an appreciation of his life and work in *The Celtic Review* (MacKinnon 1913–14). Professor MacKinnon writes about his friend with affection and paints a portrait of a man well loved by those who knew him. Donald MacKinnon greatly admired his friend's poetry, and while this admiration might not be shared by everyone today, the work of Neil MacLeod still retains a significant degree of popularity.

Neil achieved early popularity as a poet, with poems and songs which expressed a city-based Gael's romantic and idealised view of the homeland. In 1883 the first edition of his work, *Clàrsach an Doire* (*The Harp of the Grove*), was published. He lived to see the fourth edition of this work in 1909. No other Scottish Gaelic secular author saw a fourth edition of his work during his lifetime and the popularity of *Clàrsach an Doire* has endured, a sixth edition appearing in 1975.

It is reasonable to assume that Neil MacLeod, having been born and brought up in Skye when the oral tradition was still strong, was possessed of a good store of oral literature, and it is a matter of regret that he committed so little of it to print. It is a matter of regret, too, that he seems to have done little, if anything, to promote his father Dòmhnall nan Òran's earlier work, published in 1811. The style and content of this earlier work was very different from that which his son was to adopt in his own work and there is the suspicion that Neil may have regarded his father's early work as being rather uncouth. However, Professor MacKinnon tells us that Neil was responsible for the publication of some of his father's later work in 1871, the year before Donald died.

Judging by his work and what we know of him, Neil seems to have been very different from his father and his brother John, in both outlook and personality. Donald and John both had a strong streak of nonconformity; Neil, on the other hand, was essentially a conformist, or rather, he became one. It should be noted, though, that an early poem, 'Còmhradh eadar Òganach agus Oisean' (poem no. 10), composed when Neil was twenty-five, demonstrates a forcefulness and anger at the fate of the Gaels to a degree rarely seen in his later work. The angry young man became a rather more cautious middle-aged man. With respect to this, it is useful to consider him within the context of the wider family background, beyond his immediate family.

Dòmhnall nan Òran's sister Marion (Mòrag) married Iain Bàn MacLeod of Geary in Waternish. They were both noted for their piety and the family was deeply influenced by the events of the Disruption. One of their sons, another Neil MacLeod, joined the Royal Artillery. He enjoyed a distinguished military career, reaching the rank of Major, and afterwards became an active member of the Free Church. His brother Roderick set up business in Edinburgh as a tea merchant. It was Roderick for whom Donald's son Neil went to work on leaving Skye. It could be said that the circumstances of Neil's life, as well perhaps as his own inclinations, played a part in making him have more in common with his cousins' family than with his own.

John MacLeod (1847–1901)

Neil's younger brother John, known as Iain Dubh, was the third son of Dòmhnall nan Òran, and was born in Glendale in 1847, about four years after Neil. Iain Dubh was to spend all his adult life as a sailor and acquired a colourful reputation.

His nephew Donnchadh Iain Bhig's description of his uncle represents one view, still current in folk memory, that Iain Dubh dabbled in the Black Arts:

> Gnoigearnach de dhuine, tiugh, dorcha. Falt dubh air, cho dubh ris an fhitheach . . . 'S ann airson sin a thug iad Iain Dubh air. Bha e dubh air a h-uile dòigh.[2]

> (*A surly man, thick-set and dark. Black hair, as black as the raven . . . That's why they called him 'Black John'. He was black in every way.*)

The Rev. Iain MacAonghais in his article 'Bàrdachd Iain Duibh Mac Dhòmhnaill nan Òran' (*Gairm*, 82: 113–121) repeats the assertion that Iain Dubh dabbled in the Black Arts, but his own recollection of his one meeting with the poet when he was a small boy, of yards of riband coming out of his mouth, eggs from his ears and pennies from the sky, would seem to indicate that Iain Dubh was something of a conjuror, a belief generally held by the people of Glendale. Ian MacLeod also suggests he may have been a hypnotist (Thomson 1983: 183). MacDonald (2013) says he learnt his tricks from the daughter of a professor on a voyage to India, but other accounts say it happened in America or on the way back from Australia after he was shipwrecked (MacAonghais 1973: 113). There is no account of his tricks ever causing any harm. Indeed, he recompensed a shop owner who cut open all his oranges in search for the shillings Iain Dubh had been able to extract from them. The styling of Iain Dubh as the 'Wizard of the North' clearly became a focus for tales of this genre, some of which were collected by John MacInnes and Eric Cregeen.[3] Allan Campbell also has one to tell from his family:

> My grandfather Ailean Alasdair (1877–1969) often spoke of how Iain Dubh would call at my great-grandfather's (Alasdair Dhòmh-naill's) house in Colbost for a bite to eat. He told of one occasion when he was a child, about 1880, when the land struggle was at its height in the area, that while my great grandmother prepared some food, Iain Dubh asked my grandfather 'An toil leat ceòl, a

bhalaich?' My grandfather replied, ''S toil!', at which point Iain Dubh produced a tin-whistle and started playing, and the *sguabach fhraoich* (the heather broom) resting by the wall began to move about the floor of its own volition. My great-grandmother threw her apron about her head screaming 'Breitheanas!' and fled from the house, with Iain Dubh laughing heartily.[4]

Iain Dubh, unlike his father and brother, did not commit any of his poetry to writing, though Mary Ann Kennedy says that he and Dòmhnall Ruadh Caimbeul from Roag had spoken of bringing out a book of their songs together. The Rev. Donald MacCallum collected what he could of his work, with the intention of having it published, but this never happened (MacLeod 1980: 130).

Iain Dubh was married twice, first to Mòr, with whom he had a daughter, and then in 1889 to Annie Campbell, Anna a' Phosta. Annie continued to live in her family home at Ferinquarrie, for she was listed there in the Census return for 1891. She spent her latter years with Allan Stewart and his wife Annie in Colbost, where she died aged 79 on 10 February 1940. Allan Campbell writes that his father's only sister Jessie Mary (1921–2010), the youngest member of their family, remembered Annie living in Ferinquarrie, next door to Jessie Mary's grand-aunt Mòr Chaimbeul.[5]

There is on record a humorous tale told by Donald Sinclair about Iain returning home from sea when his mother-in-law jokingly told him that Mòr was dead, and he replied that was the news he had been waiting fifteen years for.[6]

Iain Dubh died in Canada of uraemia on the St Lawrence, 9 September 1901, and was buried in Montreal's Mount Royal Cemetery. Another Skye poet and sailor, Màrtainn MacMhaoilein, had a memorial stone erected above his grave (Domhnallach 1965: 34). He had been a quarter-master, but is marked as 'able body' on the ship, *Sarmation*. Some of those who believed that Iain Dubh practised the Black Arts maintained that grass would never grow on his grave, but the trees whose shadow caused this have since been felled.

It would be difficult to imagine two brothers more different than Neil and John MacLeod, Neil spending his adult life as an acclaimed poet and pillar of the Gaelic urban diaspora in Edinburgh, while John spent his as the wandering sailor, with a reputation for unconventional behaviour. Iain

Dubh's poem 'Mo Mhathair an Àrnicreap' gives the impression of someone perhaps aware that his time was running out and regretting some of the choices he had made. It is doubtful, though, that he would have wished to exchange his life for Neil's, for all Neil's success. It was his other brother, Finlay, whose life he seemed to envy, in that he had stayed at home with his mother, as we see in the final verse of 'Mo Mhàthair an Àirnicreap' (no. 34).

Dòmhnall nan Òran (1787–1872)
'The Glendale Bard'

Neil's and Iain Dubh's father, Donald MacLeod, Dòmhnall nan Òran, was born in Glendale, in the north-west of Skye, the only son of Neil MacLeod, a small farmer reputed by some to have been a poet (Budge 1972: 393; Morrison 1976: 17). There is some confusion as to the year of his birth: Alick Morrison states that he was born in 1791 (Morrison 1976: 50), but R. C. MacDiarmid states that he was born in 1787 (MacDiarmid 1888: 18), and census return data is very inconsistent. It would appear that 1787 is the most likely date, but that Donald himself enjoyed the reputation of being older than he was.

When Donald left school he could speak and write English fairly well. He composed his first song, 'Rann Molaidh do Thaigh Ùr', when he was only fifteen. When he was about twenty he became collector of road rates for Skye. This position gave him the opportunity to travel all over the island and to acquire an extensive collection of poetry, lore and tradition. At about this time he fell in love with the daughter of Mr Stewart of Borrodale, but the girl's family were strongly opposed to the relationship, which ended with her early death at the age of twenty-one. Donald became fisherman for MacLeod of MacLeod after giving up his position as road rates collector.

In 1811, at the age of about twenty-four, Donald published a collection of sixty Gaelic poems, of which twenty were his own compositions. Unfortunately, the book has many errors, but R. C. MacDiarmid believed that this was due to poor editing and that the poet was not responsible for them. John MacKenzie relates how the poet in 1829 travelled the Highlands, seeking subscriptions for a new book, a history of 'Calum-Cille, Coinneach Odhar, Am Britheamh Leòghasach agus an Taoitear-Sàileach' but this book was never published (MacKenzie 1872: 352).

Donald emigrated to America about 1829. According to Alick Morrison, he 'emigrated briefly' (Morrison 1976: 18), but R. C. MacDiarmid says he remained there for upwards of fifteen years working at a variety of jobs (MacDiarmid 1888: 21). On returning to Skye he set up as a general merchant in Glendale and on 17 September 1839 at the age of about fifty-two he married a girl of nineteen, Ann MacSwan, daughter of Finlay MacSwan and Catherine Ross.[7]

R. C. MacDiarmid states that Donald and his wife had ten children (MacDiarmid 1888: 22), four sons and six daughters. The census returns from 1851 to 1881 name only eight children, four sons and four daughters: Neil (b. 1843), Finlay (b. 1845), John (b. 1847), Donald (b. 1849),[8] Ann (b. 1850), Catherine (b. 1852), Janet (b. 1855) and Abby (b. 1863). This would seem to imply that there had been two other children born and deceased within one of the inter-census periods.

Donald's poetic gifts were inherited by at least three of his other children, in addition to Neil and John. Finlay is named as a bard in Alick Morrison's MacLeod genealogy (Morrison 1976: 50). This was confirmed by a native of Glendale born early in the 20th century. She said that Finlay had been a bard, although not as gifted as his brothers, and she doubted whether any of his poetry had survived. She also said that two of Dòmhnall nan Òran's daughters, Catherine and Ann, were both 'as gifted as the men for song at local functions, mostly weddings in those days'. Ann, the eldest daughter, was born in 1850 and Catherine was born in 1852. Ann married a MacDonald in Dunvegan and Catherine did not marry. The Rev. Donald Budge has written of two of Donald's grandchildren's talent for poetry (Budge 1972: 394).

In 1871 Donald's son Neil had a second, smaller collection of his father's work published (MacLeòid 1871). However, most of his songs were never published, and R. C. MacDiarmid, writing in the late 1880s, tells us that the manuscripts of many of them were then in the possession of the poet's widow in the family home in Glendale (MacDiarmid 1888: 25).

Dòmhnall nan Òran died on 24 January 1872 and was buried in the churchyard of Kilchoan, not far from where he had been born. In the register he is described as 'Donald MacLeod, Crofter – known as the 'Glendale Poet', married to Ann McSwan'. Ann died on 10 January 1898, aged seventy-eight.[9]

R. C. MacDiarmid has given a vivid account of Dòmhnall nan Òran as an old man, based partly on personal recollection:

I have a faint recollection of his appearance. He was rather below the middle height, or, at least, appeared to me to be so, owing to his advanced age and his being much bent. When travelling, he always dressed scrupulously, and wore a tall hat. He was well-known all over Skye, not only for his poetry, but also for his ready wit and conversational powers. He was a beautiful and an eloquent Gaelic speaker and had a wonderful command of the characteristic idiom and ample vocabulary of that language. He possessed a remarkably retentive memory and could repeat long poems, whether composed by himself or by others, without the least hesitation or loss for a word. He very seldom sang his own verses. He used to recite them in a slow, deliberate, and impressive manner, yet he had a most accurate ear for musical sounds, and such was his extreme fastidiousness regarding the smoothness of his lines and correctness of his rhythm, that MacKenzie, in his *Beauties of Gaelic Poetry*, remarks that it often led him into the error of writing bad grammar and words of no meaning. (MacDiarmid 1888: 23).

Birth Dates of Dòmhnall nan Òran and his son Niall

Most printed sources give Donald's year of birth as 1787 and Neil's as 1843. Data in official sources (census enumeration books, death records, etc) present a very confusing picture of the year of Donald's birth. Official sources also indicate some uncertainty as to the year of Neil's birth.

Dòmhnall nan Òran

Writing in 1888, sixteen years after Donald's death in 1872, R. C. MacDiarmid states that he was born in 1787 (MacDiarmid 1888: 18). This year has been quoted in subsequent published material, with the exception of Alick Morrison's genealogical work, which gives his year of birth as 1791 (Morrison 1976: 50).

The census enumeration books and Statutory Death Records indicate that Donald's year of birth could have been any year between 1777 and 1787:

The 1841 census gives his age as 55 (possible year of birth 1786); the 1851 census as 64 (possible y.o.b. 1787);

the 1861 census as 80 (possible y.o.b. 1781);

the 1871 census as 92 (possible y.o.b. 1779);

the Statutory Death Records for 1872 record that he died on the
24th January 1872, aged 94 (possible y.o.b. 1777 / 1778).

The pattern which emerges from successive records is, for the most part, one of Donald's year of birth being pushed further and further back. Norman Macdonald of Portree suggests a possible reason for this being Donald's enjoyment of people believing him to be older than he was and the enhanced status this gave him.[10] It is also possible that Donald himself was unsure about the exact year of his birth, as would have been the case with many people born before universal birth registration. While there is a possibility that Donald may have been born earlier than 1787, present knowledge points to this being the most likely year of his birth.

Niall

The printed sources generally give 1843 as Neil's year of birth and this is supported by the census return for 1851, although the return for 1841 may suggest an earlier date, c. 1840.

With regard to the printed sources, that of Professor Donald MacKinnon is worthy of note in that he knew Neil personally. In an obituary for his friend, MacKinnon writes:

> He was born in Glendale, Skye in March 1843. His birth was not registered, registration in out-of-the-way parts was at the time very irregular, and until quite recently the man himself believed that he was a couple of years older. But he is entered in the Census of 1851 at eight years of age, and the entry, in the absence of more definite evidence, must be taken as conclusive.
> (Mackinnon 1913: 152)

The census enumeration book for the (6 June) 1841 census lists Donald MacLeod and his wife Ann along with a one-year old boy Neil, all of them then staying at Milivaig. Who was baby Neil? If he was the Niall of *Clàrsach an Doire* and his entry as a one-year old in the 1841 census was correct, then his entries as an eight-year old in the (30 March) 1851 census and as a nineteen-year old in the (7 April) 1861 census were incorrect. On the other hand, there could have been two Neils: the baby Neil of 1841 may have been the sibling of the Neil of the 1851 census, born and deceased before the birth of his younger brother. It is not unknown for a child to be named for a deceased older sibling.

According to MacKinnon, Neil had long believed himself to have been born earlier than 1843, though he does not mention Neil's grounds for believing this, nor who had checked the entry in the 1851 census and why. Norman Macdonald has speculated that Neil may have started to research his exact age round about 1908 when the State Pension for those aged 70 and over was introduced.[11]

The discussion could be grouped under two headings: (i) the evidence of the 1851 and 1861 censuses, in support of an 1843 date, against that of the 1841 census in support of 1840 and (ii) Neil's belief until near the end of his life that he had been born before 1843.

Where the census data is concerned, the 1841 census may not be as reliable as the later ones.[12] As there is much room for uncertainty and speculation, it is best to leave open the question of whether Neil was born in 1840 or 1843.

Teaghlach Dhòmhnaill nan Òran
le Tormod Dòmhnallach (Port Ruighe)

Norman MacDonald

Nuair a chaochail an tè mu dheireadh dhen an teaghlach aig Dòmhnall nan Òran air an dara latha deug dhen Lùnastal 1942, bha uimhir de chuimhne air a h-athair agus de chliù aig an teaghlach 's gun do thog na pàipearan air fad an naidheachd gu robh *Eaby*, nighean Bàrd Ghleann Dail, air bàsachadh. Bha seo a dh'aindeoin 's gu robh trì fichead bliadhna 's a deich ann bhon a chaochail am bàrd fhèin.

Tha an t-àite a bh' aig Dòmhnall MacLeòid, bàrd Ghleann Dail, ann am beatha na dùthcha a' crochadh cho mòr air cuimhne, air ìomhaighean agus air teaghlach 's a tha e a' crochadh air bàrdachd. Na bheatha fhèin, agus airson faisg air a' cheud gu leth bliadhna bhon uair sin, tha na làraichean a dh'fhàg am bàrd agus dithis dhe a mhic air mac-meanmna nan Gàidheal a-nise toinnte ann am fìrinn 's leth-fhìrinn, fealla-dhà agus beul-aithris, cleas is aineolas.

Tha e math gu bheil cothrom ann a-nise na h-uimhir dhen a' mhiotasachd a cheartachadh agus a chothromachadh le brìgh na h-eachdraidh. 'S fheumail sin a dhèanamh aig ìre aois Dhòmhnaill agus co-dhiù a dh'fheumar gabhail gu sìorraidh ris an naidheachd gu robh e trì fichead bliadhna a dh'aois nuair a phòs e agus nach robh a bhean ach naoi bliadhna deug. 'S fheuch a dhèanamh, cuideachd, aig ìre a mhic, Iain, ris an cante Iain Dubh, a chaitheamh-beatha-san agus a dhìleab, gu h-àraid an teaghlach a dh'fhàg e às a dhèidh ann an Glaschu agus ann an Gleann Dail, cho math ri a chuid bàrdachd. Agus, seach gun do dh'fhàg fear dhe a mhic eile, Niall, a fhuair ainm mar 'Am Bàrd Sgitheanach' goirid an dèidh dha a dhol a chosnadh ann an Dùn Èideann, barrachd bàrdachd às a dhèidh na dh'fhàg athair agus Iain air an cur còmhla, agus air an robh fèill neo-àbhaisteach na latha, bidh ar n-eòlas air an teaghlach neo-àraidh seo nas doimhne agus nas fhìrinniche airson a' phrosbaig seo a chur orra.

Thairis air an fhichead bliadhna mu dheireadh de bheatha Dhòmhnaill tha e soilleir gu robh deasbad a' dol mu dheidhinn aois. Ciamar nach bitheadh, agus e air nochdadh san dùthaich an dèidh a bhith thall thairis mu fhichead bliadhna agus air tè de chaileagan òga bòidheach na sgìre a phòsadh? Bho latha a' cheangail-phòsaidh le Anna NicSuain sa bhaile aca fhèin, air an 17mh deug dhen t-Sultain 1839, chun an latha an-diugh, tha am beàrn-aoise a b' eatarra na adhbhar còmhraidh agus na chùis-mhagaidh. An-diugh, ge-tà, tha e nas fhasa na bha e riamh grèim fhaighinn air a h-uile lide fiosrachaidh a th' ann bho mheadhan na naoidheamh linn deug airson aoisean a dhearbhadh agus teagamhan a chur an dara taobh.

Tha fhios againn gun do rugadh Anna NicSuain ann an 1819 neo toiseach 1820, agus gun do lean a h-aois gu cothromach sìos tro na cunntasan-sluaigh, a' sealltainn gun robh i 25 ann an 1841, a' bhliadhna a b' fhaisge air a pòsadh, 31 ann an 1851, 40 ann an 1861 agus 50 ann an 1871. Cha do thog agus cha do chaill i bliadhna nach gabh a thuigsinn, bhon a' chiad thuras a tha sinn a' faicinn a h-aois ann an 1841 gu aois 73 ann an 1891, agus gu latha a bàis aig aois 78 ann am Poll Losgann air an 10mh den Fhaoilleach 1898. Cha b' e sin do Dhòmhnall fhèin e, ge-tà! Bha na bliadhnaichean a' crochadh ris mar chrotal ri creig! Bha balach ann an Dùn Bheagain a bha sia bliadhna ann an 1861, còrr is deich bliadhna mus do chaochail Dòmhnall, agus aig an robh cuimhne a bhith ga fhaicinn, aig an robh ùidh uabhasach ann an aois a' bhàird. B' esan Ruairidh MacDhiar-maid, mac clachair a b' air tighinn à Cille Chuimein agus a rinn cunntais mhionaideach air an aois a bha Dòmhnall nan Òran aig amannan diofraichte na bheatha. Mus d' rinneadh seo idir, tha fhios gu robh mòran a bhruidhneadh ann an Diùrainis mu aois an t-seann fhir ann am Poll Losgann. Agus 's beag an t-iongnadh! Seach gu robh fhios aig an t-saoghal gu robh Anna gann fichead nuair a phòs i, b' e a' cheist dè an aois a bha am fear seo a bha a' dèanamh dachaigh dhi, an toiseach, agus e a' dèanamh beòshlaint a' càradh bhròg, ann am Mìolabhaig agus, an ceann ùine ghoirid, ann am Poll Losgann? Rinn Ruairidh MacDhiarmid glè chinnteach gun deach aige air dearbhadh gun d' rugadh Dòmhnall ann an 1787. Cha bhiodh esan air sin fhaighinn ceàrr: fear a dh'èirich san t-saoghal bho a bhith ri clachaireachd còmhla ri athair gu a dhol gu Oilthigh Ghlaschu, far an tug e a-mach ceum na dotaireachd ann an 1889. Agus, an dèidh treis ag obair ann an Glaschu agus ann an Ìle, a chaidh chun na Spàinnt agus an uair sin gu ruige Sealan Nuadh, far an robh e ag obair mar lighiche gu deireadh a bheatha ann an 1930.

A' tòiseachadh leis an aois a dhiogail Ruairidh MacDhiarmaid às a'
choimhearsnachd mar bhliadhna-breith Dhòmhnaill, chì sinn nach robh
am bàrd fhèin fada às nuair a thug e 50 mar aois aig a' Chunntais-sluaigh
ann an 1841. Ach, an ceann deich bliadhna eile, ann an 1851, bha e 66.
Nan d' rugadh e ann an 1787, bu chòir dha a bhith air 64 a ràdh. Ach 's
ann anns na deicheadan às dèidh sin a tha sinn a' faicinn nam
bliadhnaichean a' sìor laighe air ar caraid. Thug e 80 ann an 1871, agus 92
ann an 1871. Bha e 94, tha e coltach, nuair a thug a nighean, Anna
NicLeòid, aois a h-athar dhan fhear-clàraidh ann an Dùn Bheagain,
Raibeart Mac an Tòisich, air do Dhòmhnall bàsachadh air an 24mh den
Fhaoilleach, 1872. Mura b' e mar a bha e fhèin a' cur bhliadhnaichean a
bharrachd ri aois gach deichead eadar 1841 agus 1871, bhiodh i air innse
do Mhac an Tòisich gu robh a h-athair 85. An aon nì a bha rudeigin neo-
àbhaisteach mu aois Dhòmhnaill, 's e gun d' rugadh a nighean mu
dheireadh, Ealasaid, neo *Eaby*, air an dara là dhen t-Sultain 1862, agus
bhiodh a h-athair an uair sin mu 75. Tha fhios nach robh mòran adhbhair
aige a bhith a' cur ri aois ach gun robh inbhe a' bhodaich a' còrdadh ris
agus gu robh fìor sheann aois a' bhàird air MacLeòid Dhùn Bheagain a
bhrosnachadh gus coimhead air mar fhear a bha airidh air cuideachadh,
agus rinneadh nàdar de bhàrd dheth. Bha e cho uasal às a seo 's gun do
ghabh e "crofter but rent-free being Poet to MacLeod of MacLeod" air
fhèin airson a' chunntais-shluaigh ann am Poll Losgann ann an 1871. Nach
fheumadh duine a bhith sean airson dreuchd dhen t-seòrsa! Ach b' ann gun
lochd neo aimhleas a bha seo ga dhèanamh. Bha e 32 bliadhna na bu shine
na a mhnaoi agus bha e 75 nuair a rugadh an nighean a b' òige aige, *Eaby*,
neo Ealasaid, agus chaochail e aig 85, aig a' char as sine.

Tha a cheart uimhir a throimh-a-chèile air a bhith ann mu aois a mhic,
Niall, a' chiad duine san teaghlach aige fhèin agus aig Anna. 'S e 1843 a'
bhliadhna 's bitheanta a bhitear a' toirt mar thè a bhreith, ach seach gu
bheil e aon bhliadhna a dh'aois ann an Cunntas-sluaigh 1841, tha 1840
nas coltaiche. Gu dearbha, seach gun do phòs a phàrantan air an t–17mh
dhen t-Sultain 1839, cha bhiodh e idir mì-reusanta smaoineachadh air an
t–17mh dhen Ògmhios 1840 mar là-breith Nèill. Tha fhios againn gun do
chaochail e ann an Dùn Èideann air an t-siathamh là dhen t-Sultain 1913.
Bu chòir a ràdh gu bheil an dìmeas a rinneadh air an teaghlach le sgoilearan
dearbhte ann an leabhar tomadach MhicThòmais (Derick S Thomson, ed.,
The Companion to Gaelic Scotland, Oxford, 1983, t.d. 183–184), a tha trì
bliadhna ceàrr le bliadhna a bhreith agus a' toirt 1924 airson bliadhna a

bhàis, a' toirt dha, aig deireadh an latha, aona bliadhna deug a bharrachd air na fhuair e.

Ach a dh'aindeoin an droch làimhseachaidh a tha Dòmhnall agus Niall air fhaighinn anns an leth-cheud bliadhna a dh'fhalbh, chan ionann sin idir is a' mhagaireachd a tha Iain, mac eile do Dhòmhnall, agus bràthair do Niall, air fhulang. Cha d' rinneadh aon lide rannsachaidh air riamh, ach a dh'aindeoin sin tha a h-uile duine na eòlaiche air, agus 's minig a chluinneas duine stòiridhean sgìtheil air an innse mu dheidhinn.

Bha Iain mu shia neo seachd bliadhna na b' òige na Niall; tha e ceithir ann an 1851, rud a bheireadh dha bliadhna-breith mu 1847. Coltach ri Niall, dh'fhuirich e aig an taigh ann am Poll Losgann gus an robh e na dheugair, ach bha e fhèin agus Niall air an t-eilean fhàgail ro 1871. B' ann a Ghlaschu a chaidh Iain agus 's ann air bàtaichean-seòlaidh a chuir e aghaidh. Tha ìomhaigh shònraichte aige am measg Ghàidheal air fad, agus 's mòr am beud gun robh aige ri fuireach gu còrr 's ceud bliadhna an dèidh a bhàis mus do thòisicheadh a' coimhead air cho fada bhon fhìrinn is a tha am beag meas a th' aig eachdraidh air a chliù agus air a chuimhne. Misgear. Fear a bha ri sgoil-dhubh. Fear anns nach cuirte earbsa agus nach biodh aig an taigh ach ainneamh. Fear nach cumadh bean neo teaghlach. Fear a sheachnadh fiù 's a bhràthair fhèin nan amaiseadh iad air a bhith san aon àrainn còmhla. Tha a' mhòr-chuid dhen a sin cho fada bhon an fhìrinn agus a b' urrainn a bhith.

Bha Iain Dubh mac Dhòmhnaill nan Òran còrr is deich bliadhna fichead aig muir dhomhainn bho dheireadh nan 1860an gu àm a bhàis ann an Canada san t-Sultain ann an 1901. Nuair a choinnicheas sinn ris thairis air na bliadhnaichean sin tha e ga chosnadh aig a' chompanaidh Allan Lines, a bhiodh sa bhitheantas a' giùlan bathair agus luchd-siubhail eadar Glaschu, Halifacs ann an Alba Nuaidh, agus New York agus Montreal. Gabhaidh na cuairtean a rinn e an leantainn an-diugh bho chlàraidhean nam bàtaichean, agus tha fhios gun robh e ann an Astràilia cuideachd.

Thilleadh e dhan Eilean agus a Ghlaschu aig a h-uile cothrom. Cha robh e na iongnadh sam bith gur ann dìreach mus do thill e gu ruige a shoitheach às dèidh saor-làithean na Bliadhna Ùire a phòs Iain. Tha pàtran an sin le seòladairean a tha a' nochdadh bliadhna an dèidh bliadhna. Bha Mòrag NicDhòmhnaill na caileig shocair, dhòigheil, nighean gobha às Uibhist a Deas, Dòmhnall Dòmhnallach, agus Mairead NicFhearghais, a bhuineadh do Thriaslann san Eilean. Bha Mòrag naoi bliadhna deug nuair a phòs i Iain aig 6 Holland Place ann an sgìre Blythswood an Glaschu air an treas

là dhen Fhaoilleach ann an 1871. Bha Iain ceithir bliadhna fichead agus
rinn iad an dachaigh ann an cairtealan nan seòladairean aig 108
Broomielaw; thill Iain gu muir agus lean Mòrag (Mòr) oirre le a h-obair a'
fuaigheal aodaich. 'S fhiach a ràdh gun do phòs piuthar Mòir, air an robh
Flòraidh, fear bàn às an Eilean Sgitheanach air an robh Iain MacLeòid
cuideachd. Bha an dà Iain an aon aois agus bha iad le chèile nan
seòladairean. Dhaingnich gu robh Iain Bàn na charaid aige an t-ainm Iain
Dubh air an fhear eile. Bha Iain Bàn, mac Alasdair MhicLeòid agus Mòir
Rois, agus Flòraidh cuideachd a' còmhnaidh aig 108 Broomielaw nuair a
phòs iadsan ann an sgìre Khelvin air an 11mh dhen Chèitean 1875. Tha
am màthair, Mairead, agus i a-nise na banntraich, a' fuireach còmhla ri a
dithis nighean, Flòraidh agus Mòr, aig 108 Broomielaw air là a' Chunntais-
shluaigh ann an 1871.

Chan eil fhios againn dè cho tric 's a thadhail Iain Dubh MacLeòid air
ais ann an Glaschu ann an 1871, ach tha a h-uile coltas gu robh e ann caran
mu àm na Bliadhna Ùire ann an 1872, bliadhna an dèidh a phòsaidh, agus
trì seachdainean ro bhàs athar, thoradh rugadh nighean dha fhèin agus do
Mhòr air an 21mh dhen t-Sultain 1872. Thug iad Mairead, neo Magaidh,
oirre às dèidh màthair Mòir. Ann an 1881, bha Mòr agus a piuthar
Flòraidh, mnathan, ma seach, Iain Duibh agus Iain Bhàin, a' fuireach aig
66 Sràid Charrick ann an sgìre Blythswood, agus bha nighean aig gach tè
aca; bha Magaidh Bheag aig Iain Dubh ochd bliadhna agus Oighrig aig Iain
Bàn a trì. Dh'fhàs Oighrig suas gus fear Raibeart Ualas a phòsadh ann an
1899 agus 's math as fhiach an teaghlach-san a leantainn, ged a tha iad nan
stòiridh eile dhuinne an-dràsta.

Cha robh Mairead Bheag Iain Duibh ach dusan bliadhna a dh'aois
nuair a chaochail a màthair air an 22mh dhen Lùnastal 1884. Bha Iain
Dubh na bhanntrach airson ceithir bliadhna agus seachd mìosan mus do
phòs e Anna Chaimbeul ann an Gleann Dail air a' 14mh dhen Mhàrt ann
an 1889. Bhuineadh Anna do dh'Fhearann Mhic Guaire ann an Gleann
Dail agus rugadh i air an 18mh dhen Lùnastal 1859; aig àm a' phòsaidh
thugadh aois Anna mar 30 agus aois Iain Duibh mar 42. Phòsadh iad ann
an Gleann Dail leis an Urramach Iain MacRath, ministear na h-Eaglais
Shaoir san sgìre, an dearbh mhinistear mu a bheil caochladh sgeulachd air
an innse uime fhèin agus Iain nuair a thadhladh am maraiche an gleann
anns na bliadhnaichean an dèidh sin.

An dèidh bàs a màthar, Mòr, bha Magaidh Bheag Iain Duibh agus a
seanmhair ann an Glaschu agus chan eil dad a choltas nach robh a' soirb-

heachadh leotha glè mhath. Chaochail a seanmhair Mairead ann an Glaschu air an 10mh là dhen Mhàrt 1897 aig aois 72. Nuair a chlàradh a bàs thugadh dreuchd a h-athar, Iain MacFhearghais, mar 'grain merchant', agus tha ainm a màthar againn mar Fhlòraidh NicFhionghain. Bhathas a' toirt 'Liandail' agus 'Triaslann' mar àite-còmhnaidh an teaghlaichean san Eilean, agus chan eil e doirbh sgeul fhaighinn air na daoine aca ann an sgìre Shnitheasort aig an àm.

Bha Iain Dubh, ma-tha, a' seòladh nan cuantan leis an Allan Line, a' faighinn dreuchd mar Quartermaster air tè dhe na soithichean a b' fheàrr a bh' aca, an SS *Sarmatian*. Bha a bhean ùr, Anna, a' dèanamh a dachaigh ann an Glean Dail agus bha Magaidh Bheag ann an Glaschu.

Chan eil rian nach robh Magaidh Bheag aontranach às dèidh bàs a seanmhar, thoradh bha a seanmhair air a bhith mu thimcheall oirre fad a beatha. Ach cha robh i aontranach ro fhada! Air an ochdamh latha deug dhen Ògmhios 1897, trì mìosan às dèidh bàs a seanmhar, phòs i Raibeart Thom Ure aig 9 Sràid Lunnainn ann an Glaschu. Rinn Raibeart agus Magaidh Bheag Ure an dachaigh am measg Gàidheil Maryhill air Sràid North Park. Rugadh mac dhaibh air an dara latha dhen Ògmhios 1898 agus thug iad Uilleam air. B' esan a' chiad ogha aig Iain Dubh mac Dhòmh-naill nan Òran. Rugadh balach eile, Raibeart Iain, air an t-7mh latha dhen Dàmhair an ath bhliadhna a-rithist, 1899, agus Tormod air an ochdamh latha fichead dhen t-Sultain 1901, dìreach fichead latha às dèidh bàs a sheanar, Iain Dubh MacLeòid, ann am Montreal air an 8mh latha dhen t-Sultain. Le an triùir mhac, ghluais Raibeart agus Magaidh Bheag Ure à Glaschu sìos gu ruige Leeds, far an d' fhuair esan cosnadh. Rugadh mac eile, air an tug iad Seumas, ann an Leeds air an t-7mh latha dhen Mhàrt 1907. An-diugh, tha na ficheadan air sgaoileadh a-mach bho Iain Dhòmh-naill nan Òran. Phòs Tormod, an treas mac, Edna Muriel Watson, agus nuair a rugadh a' chiad mhac dhaibhsan ann an Leeds air an 20mh latha dhen t-Sultain ann an 1933 thug iad Iain MacLeod Watson Ure air. Tha e air a bhith air fear-gnothaich cho soirbheachail 's a th' ann an ceann a tuath Shasainn, agus le esan a bhith ceithir fichead bliadhna a dh'aois (An t-Sultain 2013), tha ainm agus cuimhne Iain Dhòmhnaill nan Òran beò fhathast ann an riochd iar-ogha, agus an fheadhainn a tha a-mach bhuaithesan! Tha ainm, Iain, air a litreachadh ann an dòigh na Gàidhlig, rud nach eil cumanta sa cheàrnaidh anns an do rugadh e agus anns an do chuir e seachad a bheatha. Canaidh daoine gu bheil an teaghlach furasta am faithneachadh leis cho dubh 's a tha falt an cinn, agus nì iad fhèin gàire ag aideachadh gur ann mar sin a bha am fear bhon tàinig iad ann am Poll Losgann!

Tha e inntinneach gu bheil teaghlach Ure fhathast (2013) a' còmhnaidh anns an aon sgìre dhan deach Raibeart agus Magaidh Bheag an toiseach nuair a dh'fhàg iad Glaschu, agus gum b' ann glè fhaisg orra a shuidhich an aon mhac a bha aig Niall Dhòmhnaill nan Òran e fhèin. B' e Niall a bh' air fhèin agus bha e na dhotair an sin gus an deach a mhurt ann am West Ardsley ann an Siorrachd York air an 21mh den t-Sultain 1946. Nuair a thadhail Tormod, mac an Dr Niall MhicLeòid, san Eilean Sgitheanach as t-fhoghar 2013, bha e ag innse gu robh cuimhn' aige na òige ann an Siorrachd York gu robh teaghlach bràthair a sheanar na bu lugha na dà fhichead mìle air falbh bho far an do thogadh e fhèin.

Tha na tha de threamsgal air a bhith air a sgaoileadh mu Iain mac Dhòmhnaill nan Òran air dìmeas mòr a dhèanamh air ar tuigse air bàrd sònraichte agus air gach saoghal anns an robh esan beò, eadar Glaschu, Montreal, Astràilia, Alba Nuadh agus Gleann Dail, agus air a mhnathan agus a theaghlach. Tha e na cheist, ge-tà, carson a chaidh uimhir a dh'ùidh a ghabhail ann an Iain às dèidh an Dara Cogaidh agus gun deachaidh artaigilean a sgrìobhadh mu dheidhinn ann an *Gairm*, agus prògraman rèidio na ainm, agus nach d' rinneadh rannsachadh ceart riamh air an son.

Chaidh am prògram rèidio air an fheàrr cuimhne a chruthachadh le Seumas Ros (3 Ògmhìos 1923-28 Cèitean 1971), a bhuineadh do Ghleann Dail e fhèin, agus chaidh a chraoladh ann an Alba air an treas latha dhen Ghearran 1964; nuair a bhios cùisean seasg an-dràsta 's a-rithist cuirear a-mach a-rithist e le fàilteachadh ga chur air mar 'am prògram rèidio as fheàrr a chaidh a dhèanamh riamh'. Bhon an latha sin sa Ghearran 1962, bha, ann am faclan a' phrògaim fhèin, Iain mac Dhòmhnaill nan Òran gu bhith air ainmeachadh mar fhear a bha 'dubh anns a h-uile dòigh'. Cha robh aon ghuth anns a' phrògram sin air banntrach Iain Duibh, a bha beò am fianais an taighe anns an do thogadh fear-lìbhrigidh a' phrògraim, Seumas Ros, gu latha a bàis air an 10mh den Ghearran 1940, nuair a bha esan seachd bliadhna deug a dh'aois agus gun rian nach robh cuimhne aige oirre. Nach ise, Anna a' 'Phost', mar a theirte rithe, a b' urrainn a bhith air stòiridh neo dhà innse, agus ged a bha i air a bhith marbh beagan a bharrachd air fichead bliadhna nuair a rinneadh am prògram, bha gu leòr dhe a cuid chuimh-neachan, agus dhe a teaghlach, mun cuairt ann an Gleann Dail fhathast! Cha deachar, a bharrachd, faisg air oghaichean a' bhàird airson am beachd, agus iad nas fhaisge air Glaschu na tha Glaschu air Gleann Dail, an dà àite far an deach am prògram a dhèanamh. Bha Magaidh Bheag Iain Duibh beò ann an Leeds, agus glè dhòigheil na dachaigh aig 6 Ridge Grove, chun an 24mh dhen Mhàrt 1952. Ciamar nach robh an fheadhainn aig an robh ùidh ann am beatha a h-athar air smaoineachadh a dhol a bhruidhinn rithe riamh? Gun teagamh sam bith, seach gu robh i 28 nuair a chaochail a h-athair ann an 1901, bhiodh i air duine sam bith a chuir ceart air carson a bheirte Iain Dubh air agus nach robh an ùidh a bh' aige ann an draoid-heachd 's sgoil-dhubh air a dhol riamh na b' fhaide na cleas neo dhà, ionnsachadh a-mach à leabhar agus na chunnaic e bho fhear à Obar Dheathain a bhiodh a' dol air soithichean an Allan Line, John Henry Anderson, ris an canadh iad 'Wizard of the North', airson luchd-siubhail a chumail air an dòigh. Nach ann a tha iad a' gabhail 'Wizard of the North' air Iain fhèin an-diugh!

Tha fear eile à Tiriodh, ris an gabh èisteachd air làrach-lìn Tobar an Dualchais, a' bruidhinn ann an co-theacsa a bu mhath a b' fhiach a rannsachadh gun fhios nach cùm daoine orra ga chreidsinn, agus e a' ràdh gun cuala e fear a chuala bho fhear eile gu robh fadachd air Iain còig bliadhna deug gus an tigeadh am bàs air Mòr, a mhnaoi. Seo bho fhear nach robh air a bhith pòsta aice ach airson trì bliadhna deug agus seachd mìosan uile-gu-lèir mus do chaochail i leis a' chaitheamh.

Tha iomadach tionnsgal ann am beul-oideas leis an gabh suidheachadh teaghlach Dhòmhnaill nan Òran fhuasgladh. Gabhaidh sin a dhèanamh leis a' bhàrdachd a-nise a bhith againn as ùr anns an riochd anns a bheil i anns an leabhar seo. Agus thathar ga dhèanamh agus an cothrom againn anns an Eilean Sgitheanach an-diugh crac agus seanchas fhaighinn le ogha do dh'Eaby, ogha Dhòmhnaill nan Òran, agus an t-ogha sin i fhèin aig aois an-diugh far an robh a seanmhair, Eaby, ga h-altramas sa chreathaill ann am Borbh ann an 1942. Bith dè eile mu aoisean agus cliù nam bàrd, tha sinn a' faicinn na loidhne sin air ais, gun bhristeadh, gu 1787.

Norman MacDonald

Niall MacLeòid

Niall MacLeòid, 1893

'S e duine còir a bh' ann. Bha e cho sochaireach agus bha a shùilean cho
fosgailte, 's bha iad cho liath. Agus bha feusag bheag bhiorach air agus falt
is e cho geal, falt liath air. Agus bha aodann – bheireadh tu do mhionnan
gur e dealbh, mar a chanas sinn anns a' Bheurla, *saint* a bh' ann (Ùisdean
MacRath).[1]

Introductory Notes to
Songs and Poems by Neil MacLeod

1. An Gleann san robh Mi Òg (1883)

By contrast with the plethora of placenames usual in traditional Gaelic songs (for example, no. 37 here), this song evokes every glen where Gaels have grown up, but Neil of course would have Glendale in mind. Though most people look back on their youth with nostalgia, for Neil age is not the only watershed between the present and the past. His lifetime had seen enormous changes in Highland society caused by Clearance and emigration. From his youth he remembers a peopled glen evoked by many of the same motifs – girls singing at the cattle, old heroes telling stories, dew and birdsong – that Mac Mhaighstir Alasdair and Donnchadh Bàn used to evoke a peopled landscape. Neil contrasts these with the desolation of the present, the empty houses around him being a constant reminder of how things had been, and a sign of the injustice that offered no reward for soldiers returning from fighting for the Empire.

2. Fàilte don Eilean Sgitheanach (1883)

The song has a striking metre, where the same vowel rhymes in all eight lines of each verse. The structure of thought is typical of Neil and similar to the above: the land is praised (in this case, the Cuillin is compared to a lion with a mane of snow); then a memory of the young men who used to shoot deer on its heights underlines their absence in the present, as a result of clearance, emigration and of the lack of reward for their war effort. The dream of youth is broken: the honey has been sucked from the roses and the wind sighing round the stacks laments the heroes. (While this manner

3

of speaking is derived from James Macpherson, the concept of the land lamenting its menfolk is pre-Christian.) Despite the lack of social justice, the poet rallies at the majesty of the island, which he salutes and assures of his undying loyalty.

3. Cumha Eilean a' Cheò (1883)

The song is in the mouth of a migrant making ready to sail to a foreign land where the language will be strange. It contains much of the same nostalgic detail as in the poem above, but here it is not the sublime scenery of Skye that is evoked but an intimate, inhabited landscape where people meet in hollows and on Sundays at church. Mention is made of the importance of the land as the earth the ancestors have worked and in which they are buried. The latter is a pre-Christian belief; the former would not previously have caused comment.

4. Màiri Bhaile Chrò (1883)

The singer gets lost in the mist in the heights and meets a girl who offers him a brushwood bed for the night in her humble dwelling. The girl in her sheiling becomes part of an idyll of peace and innocence, and her life is compared favourably to the strife that accompanies ladies of wealth. The idyll is evoked by birdsong, flowers, dew and nut groves, and singing while herding the cattle, and the poem should perhaps be read as a fantasy of seclusion – even of virginity. As the walled garden was to the European medieval love lyricist, so is the girl by herself in a remote sheiling to the Victorian. Of all the roses and girls that bloom unnoticed and unsung, she is the loveliest, and the poet's song enshrines her charms while retaining the idyll of innocence: though now she is noticed and celebrated in song, she is still solitary and untouched. The poet swears his undying love for her, yet there is no expectation of their meeting again. The influence of Macpherson can be seen in the swimming of beauty and modesty in her cheek (v. 6). The scene is often evoked in songs of the period, but is a fantasy rather than a reality, because the transhumance of cattle to summer pastures was attended by women and young girls in groups.

5. Duanag an t-Seòladair (1883)

The song is a set-piece: the separation of a sailor and his sweetheart as the boat sails for the Atlantic. They part with pain and tears and she gives him a lock of her hair to remember her by. While she sleeps in her warm bed, he must climb the masts to rig the sails. Though life is hard at sea, the hope of winning her gives the sailor renewed strength. Until he returns, he asks the wind to convey his message to the girl that, if he survives, she will gain her reward.

6. Mo Dhòmhnallan Fhèin (1883)

This song was set for the adult choirs' competition at the seventh Mod in Oban in 1898, being harmonised for that purpose by H. G. Clements. This is a similar set-piece to the above, placed in the mouth of a girl who is lonely and missing her lover, who has been absent at sea for over a year. It uses many of the conventions of love songs: tokens of a lock of hair and a picture, the memory of picking daisies in the 'grove of thrushes', the wound of love and an indifference to wealth. It captures what must have been a common experience of uncertainty in such situations, and while the girl cannot be certain he will return to her, she is certain of her faithfulness to her sailor lover. While many elements in the song are stereotypical, it has a wistful quality when the penultimate verse envisaging the lover's return has the conditional, *Gur mi dhèanadh sòlas* . . ., and the final verse, envisaging his forsaking her is in the indicative, *Gur mise bhios tùirseach* . . .

7. Mo Leannan (1902)

The description, in valuing fine brows, white skin and curling hair, is typical of how beauty (in both sexes) is portrayed in the Gaelic tradition from the time of our earliest texts. The girl is generalised, nameless and without provenance, as are the singer's protestations that he will win her and manage to provide for her, but when the song is sung, the words take on another dimension and their lack of individuality is attractive.

8. Am Faigh a' Ghàidhlig Bàs? (1883)

This song is a *brosnachadh catha* for Gaelic and for those who support it –
for Professor Blackie who campaigned for the first Chair of Celtic at
Edinburgh University (founded in 1882) and perhaps for the founding
members of An Comunn though this is not specified. The song describes
the ravages of the Highlands and the replacement of the Gaels by another
race who wish to see Gaelic dead, but the poem is optimistic that the
language will not die. Gaelic is personified and told to wake up and lift her
voice, with the support of her hundreds of thousands of speakers. (This is
not an exaggeration: the census return for 1891 showed 254,415 speakers
of Gaelic.) She is hailed as the language of poets and the Fians; she has her
academic chair from which she will soon dispense knowledge and her harp
which will echo in the glens again (v.8).

9. Brosnachadh na Gàidhlig (1883)

The song is similar to the foregoing, and Gaelic is similarly personified as
a recovering patient: she is urged to wake up and tune her harp so that the
voices of the poets can be heard. The immediate occasion of the song is the
campaign to collect funds from the population at large to support the Chair
of Celtic at Edinburgh University. MacLeod hopes that, by placing Gaelic
among the other ancient languages, Latin, Hebrew and Greek, the
language's future will be ensured. In modern terms this would be seen as
'status planning'. Professor Blackie is her champion and the time is right to
catch the tide and reverse the fortunes of the language. The six-line metre,
with four four-stressed lines and two two-stressed lines, rhyming *aaabab*,
is the Scotch Habbie metre, named after its use in a lament by Robert
Semphill for Habbie Simpson, Piper of Kilbarchan (d. 1620). It was made
popular by Burns and taken up by Neil in Gaelic, in this poem and nos 16
and 28.

10. Còmhradh eadar Òganach agus Oisean (1868)

This is one of the earliest and the longest of Neil's compositions, with
twenty-three eight-line stanzas or 184 lines, written when he was about

twenty-five but not published till 1922, after his death. He may have thought it too inflammatory for publication. The editor of 1922 makes the prefatory remark that the poem is 'marked by force and energy, some part of which may have been exchanged for ease and polish in the bard's later work'. It is in the form of a dialogue between a young man who comes across the preternaturally surviving Ossian – as did St Patrick in *Acallam na Senórach* – in the wilderness at sundown. The young man timidly asks the ancient warrior to describe his youth and times. The ancient warrior explains that he is Ossian and that when he was young the whole of the Highlands was a stronghold to the *Fiana,* where now there is only desolation in hall and on land. The emphasis is on the Gaelic language throughout. Gaelic is closely associated with the warrior ethos of the *Fiana,* 'wound in their guts' and 'worn next to their skin'. It is the female presence around which the armies mustered, now dirty and dishevelled, hidden below a dung-heap. She was a lantern in which all knowledge was enshrined, and Adam is described naming the animals in Gaelic, a common belief in the Gaelic tradition, vaunted also by Mac Mhaighstir Alasdair. When the youth asks what has changed the Gaels, Ossian explains that they have abnegated the rule of their country to foreigners under whom the land has declined in value: good arable land is now under sheep and deer, the latter for the entertainment of their womenfolk. The Gaels themselves have declined in looks, and have swapped Highland for Lowland dress. The warriors who had maintained Gaelic, and had been fearless in the fight to maintain justice, are now banished overseas. But should they return and Gaelic be renewed, blossom will come on every branch. By using this very old conceit of the land prospering under the correct ruler, Neil is claiming that Gaelic speakers are the rightful inhabitants of the Highlands.

11. Sealladh air Oisean (1883)

The poet, descending from the hills alone one summer evening, comes across Ossian, with flowing hair and beard, singing to his grandfather's harp under an oak tree, and the poem purports to be a report of what he hears. Ossian is alone and only his harp survives to enjoy his conversation, but soon they will both be buried, belonging entirely to the past. In the Gaelic tradition, Ossian belonged to the 3rd century but outlived the other Fenians to hold conversations with St Patrick in the 5th century. Though

Fenian lays were still recited in the 19th and 20th centuries, Neil is innovative here in making Ossian a mouthpiece for the contemporary ills of clearance, emigration and the land hunger of soldiers returning from British wars, who are seen as the descendants of the Fenians. Ossian functions as a timeless memory for the Gaelic hegemony in the same sort of way as 18th century Irish poets have the sovereignty goddesses recite the sorrowful state of the land in their *aislingí*. It is significant that, in this poem, Ossian holds out no hope for a return of the Gaels or their language. Both this and the preceding poem identify the same signs of injustice: the sheep and deer, the empty houses and glens, and the clearance of the soldiers and their descendants who had fought in British wars, though the first makes a more personal attack on the alien rulers, and especially their women, whose taste for the hunt has led to the loss of arable land.

12. Mhuinntir a' Ghlinne Seo (1902)

The poem imagines the Massacre of Glencoe of 1692. Such reimaginings are common in the Gaelic tradition, with poems on the deaths of various warriors from the Fenian and Ulster cycles. Neil, however, is innovative here in basing his poem on a historical, rather than a fictitious or contemporary, tragedy, and he handles it as if it were a traditional lament, with the focus on the emotions rather than the chronology of events. The clanspeople are urged to escape, for the houses are in flames and the warriors bleeding on the ground; the tree of Clan Donald has been felled. It becomes a set-piece of mourning, with neither the historical background nor the perpetrators of the crime mentioned. The consistency of mood is different from the traditional laments which it clearly echoes, but in which the mood can change abruptly between lament and anger (see, for example, 'Griogal Cridhe'). Victorian sensibility, perhaps derived from *Ossian*, is seen in verse 5, with the wind lamenting the heroes, and in the final verse when the glen becomes a byword for treachery, injustice and malice.

13. Na Croitearan Sgitheanach (1883)

This poem appears in the first edition of *Clàrsach an Doire* and it seems likely that the poem was instigated by the victory of the crofters at the Battle of the Braes, a skirmish fought in 1882 between the crofters of Braes (in particular the women), Glasgow policemen and Sheriff Ivory. It was the first militant action taken by the crofters and resulted in the restitution by the land court of their grazing rights to Beinn Lì in 1887. As Donald Meek points out, it is a measure of Neil's distance from the action that this event is not mentioned by name (Meek 1976: 327). The poem is political in its identification of various injustices: the forgotten sacrifice of Highland soldiers and the displacement of the people for sheep. The Lowlanders are portrayed as bullies driving the Gaels off their land with clubs. Pre-Clearance society is recalled, with free access to the land, and the people bound together by Gaelic. The poet makes a rallying call to the Gaels not to leave their country but to fight for a return of their land. While the Highlands are envisaged repopulated with Gaels, this is no radical restructuring of society, for landlords and baillies are still present, and in the last verse Neil advises against the use of violence.

14. 'S e Nis an t-Àm (1893)

This is Neil's most outspoken poem on Crofters' Rights, and was probably written after the disappointing terms of the Crofters Act of 1886 became known, which, while giving security of tenure and fair rents, did not extend crofting land or make provision for cottars. The sense of indignation rose when, the same year, a child was poinded at Peinness in an attempt to claim arrears of rent (Meek 1976: 331). The poem is a political call to arms to the Gaels to fight their enslavement and to claim justice for themselves. The poet uses a mixture of encouragement and shaming: they have fought before, so let it not be said in future that they did not defend their rights. He is optimistic that if they stand together they will win freedom, but it is not clear what form the fight should take.

15. Taigh a' Mhisgeir (1883)

This poem is a typical product of the temperance movement (Meek 2003: 412). It is also one of very few poems by Neil to have an urban setting. The speaker of the poem goes home with a poor urchin to witness for himself the depredations of drink on a family where the father is out drinking and the mother is dying with eight or nine hungry children around her, one still on the breast. The speaker meditates on the inability of humans, when enslaved to their appetites, to do what is instinctive to animals, in caring for their young. The scene closes with the father's terrifying return and the mother's death. While visiting the house of mourning is a charitable act, it is hard to see what the speaker's visit accomplishes beyond being the supposed inspiration for a cautionary poem.

16. An Uaigh (1883)

The poem is in the Scotch Habbie metre (see introductory note to no. 9). It is a *memento mori*, reminding the reader of the inevitability of death, personified as the grave, in various standard medieval vignettes. The grave is our final house where the earth reclaims what was taken from it. It strips us of our pride: it takes beauty from the maiden, wealth from the rich and sense from the wise; it treats equally both king and slave; it will eventually slay and guzzle everyone, but the immortal soul will set out on a journey whose destination only God can know.

17. Òran na Seana-Mhaighdinn (1883)

The poem is a music-hall set-piece which does not make very comfortable reading. The old maid is a figure of fun, desperate for any man. Her unmarried state is explained by her once having had too much choice, but now her looks have gone and she would be satisfied with any man, poor, blind or coloured. However, the downside of the married state is also presented (women who are married to drunks or who have no care for their children), which allows the old maid to await her fate with a measure of equanimity.

18. Turas Dhomhnaill do Ghlaschu (1883)

A set-piece on the innocent abroad, in this case, the Gael, Donald, who makes a trip to Glasgow, and under the influence of drink is decoyed to a den of thieves, who not only rob him of his purse but also hand him over to the bailiffs for disturbance of the peace. He escapes a month's gaol sentence when his friends pay his bail, and he delivers the warning to his audience not to be beguiled by pretty girls. It is suggested in the introduction that this may be one of the three poems by Iain Dubh published by Neil in *Clàrsach an Doire.*

19. An Seann Fhleasgach (1883)

A set-piece in the mouth of Dugall, an old bachelor who advises young men to marry before old age turns them into laughing-stocks. When he was young the girls competed for him and he never expected to age. He does not enjoy the unmarried state: while other men are out, he sits forgotten at home, and his fingers are worn with housework. However, he still possesses some mitigating attributes, and he runs through his options. One woman would be unlikely because she is always closely chaperoned by the tailor (it seems she has no choice in the matter herself), another is lame and has a lump on her throat, but one way or another, he swears he will be married by the New Year. The humour is not ours today, because of the negative attitudes towards age and disability and because of the lack of choice accorded to the women.

20. Bàs Leanabh na Banntraich (1883)

The poem is a moralistic Christian set-piece, in the mouth of a widow who is able to countenance the death of her only child because of the promise of seeing him again in Heaven. The emotional tension rises with the description of the child's little chair where he used to sit at his mother's knee singing hymns. Death may be a merciless bailiff but he is unable to break into the vineyard of the Lord.

21. Cumha Leannain (1883)

The poem is in the mouth of a young man whose sweetheart has died. Surprisingly, the poem is not an occasion for the Christian message but for a comparison between the cycles of nature which renew themselves year after year and the linear form of human life. The plant imagery is sustained, with the summer of the young man's life turning to winter, but he will remain faithful to her memory until he dies.

22. Mi Fhìn is Anna (1902)

This is a typical production of Neil's, a cocktail of Christian teaching and sentiment. It is emotional, idyllic, pathetic, pious and didactic all at once. It evokes an ideal courtship followed by a perfect family life. But the speaker, an old man, reports the deaths of all the children before their parents, leaving himself and his wife old, tired and needy. They praise and trust in God, the one certainty in an uncertain world.

23. Cuairt do Chuith-raing (1883)

This poem is unusual in Neil's work, both metrically and in subject-matter. It is composed as a poem rather than a song (for it addresses a *reader*), in rhyming couplets. Exceptionally for Neil, it celebrates drinking, as well as the landscape, and it is tempting to ask if it is Neil's work, despite his signature in the last line. However, the signature was very much a feature of Iain Dubh's work, seven of his sixteen poems including his name, while it is not a feature of Neil's. Indeed, Neil may have substituted his own name here. It purports to be an account of a walk from Portree to the Quiraing, via Drumuie, Kensaleyre and Uig, the group of walkers sustained by frequent libations. Some of the brands are named: Macintosh, Islay, Mac na Brach. He praises the extraordinary forms of the Quiraing, in particular the 'Table' decked with a cloth of green, and its Author, and insists that no tourist would be disappointed by it. It is an early example of tourist literature for Gaelic speakers, anticipating recreational travel to Skye.

24. Coinneamh Bhliadhnail Clann Eilean a' Cheò (1909)

A poem made for the occasion of the annual gathering of the Glasgow Skye Association, founded 1865. Neil, as a *Sgitheanach* living in the Lowlands, is speaking here to other *Sgitheanaich* living on the Clyde. Their focus is of course the Isle of Skye and the Gaelic culture. They are the descendants of heroes who have been scattered, and their houses which saw merry scenes are now open to the skies. But they are encouraged to keep up the fight, though hard, in which they are bound to triumph with the help of God, so that, as long as Blaven stands, the people can be a credit to their island. Uilleam Ros in 'Còmhradh eadar am Bàrd is Blàbheinn' and Donnchadh Bàn in 'Cead Deireannach nam Beann' had also looked to mountains as witnesses and symbols of permanence.

25. Fàilte don *Bhàrd* (1902)

The poem appears after some advertisements in the first issue of *Am Bàrd* in May 1901. The monthly, bilingual magazine, described as *Am Féillire agus Leabhar-Poca Gaidhealach*, was edited by E. Dòmhnullach. Its purpose was the 'preservation and propagation' of the Gaelic language and connected arts. Neil greets the paper ecstatically, as dew on the ground, a guiding spirit and food to the people of the Highlands. It is a lantern with heavenwards light and a harp. The emphasis, as always, is on music and song, and it is not clear what sort of teaching the paper will disseminate. The paper can be viewed at the National Library of Scotland web-site: http://deriv.nls.uk/dcn23/7677/76776059.23.pdf

26. Dùghall na Sròine (1883)

The poem purports to be an address to a young man not blessed by physical beauty: he squints, has bandy legs and, worst of all, has no nose. The poet reports a conversation he overheard between three or four girls at a dance when they discussed the claims of handsomeness versus kindliness and an ability to provide. While two of the girls think the lack of his nose rules him out as a husband, one girl says she would have him. And so the poet is able to encourage the young man to be hopeful of getting a wife. The girls and the noseless man are named, as if this were village poetry with the local poet commenting on current events from a moral stance. The stress on deformities makes uncomfortable reading today.

27. Tobar Thalamh-Toll (1909)

The poem is an example of Neil's ventriloquism, a practice long established in the Gaelic tradition, for example, in the poems attributed to Colum Cille. The poem speaks for an old women who is moving from the well that has witnessed her life for the last forty years. Veneration for wells was long-established, but Neil puts this part of the tradition through his own 19th century moralistic prism, and it becomes a study of the comparative life span of nature and man (as was 'Cumha Leannain' above). While the old woman has grown thin and grey, the well is as fresh and luxuriant as ever.

28. Dòmhnall Cruaidh agus an Ceàrd (1883)

This poem is another example of temperance literature, reporting the downfall of a fine local lad through drink. It has overtones of 'Tam o' Shanter' in its depiction of the tinkers' wedding that Donald stumbles upon on his way home. He joins in the dance but is attacked. He bravely fights, but when all the tinkers gang up on him, men, women and children, hurling pots and pans at him, only darkness saves him. Although he escapes the indignity of death at their hands, he dies shortly afterwards, through drink, combined with a cold and his battle wounds, but he is at least in a better place. The poem depicts the travellers as a demonic crew who initiate the brawl and who fight foully.

29. Rainn do Neòinean (1883)

This poem may owe something to Burns's 'To a Daisy'. MacLeod describes the daisy's luxuriant growth in spring, having been sucked back into the earth during winter by the mysterious powers that see to the needs of each living thing. The daisy is personified: at night it lowers its head, but in the morning the sun dries its tears and the birds sing to it and drink from its cup. The daisy reminds the poet of his youth spent gathering flowers around the hillocks, but by comparison to the daisy, man knows no return to the youthful state. When the poet's corpse decomposes, locked below the earth, the daisy will again rise on top of his grave to experience sun and wind.

30. Ri Taobh na Tràigh (1893)

The poem evokes an idyll of peace and seclusion in a bothy beside the sea. As God cares for the plants and animals, will He not provide for the poet too (cf. Luke 12:27)? The birds will provide music and the burns drink, and the noise of the waves and the wind will suit his sadness at the depredations visited on his people. Some people pursue wealth but he would be happier with peace and love in his bothy by the sea (it is not clear if the love would come from another person, from God or nature). The idyll of seclusion is at least as old in Gaelic as the hermetic poetry of the 7th century, which may be equally idealised by monks trapped in scriptoria. Like Suibhne (9th–12th centuries), the poet finds comfort and companionship in nature. Here MacLeod makes the theme fit with contemporary circumstances: he wants to experience the beauty of the glen without the sadness of the Clearances. But in mentioning the desire to avoid that sadness, he draws attention to it. The beauty of the Highland landscape is always coupled in Neil's poetry (and others) with sadness and longing for the pre-Clearance population.

31. Don Lèigh MacGilleMhoire, nach Maireann (1893)

The poem is an elegy to an Edinburgh Gael, Dr Morrison, who attended rich and poor alike with great humility and generosity. His was a model life. He was a loyal friend to other Gaels who would meet at his *ceàrdach* or 'workshop', and, in his death, Gaelic has lost her champion. MacLeod here fulfils the traditional role of the poet in composing an elegy to commemorate the dead and to hold up his virtues to others.

32. John Stuart Blackie (1902)

The poem is an elegy on the death of John Stuart Blackie (1809–1895), Professor of Greek at Edinburgh University, who successfully campaigned for a chair of Celtic at that institution that was filled in 1882 by Professor Donald MacKinnon. The poem commemorates Blackie as a champion, a hill-walker and poet whose harp will be heard no more. MacLeod uses a startling amount of personification: of the Gaelic language who has lost her champion, of the hills and glens who are mournful under mist, of Scotland in whose crown the Professor is a diamond, and of every virtue that dwelt like a family below his belt. The metaphor of the Professor as a tree, below which the poet had delighted in sitting, is more in keeping with traditional praise, applied here to a warrior of words rather than to a warrior of the sword (for details of the campaign for a chair of Celtic, see Meek 2003: 431, 434).

Songs and Poems
by Niall MacLeòid

1.

AN GLEANN SAN ROBH MI ÒG

AIR FONN 'When the kye come home'
http://www.tobarandualchais.co.uk/fullrecord/98394/1
(Collection – BBC)

1. Nuair a philleas rinn an samhradh,
Bidh gach doire 's crann fo chròic;
Na h-eòin air bhàrr nam meanglan
Dèanamh caithreim bhinn len ceòl;
A' chlann bheag a' ruith le fonn
Mu gach tom a' buain nan ròs –
B' e mo mhiann a bhith san àm sin
Anns a' ghleann san robh mi òg.

Anns a' ghleann san robh mi òg,
Anns a' ghleann san robh mi òg,
B' e mo mhiann a bhith san àm sin
Anns a' ghleann san robh mi òg.

2. Sa mhadainn 'n àm dhuinn dùsgadh,
Bhiodh an driùchd air bhàrr an fheòir;
A' chuthag is gug-gùg aic'
Ann an doire dlùth nan cnò;
Na laoigh òg' a' leum le sunnd
'S a' cur smùid air feadh nan lòn;
Ach chan fhaicear sin san àm seo
Anns a' ghleann san robh mi òg.

3. 'N àm an cruinneachadh don bhuailidh
B' e mo luaidh a bhith nan còir;
Bhiodh a duanag aig gach guanaig,
Agus cuach aice na dòrn;
Bhiodh Mac-talla freagairt shuas,
E ri aithris fuaim a beòil;
Ach cha chluinnear sin san àm seo
Anns a' ghleann san robh mi òg.

4. Ann an dùbhlachd gharbh a' gheamhraidh
Cha b' e àm bu ghainn' ar spòrs:
Greis air sùgradh, greis air dannsa,
Greis air canntaireachd is ceòl;
Bhiodh gach seanair aosmhor liath
'G innse sgeulachdan gun ghò
Air gach gaisgeach fearail greannmhor
Bha sa ghleann nuair bha iad òg.

5. Bha de shòlas dhe gach seòrs' ann
Chumadh òigridh ann am fonn;
Cha robh uisge, muir no mòinteach
Air an còmhdach bho ar bonn;
Ach an-diugh tha maor is lann
Air gach alltan agus òb;
Chan eil saorsa sruth nam beanntan
Anns a' ghleann san robh mi òg.

6. Tha na fàrdaichean nam fàsach
Far an d' àraicheadh na seòid,
Far 'm bu chridheil fuaim an gàire,
Far 'm bu chàirdeil iad mun bhòrd;
Far am faigheadh coigreach bàidh
Agus ànrach bochd a lòn;
Ach chan fhaigh iad sin san àm seo
Anns a' ghleann san robh mi òg.

7. Chaochail madainn ait ar n-òige
Mar an ceò air bhàrr nam beann;
Tha ar càirdean 's ar luchd-eòlais
Air am fògradh bhos is thall;
Tha cuid eile dhiubh nach gluais
Tha nan cadal buan fon fhòd,
Bha gun uaill, gun fhuath, gun antlachd
Anns a' ghleann san robh iad òg.

8. Mo shoraidh leis gach cuairteig,
Leis gach bruachaig agus còs
Mun tric an robh mi cluaineis
'N àm bhith buachailleachd nam bò;
Nuair a thig mo rèis gu ceann,
Agus feasgar fann mo lò,
B' e mo mhiann a bhith san àm sin
Anns a' ghleann san robh mi òg.

1. The Glen Where I Was Young

1. When summer returns,
with every grove and tree in leaf;
when birds on top of branches
make a sweet noise with their tunes,
and the little children run with joy
around the hillocks picking blooms,
it would be my desire that season
to be in the glen where I was young.

In the glen where I was young,
in the glen where I was young,
it would be my desire that season
to be in the glen where I was young.

2. In the morning when we'd waken,
the dew on the tips of the grass,
the cuckoo would be calling
in the dense hazel-wood,
the young calves would be frisking
and dashing across the fields,
but that isn't seen this season
in the glen where I was young.

3. When they were gathered to the fold
it was my delight to be there,
every maiden singing
with her pail in her hand;
Echo would answer overhead,
repeating the sound of her mouth,
but that isn't heard this season
in the glen where I was young.

4. For us the wild depths of winter
were a time of no less fun:
a while courting, a while dancing,
a while at *canntaireachd* and song;
every grandfather, old and grizzled,
would tell stories without guile
of the manly cheerful heroes
in the glen when they were young.

5. There was every sort of pleasure
to keep the youth in good heart,
no water, sea or moorland
was barred from our tread;
but today bailiffs and fences
are on every burn and bay –
we have no right to the hill-streams
in the glen where I was young.

6. The houses are in ruins
where the warriors were raised;
where laughter sounded hearty,
where they were generous with food;
where a stranger would be welcomed
and a poor vagrant given food,
but they won't find that this season
in the glen where I was young.

7. Our bright young morning's vanished
like the mist from mountain peaks;
our relatives and our companions
have been driven out, near and far;
others won't be stirring
from their sleep below the sod
who were without pride or spite or anger
in the glen where they were young.

8. Farewell to every hollow,
to every little bank and nook
where I often went playing
when herding the cows;
when my life's race is ending
in the dim evening of my days,
it would be my desire that season
to be in the glen where I was young.

2.

FÀILTE DON EILEAN SGITHEANACH

http://www.tobarandualchais.co.uk/fullrecord/39326/1
(Collection – NTS)

1. Ò, fàilt' air do stùcan,
Do choireachan ùdlaidh,
Do bheanntainean sùghmhor,
    Far an siùbhlach am meann!
Tha 'n geamhradh le dhùbhlachd
Mu na meallaibh a' dùnadh,
'S gach doire le bhùirean
    Air a rùsgadh gu bonn.

2. Chì mi an Cuilitheann
Mar leòmhann gun tioma,
Le fheusaig den t-sneachd
   Air a phasgadh ma cheann;
'S a ghruaidhean a' srùladh
Le easannan smùideach
Tha tuiteam nan lùban
   Gu ùrlar nan gleann.

3. Do chreagan gu h-uaibhreach,
Mar challaid mun cuairt dhut,
'S na neòil air an iomairt,
   A' filleadh mum bàrr;
'S am bonn air a sguabadh
Le srùlaichean gruamach
Bho bhàrcadh a' chuain
   A' toirt nuallain air tràigh.

4. Ò, càit eil na gaisgich
A dh'àraich do ghlacan,
Bu shuilbhire macnas
   Mu stacan a' cheò?
Le fùdar ga sgailceadh
Bhon cuilbheirean glana,
'S na mial-choin nan deannaibh,
   Nach fannaich san tòir.

5. Na laoich nach robh meata
Ri aodann a' bhatail,
Nach aomadh gu taise
   Ri caismeachd an nàmh –
Chan eil raon agus machair
Air 'n do sgaoil iad am bratach,
Nach d' fhàg iad an eachdraidh
   Gun mhasladh dan àl.

6. Ach tha 'm fàrdaichean sguabte,
'S an seòmraichean uaine,
Iad fhèin is an gaisge
   Nan cadal fon fhòd;
'S tha osag nam fuar-bheann,
Le h-osnaidhean gruamach
Gan caoidh mu na cruachan
   'S a' luaidh air an glòir.

7. O! Càit eil gach sòlas
Bha agam nam òige,
Toirt meal' às na ròsan
   Mud chòsagan tlàth?
Tha companaich m' eòlais
Air am fuadach bhon còmhnaidh,
Tha mhil air a deòthal
   'S na ròsan gun bhlàth.

8. Ach 's caomh leam do ghleanntan,
Do shrathan 's do bheanntan,
'S an ceò tha na chadal
   Air baideal nan àrd;
Na ciabhagan torrach,
Na srònagan corrach,
'S na sruthain ri coireal
   Don eilid 's da h-àl.

9. Guma buan a bhios d' eachdraidh,
Agus cliù aig do mhacaibh,
Gus an crìonar an talamh
   'S am paisgear na neòil;
Fhad 's bhios siaban na mara
A' bualadh air carraig,
Bidh mo dhùrachd gun deireas
   Do dh'Eilean a' Cheò!

2. Hail to the Isle of Skye

1. Oh, hail to your summits,
your dismal dark corries,
your lush verdant mountains
where the kid widely roams!
The storminess of winter
closes round the hilltops,
every wood by its roaring
laid bare to the ground.

2. I look at the Cuillinn
like a lion undaunted,
with his mane of snow
wrapped round his head:
his cheeks teeming
with waterfalls steaming,
tumbling and turning
to the floor of the glens.

3. Your cliffs rise up proudly
like a rampart all round you,
while the clouds are driven
in swathes round their tops;
their bases flooded
by seething streamlets
thrown up by the breakers
that roar on the shore.

4. Oh, where are the heroes
that were raised in your hollows,
who took such pleasure
in the misty stacks?
With gunpowder blasting
from their shining rifles,
and speeding deer-hounds
that don't flag in the chase.

5. The heroes unflinching
in the face of battle,
that wouldn't yield weakly
at the enemy's approach –
there's neither plain nor machair
where they unfurled their banners
where the mark of their exploits
brings shame to their kind.

6. But their dwellings are empty
and their rooms grassed over,
while they and their valour
sleep under the sod;
while the cold wind of the mountains
with forlorn sighing
keens them round the summits,
extolling their fame.

7. Oh, where is each comfort
I knew in my boyhood,
taking nectar from the roses
in your cosy nooks?
My constant companions
driven from their houses,
the honey has been gathered
and the rose without bloom.

8. But I love your valleys,
your straths and your mountains,
and the mist that is sleeping
on the buttressed heights:
the fertile tresses,
the rugged headlands,
and the murmuring streamlets
for the hind and her brood.

9. May your story be lasting,
and your sons' reputation,
till the land withers
and the clouds fold away!
As long as the spindrift
beats on the headlands,
my unstinted blessings
to the Isle of the Mist!

3.

CUMHA EILEAN A' CHEÒ

AIR FONN 'Cha tig Mòr mo bhean dachaigh'
http://www.tobarandualchais.co.uk/fullrecord/75271/1
(Collection – School of Scottish Studies SA1971.128)

1. Guma slàn leis na glacan
    San do chleachd mi bhith òg,
Air feadh fraoich agus luachrach
    'S mi ri cuallach nam bò;
Guma slàn leis na beannaibh
    'S leis gach gleannan is còs –
Chì mi 'n sealladh mu dheireadh
    Nochd air Eilean a' Cheò!

2. Slàn le duslach mo shinnsear
   Tha nan sìneadh fon fhòid,
A bha seasmhach is dìleas
   Ann am fìrinn 's an còir;
Tha mo chridhe fo thùrsa
   'S tha mo shùilean fo dheòir
A bhith tionndadh mo chùlaibh
   Ris an ùir sin rim bheò !

3. Nam b' e ceannairc no meàirle
   Bhiodh gam fhàgail fon tòir,
Ach gam fhuadach thar sàile
   Mar an tràill airson òir;
Ga mo sgaradh bhom chàirdean,
   Le mo phàistean gun treòir,
Dhèanamh àite don eilid
   Ann an Eilean a' Cheò!

4. Ged is corrach a stùcan,
   'S ged is lùbach a thràigh,
Chaoidh chan fhaic mise dùthaich
   Bheir mi rùn dhi cho blàth;
Ged bhiodh dearcan is ùbhlan
   Air gach fiùran a' fàs,
Bidh mo thogradh 's mo dhùrachd
   Anns an ùir seo gu bràth.

5. Slàn le comann mo shòlais
   Agus òigridh mo ghaoil;
'S tric a thachair sinn còmhla
   Mu na còsagan caoin;
Tha mi faireachadh brònach
   Bhith air m' fhògradh bhon taobh,
Gun chùl-taic, gun luchd-eòlais
   Dol a sheòladh Diardaoin!

6. Dh'ionnsaigh dùthcha nach eòl domh,
   'S gun an còmhradh nam cheann,
Agus àite gu leòr dhomh
   Ghabhail còmhnaidh sa ghleann,
Far an cluinninn an smeòrach
   Agus crònan nan allt,
Agus maighdeannan bòidheach
   Len cuid òran is rann.

7. Ach tha 'n comann air sgaoileadh,
   'S iad air faondradh 's gach àit',
Is cha tachair sinn còmhla
   Air Didòmhnaich mar bhà;
Àitean-còmhnaidh ar n-òige
   Air an còmhdach fon làr,
Far 'n do shaothraich ar sinnsir
   Iomadh linn agus àl.

8. Thigeadh bochdainn no beairteas,
   Thigeadh acaid no leòn,
Chaoidh cha sgar iad mo chuimhne
   Bho na glinn seo rim bheò;
Ged a shiùbhlainn gach rìoghachd
   Agus tìr fo na neòil,
Bidh mo chridhe gu deireadh
   Ann an Eilean a' Cheò!

3. Lament for the Isle of Skye

1. Farewell to the cosy valleys
where I dwelt as a child,
among heather and rushes
herding the cows;
farewell to the mountains,
every hollow and glen,
tonight my last sighting
of the Island of Mist.

2. Farwell, the dust of my forebears
who lie under the sod,
who were constant and faithful
in justice and truth;
my heart is saddened
and my eyes filled with tears
to be turning my back on
that soil for life!

3. If it were rebellion or stealing
that left me pursued,
but driven across the ocean
like a drudge for gold,
being torn from my relations
with my helpless babes,
to make room for the deer-hunt
in the Island of Mist!

4. Though rugged its summits,
though winding its shores,
I'll never see a country
that I'll hold as dear;
though berries and apples
were to grow on every tree,
my longing and my blessing
will forever be with this earth.

5. Farewell to my dear people
and the young ones I love –
often did we meet one another
about your sheltered nooks;
I am feeling saddened
to be banished from their side,
without support or friendship,
on Thursday to sail.

6. To a foreign country
without the language in my head,
while there's land here in plenty
for me to dwell in the glen,
where I'd hear the mavis
and the murmur of the burns,
and lovely maidens
with their songs and their verse.

7. But the people have scattered,
wandering in every place,
and we don't meet together
on Sundays as we were wont;
the homesteads of our childhood
are covered in earth,
where our forefathers laboured –
many generations and years.

8. Come poverty, come riches,
come wounding, come pain,
my memory they will never sever
from this glen while I live;
though I'd travel every kingdom
and land under the sun,
my heart will be forever
in the Island of Mist!

4.

MÀIRI BHAILE CHRÒ

AIR FONN 'O' a' the airts'
http://www.tobarandualchais.co.uk/fullrecord/65748/1
(Collection – School of Scottish Studies SA1970.160.A8)

1. Air latha dhomh 's mi falbh nan àrd,
    Àit'-àraich fir na cròic,
Gun chaill mi m' iùl air feadh nam màm
    Le bàrcadh trom de cheò;
Bha 'n oidhche dhorcha tarrainn teann,
    'S mo chridhe fann gun treòir,
Nuair thachair rium a' ghruagach bhàn
    Air àirigh Bhaile Chrò.

2. Is thug i cuireadh dhomh gun dàil
    Gu fàrdaich bhig gun sgòd;
Is thuirt i rium mi dhèanamh tàmh
    Gu 'n sgaoil an là na neòil;
Gum faighinn leabaidh thioram bhlàth
    De bharrach àlainn òg;
Gum faighinn biadh is deoch is bàidh
    Air àirigh Bhaile Chrò.

3. Is lìonmhor ròs tha fàs fon driùchd
    Nach fhaca sùil an glòir;
Is lìonmhor maighdeann mhaiseach chiùin
    Nach deach a cliù an ceòl;
Ach riamh cha d' fhosgail ròs fo dhriùchd
    No òigh an cùirt san Eòrp'
Cho finealt' ann an cruth 's am blàth
    Ri Màiri Bhaile Chrò.

4. Ged bheireadh baintighearna dhomh 'làmh,
    Le saibhlean làn a dh'òr,
 Gur lìonmhor buaireas agus cràdh
    Tha 'n càradh ris an t-seòrs';
Gum b' annsa bhith air chosg an tràth
    Le sìth is gràdh na chòir
An gleann nan cuach, 's a' ruith nam bà,
    Le Màiri Bhaile Chrò.

5. Nuair thèid i mach sa mhadainn chaoin,
    Gu fallain aotrom beò,
'S a ghleusas i a duanag ghaoil
    An doire maoth nan cnò,
Bidh eòin nan geug a' seinn dan àl
    Gu h-ait air bhàrr nam meòir,
Ach èistidh iad 's an cinn fo sgàil
    Ri Màiri Bhaile Chrò.

6. Tha sùilean iochdmhor baindidh ciùin
    Ag inns' a rùin gun ghò,
Tha ceum neo-throm 's a cruth gun smùr,
    Gun mheang, gun lùb, gun leòn;
Tha mais' is nàire snàmh na gruaidh,
    Gun fhoill, gun uaill na dòigh,
Mar lilidh mhìn a' fàs le buaidh
    Aig fuaran Bhaile Chrò.

7. Mo shoraidh slàn gun robh gu bràth
   Na fàrdaich is na stòr;
Tha h-ìomhaigh ghràidh nam chuimhne ghnàth
   Is briathran blàth a beòil;
Bidh m' aigne làn de ghaol nach cnàmh
   Gu 'n càirear mi fon fhòd,
Don ghruagaich bhàin a dhùisg mo dhàn
   Air àirigh Bhaile Chrò.

4. Mary of Baile Chrò

1. One day as I roamed among the heights
where the antlered ones are raised,
I lost my way among the peaks
in a heavy wave of mist;
dark night was drawing in
and my weak heart grew faint,
when the fair maid happened on me
at the sheiling of Baile Chrò.

2. And she at once invited me
to her little house without pomp,
and told me to have a rest
till day scattered the clouds;
and I would get a snug dry bed
of brushwood fresh and sweet,
and I'd get friendship, food and drink
at the sheiling of Baile Chrò.

3. Many a rose grows under the dew
whose glory eye never saw,
and there's many a calm and lovely maid
whose praise has not been sung;
but never opened a rose under dew
nor maid in Europe's courts
of such refinement of form and bloom
as Màiri of Baile Chrò.

4. Though I were offered a lady's hand
with barns stacked with gold,
there's plenty of trouble and pain
involved with that sort;
far better it were to spend the time
in abounding peace and love,
in the glen of cuckoos, chasing the cows,
with Màiri of Baile Chrò.

5. When she sets out on a breathless morn,
lithe, light and live,
and strikes up her song of love
in the tender thicket of nuts,
the birds of the trees singing to their broods,
gaily on the tips of the twigs,
will listen with their heads under their wings
to Màiri of Baile Chrò.

6. Her eyes are tender, womanly, calm,
expressing her love without lie,
her step is light and her form without fault,
without blemish, lump or wound;
beauty and modesty swim in her cheek,
there's no deceit or pride in her ways,
like a fair lily that luxuriantly grows
at the spring of Baile Chrò.

7. May my parting blessings ever be
on her dwelling and her store,
her lovely form is ever in my mind
and the warm words of her lips;
my spirit will be full of undying love
till the day I'm laid in the grave
for the fair maid that woke my song
at the sheiling of Baile Chrò.

5.

DUANAG AN T-SEÒLADAIR

AIR FONN 'Èirich agus tiugainn Ò'
http://www.tobarandualchais.co.uk/fullrecord/56262/1
(Collection – School of Scottish Studies SA1955.166)

1. Guma slàn don rìbhinn òig
Tha tàmh an eilean gorm an fheòir,
'S e dh'fhàg mo chridhe trom fo leòn
   Nach fhaod mi 'n-còmhnaidh fuireach leat.

2. An àm dhuinn dealachadh Dimàirt,
Gun fhios an tachair sinn gu bràth,
Gun d' iarr mi gealladh air mo ghràdh,
   'S a làmh gum biodh i fuireach rium.

3. Sheall i orm gu h-iochdmhor caoin,
'S na deòir a' ruith bho sùilean maoth:
Gun d' chuir e saighead gheur nam thaobh,
   An gaol a thug mo chruinneag dhomh.

4. Tha 'n fhairge 'g èirigh suas na smùid,
Is mise 'n ceangal aig an stiùir;
Ach chuir e spionnadh ùr nam dhùirn,
   An rùn a thug mo chruinneag dhomh.

5. Shiùbhlainn deas is shiùbhlainn tuath,
Dh'fhuilinginn acras agus fuachd,
'S cha ghearaininn air smùid a' chuain
   Nam buannaichinn a' chruinneag ud.

6. Thug i dealbh dhomh air an tràigh,
Is dualan mìn dhe cuailean bàn –
Tha sin a' cur nam chuimhne ghnàth
   An gràdh a thug mo chruinneag dhomh.

7. Nuair bhios ise trom na suain,
Bidh mis' air bhàrr nan crannag shuas,
A' pasgadh sheòl, 's a' seinn mo dhuain
   Mun luaidh a thug mo chruinneag dhomh.

8. 'S tric mi cuimhneachadh le spèis,
Nuair bha sinn ann an gleann nan geug,
A h-uile gòraiche gun chèill
   A rinn mi fhèin 's mo chruinneag ann.

9. 'S ged tha mi 'n seo air bhàrr nan sian,
A' sabaid ris a' Chuan an Iar,
Cha bhi mi cuimhneachadh mo dhìol
   Nuair nì Catrìona furan rium.

10. Ach thusa, ghaoth, tha dol gu tuath,
Thoir leat mo shoraidh seo gum luaidh,
Is innis dhi, ma bhios mi buan,
   Nach caill i 'duais ri fuireach rium.

5. The Sailor's Song

1. Health to the young maid
who dwells in the grassy green isle;
what left my heart wounded sore
    is that I can't always bide with you.

2. When on Tuesday we did part,
not knowing if we'll meet again,
I asked my love to make a pledge
    that she would keep her hand for me.

3. She looked at me, gentle, kind,
tears running from her tender eyes,
and it sent a sharp dart in my side –
    the love my girl bore for me.

4. The ocean rises up in spume,
and I'm lashed tightly to the helm,
but it gave renewed strength to my hand –
    the affection my girl bore for me.

5. I'd sail south and I'd sail north,
I'd suffer hunger, I'd suffer cold,
and I'd not complain of the boiling sea
    if I could win that charming girl.

6. She gave me her likeness on the shore
and a silky lock of her fair curls –
that always helps to bring to mind
    the fondness my girl bore for me.

7. When she lies snugly fast asleep,
I'm up high in the tops of the masts,
reefing sails and singing my song
    of the tenderness my girl bore for me.

8. Often do I fondly recall
the time we spent in the wooded glen,
and every silly, trifling thing
    that my girl and I got up to there.

9. Though I am here on top of the waves,
fighting with the Atlantic seas,
I won't remember any of my trials
    once Catriona welcomes me.

10. But you, O wind, that travels north,
take this greeting to my love,
and tell her that, if I survive,
    she won't lose out if she waits for me.

6.

MO DHÒMHNALLAN FHÈIN

AIR FONN 'The Flowers of Dunblane'
http://www.tobarandualchais.co.uk/fullrecord/85720/1
(Collection – School of Scottish Studies SA1965.46.4)

1. Nuair chruinn'cheas an òigridh
Gu mire 's gu sòlas,
Bidh mise nam ònar
    San t-seòmar gun ghleus;
A' cuimhneachadh còmhradh
An fhleasgaich a leòn mi,
'S a' ghaoil thug mi òg do
    Mo Dhòmhnallan fhèin.

2. Tha m' athair 's mo mhàthair
Ri gearan 's ri cànran,
'S a' cantainn nach fheàrr mi
    Na pàiste gun chèill,
Mo ghaol thoirt a dh'òigear
Tha daonnan a' seòladh,
'S a sgaoileas a stòras
    Gun ghò ris gach tè.

3. Ged gheibhinn fear chruachan
Le pailteas mun cuairt dha,
Gun toirt aig an t-sluagh dheth,
    Gun suairceas na ghnè;
Ciod e nì e dhòmhsa
Na chunntadh e dh'òr dhomh,
'S mo chridhe le deòin aig
    Mo Dhòmhnallan fhèin.

4. Tha bliadhn' agus còrr bhon
A thriall e bho eòlas,
'S tha ìomhaigh cho beò dhomh
    'S ged sheòladh e 'n-dè;
Cha ghèill mi do dh'òigear,
'S cha trèig mi na bòidean
A sheulaich mi òg do
    Mo Dhòmhnallan fhèin.

5. Tha dualagan bòidheach
Dhe chuailean nam phòca,
'S a dhealbh air a chòmhdach
    Le òr ann an cèis ;
Tha shùilean cho beò ann,
'S a ghruaidh mar na ròsan,
Ag ùrachadh dhòmhsa
    Mo Dhòmhnallan fhèin.

6. Nuair thachradh an còmhlan
Sa chlachan Didòmhnaich,
Nam measg cha robh òigear
    Cho còmhnard na cheum;
Cho beusach na chòmhradh,
Cho fearail na dhòighean
Bhiodh sùil aig gach òigh air
    Mo Dhòmhnallan fhèin.

7. Gum b' òg bha sinn còmhla
An doire na smeòraich,
'S an dubhar gar còmhdach
    Fo spògan nan geug;
A' tional nan neòinean
Gu h-inntinneach ceòlmhor,
Ri brìodal gun ghò le
    Mo Dhòmhnallan fhèin.

8. Nuair dh'èireas na cuantan,
A' beucail le buaireas,
Na neòil air an ruagadh
    Is gruaim air an speur,
Bidh mise nam ghòraig
Ag èisteachd an còmhraig,
'S mo chridhe ga leòn mu
    Mo Dhòmhnallan fhèin.

9. Am Freastal bhith stiùireadh
Nan gaothan le ciùine,
'S a' còmhnadh mo rùin anns
    Gach dùthaich is ceum;
Ga dhìon is ga sheòladh
Gu 'm pill e gu eòlas –
Gur mi dhèanadh sòlas
    Rim Dhòmhnallan fhèin.

10. Ach mur till e gam ionnsaigh,
Gur mise bhios tùrsach;
Gu 'n càirear fon ùir mi
    Cha mhùch mi mo spèis;
Cha taobh mi ri òigear
'S cha chaochail na bòidean,
No 'n gaol thug mi òg do
    Mo Dhòmhnallan fhèin.

6. Dear Donald, My Own

1. When the young people gather
for mirth and for pleasure,
I will be lonely
    in the room without fun,
remembering the conversation
of the young man who hurt me,
and the love I gave young to
    dear Donald, my own.

2. My father and my mother
girn and grumble,
saying I'm no better
    than a child without sense,
to give a youth my affection
who's ever away sailing,
who spends his money
    without grudge on every girl.

3. If I got a man with a stackyard
surrounded by plenty,
who didn't share it with the people,
    without kindness in his ways,
what good would that do me,
whatever gold he'd count me,
with my heart promised
    to dear Donald, my own?

4. It's more than a year since
he left his homeland,
but his image is as fresh as if
    he'd sailed yesterday;
I won't succumb to another,
I won't forsake my pledges
that I sealed in my girlhood
    to dear Donald, my own.

5. I have lovely ringlets
of his curls in my pocket,
and his likeness is hidden
    in a locket of gold
in which his eyes so sparkle
and his cheeks are like roses,
bringing to life before me
    dear Donald, my own.

6. When the party gathered
in the kirktown on Sunday,
there was not one among them
    as stately of gait,
so civil in his conversation,
so courteous in his manners,
that every maid had a fancy
    for dear Donald, my own.

7. We were young together
in the grove of the mavis,
the shade giving us cover
    beneath the arms of the trees;
plucking the daisies
with merriment and music,
innocently courting
    with dear Donald, my own.

8. When the oceans are rising,
roaring with unrest,
and the clouds are harried
    and the sky looks grim,
I become a foolish lassie
listening to their battling,
with my heart being battered
    for dear Donald, my own.

9. May providence govern
the winds with calmness,
and keep my love safe in
    every country and road;
protect him and guide him
till he returns to his homeland –
it's I who'd be joyful
    to see dear Donald, my own.

10. But if he doesn't return here
it's I who'll be grief-struck;
till I am laid below the greensward
    I won't extinguish my regard;
I won't favour another
nor alter my pledges
or the love I gave young to
    dear Donald, my own.

7.

MO LEANNAN

http://www.tobarandualchais.co.uk/fullrecord/96829/1
(Collection – School of Scottish Studies SA1969.142.B2)

Mala chaol is beul tana,
Slios mar fhaoileig na mara,
Cuailean cuachach nan dual
Sìos mu ghuaillean mo leannain!

1. 'S i mo rùn-sa mhaighdeann chiùin,
Loinneil, chliùiteach is bhanail
Bidh mo chridhe leum le sunnd
Dol a-nunn gu mo leannan.

2. Mar na ròsan glan fon driùchd,
Finealt' ùrail gun smalan,
Tha gach àilleachd, mais' is mùirn,
Ann an giùlan mo leannain.

3. Tha i baindidh caoin gun ghruaim,
Cuimir uallach is fallain;
Chan eil òigh measg an t-sluaigh
A bheir buaidh air mo leannan.

4. Ged a tha mi gann de stòr,
Nì mi seòl dhi air aran,
'S chan eil duine fo na neòil
A gheibh còir air mo leannan.

7. My Sweetheart

Slender brows and fine lips,
side like the gull on the ocean,
coiling ringlets in curls
round the shoulders of my sweetheart!

1. My darling's the quiet maid,
comely, of good repute and modest,
my heart leaps with joy
going over to my sweetheart.

2. Like fresh roses under dew,
refined, pure, without blemish,
every beauty, loveliness and delight
is in the bearing of my sweetheart.

3. Womanly, gentle, without frown,
shapely, lightsome and healthy,
there is no girl among the folk
who surpasses my sweetheart.

4. Though I am short of wealth,
I will find a way to support her,
and no man beneath the clouds
will have a claim on my sweetheart.

8.

AM FAIGH A' GHÀIDHLIG BÀS?

1. Tha mòran sluaigh am beachd an-diugh
   Nach eil ar cànain slàn,
Nach fhad' a chluinnear fuaim a guth,
   Nach tèid i chaoidh nas fheàrr;
Gu bheil an aont' a bh' aic' air ruith,
   Nach tog i ceann gu bràth;
'S a dh'aindeoin buaidh MhicIlleDhuibh
   Gum faigh a' Ghàidhlig bàs.

2. Tha sìol nan sonn gan cur air chùl,
   'S am fearann ga chur fàs;
Tha fèidh is caoraich air gach stùc
   Mun robh na laoich a' tàmh;
Tha cinneach eil' air teachd don ùir,
   'S ag èirigh suas nan àit'
Tha toirt am bòidean air gach dùil
   Gum faigh a' Ghàidhlig bàs.

3. An leig sinn eachdraidh chaomh ar tìr
   A sgrìobadh de gach clàr,
'S a' Ghàidhlig chòir a chur a dhìth
   Le linn nach tuig a gnàths?
A' chànan aosta, ghlòrmhor, bhinn
   A dhùisgeadh fuinn nam bàrd
Am fan sinn dìomhanach gun suim
   Is daoi ga cur gu bàs?

4. Dùisg suas, a Ghàidhlig, 's tog do ghuth,
   Na biodh ort geilt no sgàig –
Tha ceudan mìle dìleas dhut
   Nach dìobair thu sa bhlàr;
Cho fad' 's a shiùbhlas uillt le sruth,
   'S a bhuaileas tuinn air tràigh,
Chan aontaich iad an cainnt no 'n cruth
   Gun tèid do chur gu bàs.

5. A' chainnt a dh'fhoillsich cliù nam Fiann,
   'S an gaisge dian 's gach càs –
Tha 'n euchdan iomraiteach bho chian
   Ag àrach miann nan àl;
Na leòmhainn threun nach tug le fiamh
   An cùlaibh riamh do nàmh,
Tha iomadh gleann is cnoc is sliabh
   A' luaidh air gnìomh an làmh.

6. Chan eòl dhuinn ceàrn an ear no 'n iar,
   No fonn mun iath an sàl,
Nach fhaighear cuid an sin dhen sìol
   A' leudachadh 's a' fàs,
Tha 'g altram suas, le dùrachd dhian,
   Gach sgeulachd agus dàn
A bhiodh an sinnsearan a' snìomh
   An tìr nan sliabh 's nam bàgh.

7. Ach 's geàrr a bhios an ùin' a' triall
   Gu 'm faic sinn, mar as àill,
A' Ghàidhlig mhùirneach, mar ar miann,
   An cathair inbhich, àird,
A' sgaoileadh eòlais, tuigse 's ciall
   Bho h-ionmhasan nach tràigh,
'S a' taisbeanadh le neart a rian
   Nach tèid i 'n cian seo bàs.

8. 'N sin togaidh i le buaidh a ceann,
   Le aoibhneas nì i gàir;
A teudan gleusaidh i gu teann
   Le cridhe taingeil làn;
Gun cluinn Mac-talla feadh nan gleann
   Gach doire 's allt cur fàilt',
'S an osag chiùin air bhàrr nam beann
   A' giùlan fonn a dàin.

9. Ach buaidh is piseach air na laoich
   Tha seasmhach air a sgàth,
Chaidh àrach ann an tìr an fhraoich,
   Ge sgaoilt' an-diugh an àl;
Ged chaidh an sgapadh air gach taobh,
   Cha chaochail iad an gnàths;
Chan fhàs an eachdraidh lag le aois,
   'S chan fhaigh a' Ghàidhlig bàs.

8. Will Gaelic Die?

1. Many people opine today
that our language isn't well,
that not long will her voice be heard,
that there's no recovery in sight;
that her lease is all but run,
that she'll never raise her head;
and in spite of Blackie's influence
that Gaelic is going to die.

2. The descendants of warriors are despised
and their land is being cleared;
there are sheep and deer on every peak
round which the heroes dwelt;
another race has entered the land,
rising up in their place,
swearing to every living soul
that Gaelic is going to die.

3. Will we let the sweet story of our land
be scraped from every page,
and noble Gaelic ruined
by an age that doesn't understand her ways?
The ancient glorious melodious tongue
that woke the songs of the bards –
will we stand helpless, idly by,
while a churl puts her to death?

4. Wake up, Gaelic, raise your voice,
have neither misgiving nor fear
there are hundreds of thousands loyal to you
who won't desert you on the field;
as long as burns cascading flow,
and waves pound on shore,
they'll never consent in words or form
that you'll be put to death.

5. The language that spread the Fenians' fame
and their intense bravery in every case –
long have their renowned deeds
inspired each generation's zeal;
the fierce lions that never turned
their backs fearfully to the foe,
there's many a glen and hill and peak
that speaks of their dextrous deeds.

6. We know no place in east or west,
or land lapped by sea,
where their descendants are not found
burgeoning with new growth,
who carry forward, with purpose keen,
all those stories and songs
that our ancestors used to weave
in the land of hills and bays.

7. But it will only be a short time now
till we see, as is our wish,
delightful Gaelic, as we desired,
on a high distinguished chair;
disseminating knowledge, understanding, sense,
from her unebbing wealth,
proclaiming in the strength of her ways
that she won't die this long time.

8. Triumphantly she will raise her head,
and with joy she will cry;
eagerly she will tune her strings
with thankful brimming heart;
and Echo will hear throughout the glens
the greetings of grove and burn,
and the gentle breeze on the tops of the hills
carrying the tune of her song.

9. But success and good luck to the men
who stand up for her rights
in the land of heather they were raised,
though scattered their generation today;
though they wander in every land,
they will never change their ways;
their history will not grow faint with age
and Gaelic will not die.

9.

BROSNACHADH NA GÀIDHLIG

Rinneadh na rainn seo mun àm a thòisich *Professor Blackie* air tional an airgid airson a' Chathair Ghàidhlig a chur air chois ann an Dùn Èideann.

1. Dùisg suas, a Ghàidhlig, 's na bi fann,
Is gleus do chlàrsach feadh nan gleann,
Tha aon fhear-tagraidh math ort teann
    A chumas taic riut,
Cho fad' 's a mhaireas teanga 'n ceann
    Professor Blackie.

2. Bha cuid an dùil nach robh thu slàn,
'S gun robh do bheatha dlùth don bhàs,
Ach bheir thu 'n car asta gun dàil
    Nuair thèid thu 'n cleachdadh
A dhèanamh luaidh air gnìomh nan sàr
    Tha fo na leacan.

3. Bidh tu 'n Oilthigh mòr Dhùn Èideann
Measg gach Laidinn, Eabhra 's Greugais,
'G innse sgeulachdan na Fèinne,
    'S mar a ghleac iad,
'S ri àm a' chruadail cò bu trèine
    A dhearbh an gaisge.

4. Bheil neach le cridhe beò na chom
An-diugh a' còmhnaidh ann ar fonn
Tha dèanamh tàir air cainnt nan sonn
    As cliùiteach eachdraidh,
Sìol nan armann blàthmhor trom
    A cheannsaich feachdan?

5. Bheil neach a dh'àraich tìr an fhraoich
Air call a bhàidh 's air fàs cho faoin,
Ri tàir' air cainnt a mhàthar chaoimh
    'S nach taobh a reachdan?
Ach gheibh iad sin an duais gu daor
    Mur caochail *Blackie*.

6. Ach sibhs' air fad, a shìol nan rann,
Nach eil fo smachd aig clann nan Gall,
Glacaibh an sruth, 's e seo an t-àm,
    Cuir suas a' bhratach –
Tha brod a' ghaisgich air bhur ceann,
    Professor Blackie.

7. Na fàgaibh taigh dham faic sibh smùid,
No duine beò a chì bhur sùil,
Bho Thaigh Iain Gh̀ròt gu Cluaidh nan lùb
    Nach tog sibh creach dheth,
Gu 'm faigh sibh an deich mìle punnd
    Tha dhìth air *Blackie*.

8. 'N sin thèid bhur n-eachdraidh is bhur n-euchd
Air feadh gach linn a thig nur dèidh;
Bidh glòir nam bàrd air ceòl nan teud
    Gu rèidh nur glacaibh;
'S a' Ghàidhlig aost' le maoin gun èis
    A' gleus bhur macaibh.

9. 'S nuair thèid a' Ghàidhlig a chur suas
An cathair inbhich mar bu dual,
'N sin òlaidh sinn dà làn na cuaich –
    'S cha bhi iad lapach –
Air slàint' an laoich a thug a' bhuaidh,
    Professor Blackie.

9. An Incitement to Gaelic

1. Wake up, Gaelic, and don't be weak,
and tune your harp throughout the glens:
you have a good advocate standing close
  who will support you,
as long as a tongue remains in the head
  of Professor Blackie.

2. Some suspected you were not so well,
that your life had come close to death,
but you will yet prove them wrong
  when you're employed
to recount the heroic deeds of those
  below the gravestones.

3. You'll be in the great University of Edinburgh
among Latin, Greek and Hebrew,
telling the stories of the Fenians
  and how they battled,
and who at the time of conflict were toughest
  in displaying their mettle.

4. Is there a man with heart beating in his breast
dwelling in our land today
who sneers at the language of the hosts
  of famous story,
seed of the flourishing warriors of might
  who overcame armies?

5. Is there a man the land of heather raised
who has lost his affection and grown so dull
as to disdain his gentle mother's speech
  and not to support her statutes?
But those will get their just deserts
  unless Blackie demises.

6. But all of you, O sons of verse,
not dominated by Lowland churls,
catch the tide, now is the time,
      raise the banner –
the best of champions is at your head,
      Professor Blackie.

7. Don't leave a house from which you see smoke,
or any man who catches your eye,
between John o' Groats and the meandering Clyde
      whom you won't plunder
until you raise the ten thousand pounds
      required by Blackie.

8. Then your history and your deeds
will be known to every age that comes in your wake;
the voice of the poets on the music of the harp
      in your sure safe-keeping,
and ancient Gaelic funded, without want,
      refining your children.

9. And when Gaelic is raised up
on an illustrious chair as was her wont,
then we will drink off a double toast –
      and they won't be faint-hearted –
to the health of the hero who has triumphed:
      Professor Blackie.

10.

CÒMHRADH EADAR ÒGANACH AGUS OISEAN

An t-Òganach:

1. Feasgar dhomh 's mi air t-sliabh,
    A' ghrian a' teàrnadh às na neòil,
Aig leabaidh cadail nam fiadh
    Far 'm bu datht' am bian fon cròic,
Fhuair mi sealladh chuir orm fiamh,
    A chaochail mo chiall gu bròn,
A chuir laigse na mo ghnìomh
    S glaise ann an sgiamh mo neòil.

2. Chunnaic mi tighinn am chòir
    Curaidh mòr bu cholg'rra greann,
Le fhalt trom leadanach liath
    Na shnìomhanan air a cheann;
Bha lann an truaill air dhreach an òir
    Gu h-òrdail ri ceann a leis:
Armachd 's a bhuadhan gu lèir
    A' gluasad a rèir a threis.

3. Smuainich mi imeachd na b' fhaisge air,
    Gum beachdaichinn facal de chòmhradh,
'S gum foghlaiminn uaith nam b' e thlachd e
    Cò am feachd san robh e a chòmhnaidh –
An uamhaichean dorcha nan glacan
    No shuas ann an stacaibh nam fròga;
'S ma chrìochnaich e tìmeil a thuras
    Gum foghlaiminn tuilleadh mun ròd sin.

4. A Phrionnsa, na dùisg ann an corraich
   Ma labhras mi goileam gun eòlas;
Chan fheàrr mi ad làthair na faileas
   Gun tuigse, gun aithne, gun steòrnadh;
Ach dh'iarrainn le sìmplidheachd m' fhacail
   'S le ùmhlachd mo phearsa gud bhrògan
Gun innseadh tu sgeula mu eachdraidh
   Na tìr anns an d' altraimeadh òg thu.

Oisean:

5. A òganaich, dlùthaich nas fhaisge
   'S na smuainich air gealtachd no fòirneart;
Gabh ciall is rian na do ghlacaibh,
   Thoir aoigheachd is caidreabh dhaibh còmhla;
Faigh tuigse mar stèidh do d' fhacail,
   O 's lòchran i lasas an-còmhnaidh;
Na h-ionmhasan mùirneach tha pailteas
   Thoirt iùl do gach seacharan eòlais.

6. Ùmhlaich do chluas ann an deachdadh
   Is d' inntinn fo smachd gu bhith meòrach,
Is innsidh mi rann air na gaisgich
   Bha ainmeil an aiteas ar n-òige;
Bha a' Ghàidhlig an tràth sin na coinneil,
   Mar bhanrigh is muime gach eòlais,
Ach thràigh i mar sgàile an t-sneachda,
   Air a dùnadh mar mhasladh on còmhnaidh.

7. Bu chliùiteach na fiùrain a chleachd i
   'S a ghiùlain mar reachd i fon còmhdach,
'S bu chliùiteach an tùrn fo gach brataich
   A' smùideadh nam feachdan le fòirneadh;
Na fiadhairean iargalta fallain
   Bu chiatach an seallaidhean còmhlan –
Mar dheàrrsa na grèine bha 'n lannan,
   A' lùbadh an daraich fom brògan.

8. Bha an Gàidhlig an càradh rin innidh,
   Fo lùbadh am filleadh 's an cleòca;
Ann an cùirtean nan rìgh is nam filidh
   Bu shiùbhlach o bhilean gach seòrs' i;
Bha lainnir o shaidhbhreas a gliocais
   A' soillseachadh gibhtean na h-òigridh,
'S na h-aostairean liath-cheannach geala
   Cur sìos ann an ealain an dòighean.

9. Ach an tràth seo tha 'n àiteachan falamh,
   A' caoidh mar a sgaradh an glòir dhiubh,
'S luchd-spùinnidh à dùthchannan aineoil
   A' rùsgadh an talla den còmhroinn;
Tha gruaim agus fuachd air na bealaich,
   Tha truaighe sna gleannanan bòidheach,
On chaochail na h-aoghairean glana
   Nach aomadh le barailean gòrach.

10. Dh'fheòraich thu àireamh dem eachdraidh
    Is càit an robh aitreabh mo chòmhnaidh –
B' e garbhlach na h-Alba ar caisteal,
    'S b' e 'daingnichean taitneach bu nòs dhuinn;
B' armailteach falbhanach astarach
    Meanmnach ar casan air mòintich;
'S an t-ainm leis na dhearbh iad mi 'n toiseach,
    'S e ghairm iad dhìom Oisean o m' òige.

An t-Òganach:

11. Tha an Gàidhlig mar bhàireadh na falaisg
    Air cnàmh, 's chan eil caraid ga feòrach;
Ach tha eòlas gu leòr ann ar fearann
    Air teangannan aineoil nach b' eòl duinn;
Tha innleachdan ùra is ealant'
    A' dùsgadh nan seanair 's na h-òigridh,
'S tha riaghailtean sìobhalt' nas fhallain'
    Na bh' ann anns na h-amaibh a b' eòl dhut.

12. Ach dh'iarrainn thu mhìneachadh tuille
    Is m' inntinn a dh'uireasbhaidh eòlais,
Gun innseadh tu càit an do thuinnich
    An Gàidhlig an ionad a tòisich;
Na èirich nas àirde nam chomas,
    O 's lèir dhut gun annam ach fòtas;
Ach riaghail mi le briathran so-thuigsinn
    Nach diobair mo ghliocas gam meòrach.

Oisean:

13. Nuair a shuidhicheadh cuan agus talamh
    'S a fhuair iad gu barant an òrdugh,
B' i Gàidhlig an combaiste daingeann
    Chum stiùireadh gach teanga gu còmhradh;
Nuair a ghairmeadh gach creutair sa chruinne
    'S an eunlaith nam buidheannan còmhladh,
Bha Àdhamh le Gàidhlig gan sloinneadh
    A rèir mar a thoilleadh an dòighean.

14. Bha a dìleab-se dìreach gun ghainne
    Aig na linntean dom b' aithn' i na h-eòlas;
A maoin-se gu saor aig gach doras,
    A' traoghadh a searragan sòlais;
Ràinig a h-àillidheachd sinne
    Is dh'fhàiltich ar spiorad o ar n-òig' i;
Bu lòchran san oidhch' i gun mhilleadh,
    A' soillseachadh iomall gach ròid dhuinn.

15. Ach is nàrach don àl a tha nis ann
    Len d' fhàgadh mar lios i fon òtrach,
An cànain a b' àird' ann an gibhtean,
    Bu shàbhailte gliocas gun dòlam;
Bha seòmar an còmhnaidh gun ainnis
    A' cuibhreachadh amaideachd fheòlmhor,
'S ag ùrachadh inntinn nan seanair
    Gu brìghealachd seallaidh nach b' eòl dhaibh.

16. B' e an cruas leam a gruaidh a bhith smalach,
    Gun fhaighneachd an tionail na còmhstri,
Dam b' àbhaist bhith dlùth air an toiseach,
    A' sgaoileadh gach dosgain on còmhnaidh;
Gu buadharra cruadalach gaisgeil,
    Gun truailleadh an taice ri mòrachd,
'S cha chuala mi tionndadh le gealtachd
    Na ghiùlain fom brataich gun leòn i.

An t-Òganach:

17. Tha iongnadh ag aomadh gu m' aigne,
    Ri cluinntinn do bheachd is do chòmhraidh;
Ach tha aon nì bu mhiannach leam fhaicinn
    No fhoghlam gu ceart o do sheòladh:
Ciod e chuir na treubhan seo 'meatadh,
    'S a dh'fhàg iad cho lag agus breòite,
'S an aon rud nar tìr is nar talamh
    'S a bh' ann nuair a b' fhallain ar còmhlain?

Oisean:

18. Tha na Gàidheil air claonadh om maise
    Is air aomadh gu laigs' ann am mòran:
Thug iad riaghladh an dùthcha 's am fearainn
    Do shluagh do nach buineadh a' chòir sin;
Tha an àiteach air fàs ann an gainnead,
    Air ghaol an cuid bhan a bhith spòrsail,
Tha guanagan Gallt' aig gach fear dhiubh
    'S an luirgnean cho tana ri feòrnain.

19. Tha na raointean sna shaothraich iad aran
    Aig caoraich gam malairt gu dòlam,
Is laoich nach robh faoin anns a' chabhaig
    Gan saodach gu aineoil on eòlas;
Tha na slèibhtean fo threudan a' mhonaidh,
    Tha fèidh nan ceann corrach gan còmhdach;
Tha sealgairean Gallt' air gach tulaich,
    An àite nan curaidh a b' eòl dhaibh.

20. Mu na tràthan a dh'àraicheadh mise
    Bha àrmainn gun tuisleadh nan dòighean;
Gun uabhar a' buaireadh am fala
    No uaill a' cur mearachd nan ròidean;
Ach suairceas le dualaibh, do-cheanail,
    Is cruadal le bannan gan spreòtadh,
A leumadh mar fhèidh air an fhireach
    Gu streap ann am mire na còmhstri.

21. Ach thrèig iad an spèis a bha cleachdte
    Do threubhan nam breacan on òige;
Is ghèill iad do ghreadhnachas Shasainn
    'Chur rèisean air faidead rin còta;
Chaidh èis air an èideadh neo-lapach,
    Nach cunglaicheadh casan an t-seòrsa,
Le am b' èibhinn am fèile 's an t-osan
    Gu dìreadh ri dosan nam mòr-bheann.

22. Fhad 's a riaghlas a' ghrian is a' ghealach,
    Bidh cuimhneachan barant an-còmhnaidh
Air euchdan nan Gàidheal sa charraid,
    Nach dìobradh a' leantainn na tòrachd;
Dh'fhàgadh iad àraichean falamh
    Is dh'fhògradh iad an-iochd on eòlas,
'S bhiodh fèiste aig farspaich an achaidh
    Mu shàiltean an casan air feòlach.

23. Ach dh'iarrainn gu dùrachdach sealladh
    Air ùrachadh cleachdaidhean m' òige,
'S gun riaghladh a' Ghàidhlig le aiteas
    Anns gach àite bheil beachd air a còmhradh;
Cha chrìonadh ar freumhan san talamh,
    'S bhiodh blàth air gach meangan a' cròiceadh,
'S na Gàidheil mar reultan gun smalan
    Nach dorchaicheadh faileas nan sgleòthan.

10. A Conversation between a Young Man and Ossian

The Youth:

1. One evening when I was on the hill,
with the sun descending from the clouds,
in a hollow where the deer sleep,
their coats below their antlers of richest hue,
I saw a sight that filled me with awe
and made my mind sad,
that made my action weak
and my complexion pale.

2. I saw coming towards me
a great hero of fiercest mien,
with heavy flowing grey hair
in coils around his head.
His sword in a sheath the colour of gold
was arranged with its tip on his thigh;
his weapons and all his skills
moving in accordance with his strength.

3. I thought of moving nearer
so I could consider his conversation,
and learn from him if he were willing
with what troops he had his dwelling –
in the dark caves of the hollows,
or up in the stacks of the fissures;
and if he finished his mortal journey
I could learn more of his travels.

4. O prince, don't wake in a temper
if I talk nonsense without knowledge;
I am no better than a shadow in your presence
without understanding, discernment or direction;
but I would ask with the simplicity of my utterance
and the obeisance of my person to your footwear,
that you would give an account of the history
of the land where you received your rearing.

Ossian:

5. Young man, come in closer
and don't think of cowardice or tyranny;
take sense and order into your possession,
give them both fellowship and entertainment;
acquire understanding as your words' foundation,
as it is an ever burning lantern;
in her precious treasures there is plenty
to give guidance to every error of knowledge.

6. Submit your ear to dictation
and discipline your mind to remember,
and I will recite a verse of the heroes
who were famous in the gladness of our childhood;
Gaelic was then a candle,
as the queen and nurse of all knowledge,
but she has disappeared like a snowfall,
barred like a disgrace from their dwelling.

7. Renowned were the heroes who used her
and who bore her like a statute below their clothing,
famous their feats below each banner
that surprised troops and dashed them to pieces;
the wholesome fiercesome warriors,
delightful the sights of them mustered,
like the dazzle of sun were their swordblades,
below their tread the oak planks bending.

8. Their Gaelic was wound in their intestines,
under the pleats of their kilts and their mantles;
in the courts of kings and poets
she flowed from the lips of each person;
the gleam from the riches of her wisdom
lit up youthful endowments,
while the white-haired ancients
made poetry of their doings.

9. But now their places are empty,
lamenting how glory has left them,
with plunderers from foreign countries
stripping the hall of their portion;
gloom and cold lies on the passes,
the lovely glens are wretched
since the noble herdsmen have departed
who wouldn't yield to foolish opinion.

10. You enquired about the number of my adventures
and where was my place of habitation –
the Highlands of Scotland were our castle
and we were accustomed to delightful strongholds;
warrior-like, fleet, fast advancing
were our spirited feet on the moorland,
and the name I was given at the beginning
and which they called me from my youth was Ossian.

The Youth:

11. Their Gaelic is like the path of moorburn,
worn away, without friend's enquiry,
but there's knowledge enough in our country
of foreign languages we haven't heard of;
new and ingenious inventions
are inspiring old men and young ones,
and the rules of civilisation are healthier
than they were in the times you knew.

12. But I'd like you to explain further,
with my mind lacking in knowledge,
by telling where their Gaelic
resided at its inception;
don't exceed the limits of my powers,
for you can see I'm only a remnant,
but direct me in simple phrases
that won't banish my understanding with wonder.

Ossian:

13. When land and ocean were established
and were set firmly in order,
Gaelic was their certain compass
to guide every tongue to parlance;
when every creature in the world was summoned
with the birdflocks in their groups together,
Adam gave them names in Gaelic
in accordance to what their traits dictated.

14. Her legacy was straight and unfailing
to the generations that had her acquaintance,
her wealth given freely at each doorway
as they drank from her flasks of comfort;
her splendour finally reached us
and our spirit welcomed her from childhood;
in the night she was an unblemished lantern
showing us the edge of each roadside.

15. But it is a disgrace that the current generation
has left her like a garden below a dungheap,
the language with the highest endowments
which guarded wisdom without defect;
her room was ever without hardship,
with limits on talk of lewdness,
refreshing the minds of the old men
with uncustomary liveliness of vision.

16. It was hard on me for her cheek to be dirty,
with no request for her when mustering for battle,
those who'd be near the vanguard,
scattering every danger from their homesteads;
victorious, valorous and hardy,
without corruption in support of greatness,
and I never heard of her being wounded
by cowardly retreat borne under their banner.

The Youth:

17. Amazement is inclining to my spirit
at hearing your opinion and your converse,
but there's one thing I would like to see
or to learn correctly from your guidance;
what is it that has daunted the peoples
and left them so weak and so feeble,
when our land and country is the same
as it was when our armies were healthy?

Ossian:

18. The Gaels have declined in appearance
and have yielded to weakness in many matters:
the rule of their land and country
they have handed to people with no right to it;
the cultivated land has grown sparser
as a result of the sport of their women,
every one of them has a girl from the Lowlands
with shanks as thin as a grassblade.

19. The fields in which they toiled for bread
are under sheep that are traded morosely,
with the stalwarts who were not faint in trouble
driven from their homelands to foreign countries;
fertile ground is under animals of the moorland,
covered by deer with their antlers;
Lowland hunters are on every hillock
in place of the heroes who knew them.

20. In those times when I was being reared
warriors were faultless in their conduct,
with no haughtiness troubling their blood
nor pomp impeding their progress;
but unfaulting civility in their duties
and unforced tenacity in their alliances,
who would leap like deer on the hillside
to fight in the madness of battle.

21. But they have lost the customary veneration
for the clans who wore tartan from childhood;
and they've succumbed to the pomp of England
to add a span to the length of their coat-tails;
their robust clothing has been forsaken
that wouldn't constrain the legs of such warriors,
who had delighted in the kilt with footless stocking
for climbing through the thickets of the mountains.

22. While the sun and the moon are reigning
there will be certain recollection
of the battle feats of the Gaels
who would not flinch from pursual;
they would leave the battlefield deserted,
from their lands the cruel would be banished,
and the black-backed gull would be feasting
on the carnage of the field left behind them.

23. But I would earnestly desire a prospect
of a renewal of the ways of my boyhood,
so that Gaelic would reign with gladness
in every place that can recollect her converse;
in the earth our roots would not wither,
and on every branch blossom would flourish,
with the Gaels like stars untarnished
that the shadow of mists would not darken.

11.

SEALLADH AIR OISEAN

1. Air feasgar ciùin sàmhach san earrach,
    'S mi teàrnadh bho bhearradh nam mòr-bheann,
An smeòrach a' seinn air gach bealach,
    'S na h-uillt a' dol thairis len crònan,
Gun d' fhuair mi san àite sin sealladh
    Rinn m' inntinn is m' anam ro bhrònach;
'S ma dh'fhaodas mi cuibhreann dheth aithris,
    Na measaibh an ealain seo gòrach.

2. Na shìneadh fo spògan na daraig
   Bha laoch a bha fearail na chòmhradh;
Bha fheusag 's a ghruag mar an canach
   Mu ghuaillean 's mu bhroilleach gan còmhdach;
Bha chlàrsach ri thaobh air a' charraig
   'S a teudan gan tarraing fo mheòirean,
Is sheinn e na rainn seo a leanas,
   Nam b' eòl domh an aithris air dòigh dhuibh:

3. 'Thig làmh rium, a chlàrsach mo sheanar,
   Bu bhinn leam thu 'n earrach na h-òige,
Nuair bhuailinn do theudan le deannal
   An àm a bhith tional nan còmhlan;
An talla na h-uaill is na caithreim,
   San cluinnte mar aingil na h-òighean,
Toirt ciùil dhuinn air cliù an cuid leannan,
   'S air euchd an cuid lannan sa chòmhstri.

4. 'Thig làmh rium, a chlàrsach, car tamaill,
   'S gun seinn sinn, mun dealaich sinn, òran,
Mun càirear gu bràth sinn san talamh,
   'S gun aon ann a mhealas ar còmhradh;
Na glinn a bha làn, tha iad falamh,
   Gun daoine gun taighean gun cheòl annt' –
Tha 'm bàrd dhèanadh dàn agus ealain
   'S an clàrsair nan cadal fon fhòd ann.

5. 'Ach càit' eil na h-armainn bha duineil
   Chaidh àrach mu mhullaich a' cheò ud?
'N do bhàsaich an t-àlach ac' uile,
   'S na glinn seo gun duine gun chòmhnaidh?
Cha chluinn mi ann Gàidhlig no luinneag,
   Ach nuallan na tuinne cho brònach;
Tha caoraich is fèidh air gach tulach
   An àite nan curaidh a b' eòl daibh.

6. ''N do chaochail na laoich a bha gaisgeil,
     A cheannsaicheadh feachdan sa chòmhrag
Gu buadharra cruadalach smachdail,
     Nach lùbadh fo chasan luchd-fòirneirt;
Fo shuaicheantas luaineach am bratach,
     'S na pìoban len caismeachd ri ceòl daibh,
Cur fuinn air na suinn bha gun ghaiseadh,
     Nach tionndadh le taise san tòrachd?

7. 'Ach sgaoileadh an iar is an ear iad
     Bho dhùthaich an seanar 's an eòlais,
An dùthaich a dhìon iad cho fearail,
     'S a dhòirt an cuid fala ga còmhnadh;
Na fàrdaichean blàth agus geanail,
     An-diugh chan fhaigh ainnis a lòn annt' –
Nan làraichean fàsail fo smalan,
     A' caoidh mar a sgaradh an glòir dhiubh.

8. 'Ge tric thàinig nàimhdean le caithream
     Thoirt cìs dhe ar fearann le dò-bheairt,
Len airm-chogaidh rùisgt' air an tarraing,
     Teachd dlùth do ar cala le mòr-chuis,
'S ann phill iad gun inntinn gun anam,
     Le àireamh bu ghainne na thòisich,
Mar philleas na garbh-thuinn bhon charraig
     Nì gàire le fanaid rim bòilich.

9. 'Nach caochlaideach faoin agus carach
     An saoghal seo mhealladh gach seòrsa?
Tha linn agus linn a' dol thairis
     'S cha till iad a dh'aithris an sgeòil duinn;
Is càirdean mo ghràidh-sa nach maireann,
     A sheasadh mar charraig sa chòmhrag,
Ge b' àrdanach làidir an ceannas,
     Tha 'n àlach gun fhearann gun chòmhnaidh.

10. 'Ach slàn le mo chàirdean nach maireann,
　　　'S le glinn agus beannaibh mo shòlais;
Is slàn leis na fiùranan fallan,
　　　'S le ciùil agus caithream na h-òige;
Is leibhse, mo rìbhinnean geala,
　　　Mar reultan gun smal a' cur sgleò orr' –
Cha chluinn mi 'n guth binn aig an ainnir
　　　A' seinn aig a' mhainnir gu ceòlmhor.

11. 'Tha 'n ceò a' cur smùid mu na meallan,
　　　'S tha mise fon daraig nam ònar:
Tha bròn agus tùrsa air m' anam,
　　　'S a-nochd cha tig caraid gam fheòraich;
Ach slàn leat, a chlàrsach mo sheanar,
　　　Chaidh crìoch air gach ealain is òran,
Is càirear gu bràth sinn san talamh,
　　　'S gun aon ann a mhealas ar còmhradh!'

11. A Sight of Ossian

1. One calm, quiet evening in springtime,
as I descended from the high cliff faces,
the thrushes singing in the passes
and the tumbling burns with their purling,
I saw in that place a vision
that filled my heart and soul with sadness,
and if I may relate of it a portion,
don't consider this poem too foolish.

2. Lying under the branches of an oak-tree
was a warrior manly in his converse;
his beard and hair were like bog cotton,
covering his breast and his shoulders;
his harp was at his side on an outcrop,
its strings being plucked by his fingers,
and he sang the verses that follow,
if repeating them is in my power:

3. 'Come to me, harp of my grandfather,
I thought you sweet in my early manhood,
when I would strike your strings with vigour,
at the time of the gathering of armies;
in the hall of pomp and bustle,
where the maids would be heard like angels
singing to us of the fame of their lovers
and the deeds of their swords in battle.

4. 'Come to me, harp, for a moment,
so we may sing before we sever,
before we are buried in earth forever,
with no-one to enjoy our converse;
the glens that were thronging are empty,
without people or houses or music –
the poets who would make art and poetry
and the harper are below the sod sleeping.

5. 'But where are the warriors that were manly
who were raised round those misty summits?
Have all of their descendants perished,
and these glens without man or dwelling?
I can hear no Gaelic or lilting,
but the roar of the sorrowing breakers;
sheep and deer are on every hillock
instead of their familiar stalwarts.

6. 'Have they died out, all those heroes
who would overcome hosts in conflict
with fiercesomeness, hardiness, firmness,
who would not yield below the feet of the tyrant;
under the fluttering emblem on their banners
and the pipes roaring to their marching,
furnishing the faultless heroes with music
who in the rout wouldn't turn with faintness?

7. 'But they have been scattered west and eastwards
from the familiar land of their forebears,
the land they defended so bravely,
and spilled their blood to protect her;
today the needy will find no shelter
in the houses that were warm and cheerful,
that are deserted, melancholy ruins
lamenting they've been cut off from glory.

8. 'Though often foes came with clamour
to subdue our land through mischief,
with their naked weapons at the ready,
sweeping proudly into our harbours,
they returned without spirit, defeated,
with smaller numbers than they started,
as the crashing waves return from the cliff face
that laughs mockingly at their fury.

9. 'Isn't it fickle, feeble and tricky,
this world that has deceived every person?
Generation after generation passes
and don't return to tell us their story;
as with my late beloved companions
who stood like a rock in battle,
and though their authority was dominant and certain,
their descendants are without land or shelter.

10. 'But farewell to my departed comrades,
and to the glens and the hills of my comfort,
and farewell to the wholesome gallants,
and to youthful merriment and music;
and to you, my bright young maidens,
like stars by haze unclouded –
I can't hear the soft voice of the milkmaid
at the cattle-fold singing sweetly.

11. 'The mist is obscuring the summits
as I sit alone below the oak-tree,
my soul is filled with regret and sadness,
tonight no friend will make enquiry;
but farewell, O harp of my grandsire,
an end has come to all art and music,
and we will be buried in the earth forever,
with no one left to enjoy our converse'.

12.

MHUINNTIR A' GHLINNE SEO

(MURT GHLINNE COMHANN)

1. Mhuinntir a' ghlinne seo,
Ghlinne seo, ghlinne seo,
Mhuinntir a' ghlinne seo,
'S mithich dhuibh èirigh!

2. Rinn iad bhur mealladh,
Bhur mealladh, bhur mealladh,
Gun d' rinn iad bhur mealladh
Le geallanna breugach.

3. 'S mithich dhuibh gluasad,
'S na taighean nan luaithre,
'S bhur companaich shuairce
Nan suain às nach èirich.

4. Nan laigh' air an ùrlar,
Gun aighear, gun sùgradh,
'S an fhuil a bha mùirneach
Gu siùbhlach on creuchdan.

5. Tha osag nam fuar-bheann
Ri aghaidh nan cruachan
A' caoidh nam fear uasal
A bhuaileadh le eucoir.

6. Craobh-mhullaich Chloinn Dòmhnaill,
Chaidh a ghearradh le fòirneart,
'S am meanganan òga
Gun treòir air an reubadh.

7. Le tùrsa no tuireadh
Cha dùisgear iad tuilleadh –
Gu 'n crìonar an cruinne
Chan urrainn iad èirigh.

8. Gu 'n teirig na beanntan,
Bidh cuimhn' air a' ghleann seo,
'S air toradh a' ghamhlais,
Is feall an luchd-reubainn.

12. People of this Glen

(The Massacre of Glencoe)

1. People of this glen,
this glen, this glen,
people of this glen,
it's time you were rising!

2. They have deceived you
deceived you, deceived you,
they have deceived you
with false pledges.

3. It's time you were stirring,
with the houses in ashes,
and your gentle companions
asleep forever,

4. Lying on the earth floor,
without merriment or pleasure,
and the blood that was precious
from their wounds streaming.

5. The wind of the mountains
that blows round the summits
is lamenting the nobles
who were struck down unjustly.

6. The towering tree of Clan Donald
has been felled through violence,
while the young branches,
though tender, have been plundered.

7. Neither sorrow nor keening
will ever arouse them –
until the world is withered
they cannot waken.

8. Till the mountains crumble,
this glen will be remembered,
the fruits of malice
and the treachery of their undoers.

13.

NA CROITEARAN SGITHEANACH

1. Gur bochd leam an cunntas
Tha nochd às mo dhùthaich,
Mo chàirdean gan sgiùrsadh
    Aig ùmaidhean Ghall;
Le bataichean rùisgte,
Gan slacadh mar bhrùidean,
Mar thràillean gun diù dhiubh
    Gan dùnadh am fang.

2. An sluagh bha cho càirdeil,
Cho suairce 's cho bàidheil,
Rinn uachdarain stràiceil
    Am fasgadh cho teann;
Tha saors' air am fàgail,
Tha 'n raointean nam fàsaich,
'S na caoraich an àite
    Nan àrmann sa ghleann.

3. Gun chuimhn’ air na fiùrain
A dhìon dhuinn ar dùthaich,
Len airm-chogaidh rùisgte
    Thug cùis dhe gach nàmh;
Fo dhaorsa nach lùbadh
Ach ceartas nach diùltadh,
Is dh’fhag iad an cliù sin
    Gun smùr aig an àl.

4. Na suinn a bha calma,
Bu shunndach a dh’fhalbh iad
Fo bhrataich na h-Alba
    ’S a dhearbh iad an làmh;
Chan ioghnadh ge searbh leinn,
’S ged dhùisgeadh e fearg dhuinn,
An sliochd bhith gan dearmad
    ’S gan tearbadh bhon àit’.

5. Bha ’n uair sin ar sinnsir
Fo uachdarain rìoghail;
Bha uaisle nan inntinn,
    Le fìrinn is gràdh;
Bha ’n cànan cho binn daibh
’S an càirdeas gun dìth dhaibh –
An cogadh no ’n sìth dhaibh
    Bha dìlseachd nan gnàths.

6. Bha ’n dachaigh ’s an còmhnaidh
Len sluagh mar bu chòir dhaibh,
’S iad fiosrach is eòlach
    Mun dòigh anns gach càs;
Nuair thachradh iad còmhla
Sa chlachan Didòmhnaich,
Cho coibhneil gam feòraich
    Gu còmhraideach blàth.

7. Iad fhèin 's an cuid dhaoine
Cho seasmhach 's cho aontach,
Mar theaghlach cho gaolach
　　Nach sgaoileadh ach bàs;
Chan airgead no caoraich
Bha dhìth air na laoich sin
Ach gaisgich gun chlaonadh
　　Nach aomadh sa bhlàr.

8. Cha robh uisge no mòinteach
Fo dhìon no fo chòmhdach
'S bha saors' agus sòlas
　　Aig òigridh na tìr;
Cha robh bàillidhean spòrsail
Gam feannadh le fòirneart,
'S a' gearradh an lòin diubh
　　Gun tròcair gun sùim.

9. Ach, dùisgibh, mo chàirdean,
'S bhur dùthaich na fàgaibh,
Ach seasaibh gu làidir
　　Ga teàrnadh le buaidh;
Bhur sinnsirean dh'fhàg i
Mar dhìleab gu bràth dhuibh,
Is dìonaibh-s' an tràth s' i
　　Don àl a thig uaibh.

10. Chan ann le mì-riaghailt
Ach tuigseach is ciallach,
Gun lùbadh gun fhiaradh
　　Am briathran no 'n gnàths;
Tha mìltean is ceudan
A sheasas mar dhìon duibh,
Gu 'm faigh sibh na 's miann leibh
　　De shliabh nam beann àrd.

11. Thèid crìoch air gach fòirneart,
'S bidh biadh agus stòras,
Bidh sìth agus sòlas,
     A' còmhdach na tìr;
Bidh fuinn agus òrain
Gu binn aig an òigridh,
'S na rìbhinnean bòidheach
     Mun chrò len crodh-laoigh.

12. Gach oighr' agus bàillidh,
Gun fhoill is gun àrdan,
Rin daoine cho càirdeil,
     Mar bha iad bho thùs;
'S bidh Gàidheil gun àireamh
An dùthaich nan àrd-bheann
Cur mais' air an àite,
     'S a' fàs ann an cliù.

13. The Crofters of Skye

1. Sad to me the tidings
coming tonight from my country,
with my relatives banished
     by Lowland churls;
with bare cudgels
being belaboured like cattle,
like slaves, unrespected,
     being penned in a fank.

2. The people who were so friendly,
so gentle and loving,
whom arrogant landlords
     have squeezed so tight;
they are bereft of freedom,
their fields are deserted,
with sheep in the place
     of the heroes in the glen.

3. The stalwarts forgotten
who defended our country,
who with their bared weapons
    defeated every foe;
who wouldn't submit to bondage
nor refuse justice,
and who left that reputation
    with their children unstained.

4. The courageous soldiers
who cheerfully departed
under the banner of Scotland
    and who proved their skill;
no wonder that we're bitter,
and that it has aroused our anger
that their descendants are forgotten,
    being driven off their land.

5. Then did our forbears
have regal leaders
whose minds were ennobled
    by truth and love;
so sweet was their language,
and their friendship without defect,
in war or in peacetime
    they were loyal in their ways.

6. Their home and their residence
were with their people as they should be,
and they understood and practised
    their customs in every case;
when they met together
in the kirkton on Sundays,
they would enquire of them kindly,
    with eagerness and warmth.

7 .They and their people
so firmly united,
like a family that was loving
     that only death could part;
those heroes wanted
neither sheep nor money,
only unbending warriors
     who wouldn't flinch on the field.

8. Neither water nor moorland
was out of bounds or restricted,
and the young of the country
     had freedom and joy;
no sporting bailliffs
could tyrannically fleece them,
cutting off their foodstuff
     without mercy or regard.

9. But awaken, my comrades,
and don't forsake your country,
but stand up firmly
     to save her with triumph;
it was your forbears who left her
as your eternal inheritance,
and you now protect her
     for the generations to come.

10. Not in disorder
but with intelligence and wisdom,
neither perjuring nor bending
     in word or in deed;
there are hundreds and thousands
that will stand to defend you,
till you get what you long for
     of the high mountain slopes.

11. An end will come to oppression,
and there will be food in plenty,
there will be peace and contentment
    covering the land;
sweet songs and music
will be heard from the young ones,
with the lovely maidens
    round the cows and their calves.

12. Every heir and bailiff,
without treachery or hauteur,
will be kind to their people
    as they were at first;
with Gaels without number
in the land of the mountains,
enhancing its beauty
    and growing in fame.

14.

'S E NIS AN T-ÀM

AIR FONN 'Scots Wha Hae'

1. 'S e nis an t-àm, a chlann mo ghaoil,
Bhur cuibhreach teann a chur mu sgaoil,
Is tìr nam beann a dhèanamh saor
    Bho dhaorsa chruaidh nan daoi.

2. 'S e nis an t-àm dhuibh dùsgadh suas,
A thoirt bhur còir a-mach le buaidh;
Mun sgriosar às bhur cainnt 's bhur sluagh
    Mar thràillean truagh a-chaoidh.

3. An innsear anns gach linn nur dèidh,
A shliochd nan sonn 's a shìol nan treun,
Nach dìon sibh còir bhur dùthcha fèin
    Nuair rinneadh eucoir ribh?

4. Nuair tha bhur mnathan is bhur clann
Gan toirt nam braighdean bho gach gleann
'S bhur sliochd gam meas mar sheilbh nam beann,
    Nach eil an t-àm dhuibh strì!

5. Bheil neach nur measg gun uaill gun stàth,
Nì ri 'luchd-fhòirneirt miodal tlàth,
Tha riaraichte le bhith na thràill
    'S a bhith gu bràth fo chìs?

6. Bheil clann nan Gàidheal treun a bh' ann,
A dhìon ar tìr an strì nan lann,
Gu bhith nan dìobaraich gach àm,
    Aig coigrich Ghall gan claoidh?

7. Ach seasaibh-se gu dìleas suas
An taic a chèile mar bu dual;
Cha chùram dhuibh nach toir sibh buaidh,
    Is saorsa bhuan ra linn.

8. 'S sin dh' innsear anns gach linn nur dèidh,
A shliochd nan sonn 's a shìol nan treun,
Gun dìon sibh còir bhur dùthcha fèin
    Nuair nithear eucoir ribh.

14. Now Is the Time

1. Now is the time, my belovèd folk,
to break loose from your binding chains,
and to set the land of the mountains free
    from the harsh shackles of churls.

2. Now is the time for you to wake up
and triumphantly to claim your rights,
before your language and kind are destroyed
    forever like wretched slaves.

3. Will it be said of you in every age,
O descendants of heroes and seed of the brave,
that you didn't defend the rights of your land
    when injustice was done to you?

4. When your children and your wives
are taken as captives from each glen,
and your race valued like the beasts of the hills,
    is it not time to fight!

5. Is there anyone among you without pride or use
who flatters his tyrants with mealy-mouth;
who is satisfied to be a slave
    to be forever brought low?

6. Are the children of the mighty Gaels that once
defended our land with the clash of blades
to become outcasts for all time,
    by Lowland strangers overcome?

7. But stand you up in good faith
in support of each other as was your wont;
you needn't fear you won't succeed
    in winning freedom as a result.

8. This will be said of you in every age,
O descendants of heroes and seed of the brave,
that you defend the rights of your own land
    even when injustice is done to you.

15.

TAIGH A' MHISGEIR

http://www.tobarandualchais.co.uk/fullrecord/90059/1
(Collection – School of Scottish Studies SA1963.17.A5)

1. Air oidhche ghruamach gheamhraidh fhuair,
    'S mi gabhail suas an t-sràid,
Clach-mheallain chruaidh, le gaoith a tuath,
    A' ruagail air an làr,
Bha deòraidh truagh, 's na deòir bho ghruaidh,
    'S a shnuadh cho tana bàn,
E ruith gu luath, 's a' gul gu cruaidh,
    A' suathadh bhas a làmh.

2. Bha thrusgan donn gu tana gann,
    Na stiallan lom air cnàmh,
'S a' ghaoth a' sèideadh tro gach toll
    Mu chom gun iochd gun bhàidh.
'Mo bhalachan maoth' thuirt mi gu caoin,
    'Ciod chuir an taobh s' thu 'n tràth s',
Nuair tha gach dùile feadh nan crìoch
    Fo dhìon nan àite-tàimh?'

3. 'Och!' thuirt e rium am briathran ciùin,
      'S a shùilean fliuch fo dheòir,
'Tha m' athair shuas le luchd na cluich,
      Air mhisg an taigh an òil;
Mo mhàthair bhochd 's i ris a' bhàs,
      'S am pàiste beag ga deòth'l,
'S tha eagal orm, mun tig an là,
      Nach bi mo mhàthair beò.'

4. 'N sin smaoinich mi dol leis air ais,
      'S gum faicinn fàth a dheòir,
Oir chomhairlich an duine glic
      Bhith tric an taigh a' bhròin;
Cho beag 's gun dèan sinn airson sìth,
      Ma nì sinn e le deòin,
Cha bhi ar duais gu bràth gun dìol
      Am fianais Rìgh na glòir'.

5. Nuair ràinig sinn an dachaigh lom,
      Far nach robh fonn no ceòl
Ach gearan agus osnaich throm
      Tigh'nn bho gach com gun treòir,
Bha bhean na sìneadh air an làr
      Air clàran fuar de bhòrd,
'S a h-ochd no naoi de phàistean maoth
      Ri taobh ag iarraidh lòin.

6. 'S cò mhàthair nach biodh ann an teinn
      A' cluinntinn fuaim an gàir,
'S a' faicinn leanaban caomh a cuim
      An dìth gun bhiadh gun bhlàths!
'S am fear bu chòir bhith dhaibh na dhìon,
      Cur rian orra le bàidh,
Tha ghuth cur crith orra le fiamh,
      'S a ghnìomh gan cur gu bàs.

7. Ged nì gach ainmhidh borb air sliabh
   Dan gineal dìon na thràth,
Is eòin nan speur, mun èirich grian,
   A' dioghlam bìdh dan àl,
Tha 'm misgear truagh gun tuar gun chiall,
   A' riarachadh a chàil,
Gun suim da ghineal no da shìol,
   Bhon rinn a mhiann dheth tràill.

8. Ach 's lìonmhor iad air feadh ar tìr
   A chuir gu dìth an sliochd,
'S an àit' an togail suas le mùirn
   A spùinn iad le an-iochd;
Toirt dhiubh an aodaich is an lòin
   Bu chòir bhith dhaibh na mheas;
Mar sin gam fàgail lag gun stàth.
   Air sgàth an sàth den mhisg.

9. 'S is lìonmhor maighdeann bhaindidh chiùin
   Bha cliùiteach glan na beus
Chaidh àrach suas le gràdh is mùirn
   Gu caoin le càirdean fhèin
A ghabh le struidhear bochd gun diù,
   'S le ùmaidh borb gun chèill,
A rinn a beatha searbh 's gach cùis,
   'S a dhùin a sùil san eug.

10. Air dhomh bhith meòrach' greis fo sprochd
   Air lochdan bochd an òil,
Thàinig an t-athair truagh le fuaim,
   'S bu duaichnidh garg a ghlòir;
E falbh 's a' tuiteam air gach taobh,
   Na shlaod gun dreach gun treòir,
'S a' mionnachadh da phàistean maoth,
   Nach fhaodadh teachd na chòir.

11. E mallachadh gu garg da mhnaoi
    'S a' maoidheadh air a ceann,
Ag iarraidh solais agus bìdh,
    An ìocshlaint nach robh ann;
Ach ged bha crìoch a turais dlùth,
    'S a lùths air fàs cho fann,
Bha sùil a' dearcadh air le truas,
    'S a beul a' gluasad mall:

12. 'S i 'g earbsa gum biodh Freastal caomh
    Toirt caochlaidh air na thràth,
Mun tig am Breitheamh air le diomb,
    'S mun dùin a shùil sa bhàs;
Dh'fhàg i e fhèin 's a pàistean ciùin
    Air cùram Rìgh nan Gràs,
Is dhùin i sùil sa chadal bhuan,
    Nach gluais gu Latha Bhràth.

15. The Drunkard's House

1. One cold, gloomy winter's night
as I walked up the street,
with hailstones harsh along the ground
chased by the north wind,
a poor wee soul, tears on his cheeks,
and face so pale and wan,
came running fast and weeping sore,
wringing his two hands.

2. His brown coat was thin and short,
worn to barest rags;
the wind blowing about his chest
without mercy through each hole.
'My poor wee lad,' I gently said,
'what brought you at this hour,
when every creature in the land
is sheltered in its home?'

3. 'Alas!' he told me in hushed words,
his eyes wet with tears,
'My father's with the gamblers, drunk,
up in the public-house;
my poor mother's at death's door,
while the baby sucks at her breast,
and I fear that before day breaks
my mother will live no more.'

4. Then I thought to return with him
to see the cause of his tears,
for the wise man has advised us
to frequent sorrow's house;
what little we do for the sake of peace,
as long as we do it with love,
our reward will never go unpaid
in the King of Heaven's sight.

5. When we arrived in that bare home,
where there was no joy or song
but groaning to be heard and heavy sighs
from every feeble breast,
the wife was stretched out on the floor
on cold boards of wood,
and eight or nine innocent babes
beside her wanting food.

6. What mother would not be in anguish sore
hearing the sound of their cries,
seeing the tender babes of her womb
in need, without food or warmth!
And the man who ought to be their shield,
to be nurturing them with love,
his voice making them tremble with fright
and his actions causing their deaths.

7. Though every brute beast on the hill
protects its young in its time,
and the birds of the sky before sunrise
gather food for their brood,
the wretched drunk, clueless, without sense,
satisfies his appetite,
without a care for his children or line
since his addiction has made him a slave.

8. But many are those throughout our land
who put their children in need,
who instead of raising them up with joy
have deprived them without care,
snatching away their food and clothes,
that ought to be given free;
leaving them weak and lacking means,
to indulge themselves in drink.

9. There's many a lovely, modest maid,
pure in habit and of good repute,
who was raised with cheerfulness and love
kindly by her own kin,
who took up with a waster without a care,
a crude and stupid oaf,
who made her life bitter in every way
and closed her eyes in death.

10. When I had sadly pondered a while
on the sorry faults of drink,
the wretched father came bawling in,
his words menacing and wild;
he stumbled and fell at every turn,
an unattractive, useless hulk,
swearing at his little ones,
who did not dare approach.

11. Swearing roughly at his wife
and heaping threats on her head,
demanding light and food be got,
the cure that wasn't there;
but though her journey's end was near
and her strength had grown so weak,
her eyes were filled with pity for him
as she slowly moved her lips:

12. And entrusted Providence to be kind
changing him in time
before the Judge comes in rage,
before his eyes close in death;
she left him and her gentle babes
in the care of the King of Grace,
and shut her eyes in eternal sleep
and will not stir till Judgement Day.

16.

AN UAIGH

1. Don t-seòmar bheag seo thig gach aon,
Ged tha e dorcha cumhann caol,
'S caidlidh iad uile taobh ri taobh,
  Gu sìochail rèidh;
An seo gheibh luchd na trioblaid saor
  Bhon dragh gu lèir.

2. Tha 'n òigh an seo bu bhinne guth,
Bu ghile làmh 's bu ghrinne cruth,
'S a com a bha mar eal' an t-sruth
  Gun dreach gun bhlàth;
'S a cuailean dualach clannach dubh
  Gun chìr air cnàmh!

3. Gach bochd is beairteach, lag is treun,
An duine baoth is fear na cèill,
Chan aithnichear aon diubh seach a chèil'
    An seo fon fhòd;
'S cò dhiubh a b' olc no math am beus
    An tìr nam beò!

4. Bho linn gu linn tha thusa, uaigh,
Gun dìobradh a' cur às don t-sluagh,
Gun iochd gun fhaireachadh gun truas
    Ri glaodh nam bochd,
Tha tric nan seasamh air do bhruaich
    A' caoidh fo sprochd!

5. Is iomadh dilleachdan gun treòir
Is bantrach bhochd a rinn thu leòn,
Lem maotharanan lag gun ghò
    Gu falamh fuar;
'S am fear a choisneadh dhaibh an lòn
    Gu balbh fod bhruaich!

6. Ach 's coma leatsa rìgh no tràill –
Nì thu 'n t-aon chàirdeas ris na dhà,
'S feumaidh sinn uile teachd nad dhàil
    Nuair thig an t-àm;
'S e sin a thachair do gach àl
    Is linn a bh' ann!

7. Chan eil san uaigh ach duslach fuar,
Is gheibh an ùir na thug i uaith',
Ach càit a bheil an t-anam buan
    Bhios sìorraidh beò?
Cha tig a h-aon air ais den t-sluagh
    A dh'innse 'n sgeòil!

8. Gach linn a thig no thàinig riamh,
Tha 'n uaigh gun sgur gan slugadh sìos,
Tha aois is òige ruith gu dìan,
  'S a' tuiteam leis;
Ach càit a bheil iad uile triall,
  'S i sin a' cheist!

9. Tha sin am falach air gach sùil
Ach gliocas sìorraidh Rìgh nan Dùl,
'S na làimh-san fàgaidh sinn ar cùis,
  Dan aithn' ar neart;
Ùghdar gach sonais, beath' is iùil,
  Nì Esan ceart.

16. The Grave

1. To this small room each person comes,
though it be gloomy, narrow, cramped,
and they sleep together, side by side,
  peaceful and quiet;
here people with troubled minds break free
  from all their strife.

2. Here the maid of sweetest voice,
of whitest hand and shapeliest form,
her breast like the swan on the wave,
  is unattractive, without bloom;
and her black, coiling, ringletted curls
  are decayed, uncombed.

3. Both rich and poor, weak and strong,
the foolish man and the man of sense,
are indistinguishable, just the same,
  below the sod,
and whether their ways were good or bad
  when they were alive.

4. Without let up, from age to age,
you, Grave, are busy slaying the folk,
without mercy, pity, feeling or ruth
        for the cries of the poor,
who often stand about your banks
        at a loss, in tears.

5. Many a defenceless orphaned child
and poor widow have felt your sting,
along with her tender innocent babes,
        now hungry and cold,
with the one who earned their daily bread
        silent in your mound.

6. But to you king and slave are just the same –
you make the same friendship with the two,
as we must all come to grips with you
        when the time arrives;
that's what has happened to every age
        and generations all.

7. The grave is nothing but cold dust,
and the earth will receive what she gave away,
but where is the eternal soul
        that will always live?
Not one of the host will ever return
        to tell the tale.

8. Each age that has come, or ever will,
the grave relentlessly swallows down,
age and youth run on ahead
        and fall away,
but where might their destination lie,
        that's the question.

9. That is hidden from every eye
but the eternal wisdom of the King of all,
and in His hand we'll leave our fate,
who knows our strength
the author of every happiness, life and course,
He'll do what is right.

17.

ÒRAN NA SEANA-MHAIGHDINN

AIR FONN 'Duncan Gray Cam' Here tae Woo'
http://www.tobarandualchais.co.uk/fullrecord/96974/1
(Collection – School of Scottish Studies SA1972.30.3)

1. Ma gheibh mise fear gu bràth,
   Plàigh air nach tigeadh e!
Ged nach can mi sin ri càch,
   B' fheàrr leam gun tigeadh e;
Na mo laighe 'n seo leam fhìn,
'S tha e coltach ris gum bi
Ma tha leannan domh san tìr,
   Sgrìob air nach tigeadh e!

2. Ged a bhiodh a sporan gann,
   Dhannsainn nan tigeadh e;
Ged a bhiodh a leth-shùil dall,
   M' annsachd nan tigeadh e;
Biodh e dubh no biodh e donn,
Biodh e dìreach, biodh e cam,
Ma tha casan air is ceann,
   Dhannsainn nan tigeadh e.

3. Nuair a bha mi aotrom òg,
   Phòsadh a fichead mi;
Chuir mi dhìom iad dhe mo dheòin,
   'S spòrs dhaibh a-nise mi;
Thèid iad seachad air mo shròin
Len cuid chruinneagan air dhòrn,
Chaill mi tur orra mo chòir,
   'S leònaidh e nise mi.

4. Tha mo ghruag air fàs cho liath,
   'S cianail a-nise mi,
Mi ga dath an ceann gach mìos,
   Pianaidh i nise mi;
Chan eil fiacail na mo cheann
Ach a trì tha nunn 's a-nall,
Dh'fhalbh mo chruthachd is mo ghreann
   Tha 'n t-àm gun robh mise dheth.

5. Nuair a chì mi mnathan truagh,
   'S suarach a' mhisneach e,
Pòst' aig umaidhean gun stuaim,
   Buaireas is misg aca;
B' fheàrr leam cadal na mo bhrat,
'S a bhith mireag ris a' chat,
Na aig burraidh bhith fo smachd –
   Seachnadh a' chuid sin mi.

6. Cò ach iadsan ann an gaol!
   'S aotrom a chluicheas iad,
Nuair a gheibh iad pàistean maoth,
   Faoineis gun tuigs' aca;
Is an cridhe tha nan com
Cho beag faireachadh rim bonn –
Tha e 'n-diugh gam fhàgail trom
   'N tonn a thug siud orm.

7. Ach ma chuir iad rium an cùl,
   Smùr cha chuir siud orm,
Ach mas e 's gun tig fear ùr,
   Sunnd cuiridh siud orm;
Biodh e luath no biodh e mall,
B' fheàirrd' an taigh seo e bhith ann –
Feithidh mi gu 'n tig an t-àm,
   'S dhannsainn nan tigeadh e!

17. Song of the Old Maid

1. If I'm ever to get a man,
a plague on him that he doesn't come!
Though I'll never tell the rest,
I'd much prefer that one would come;
lying here all alone,
and so, it appears, will I always be,
if there's a sweetheart for me in the land,
a curse on him he doesn't come!

2. Though he might have little wealth,
I would dance if he would come;
though he might be blind in one eye,
he'd be my love if he would come;
whether black or whether brown,
whether straight or whether bent,
if he has both legs and head,
I would dance if he would come.

3. When I was young and gay,
twenty men would marry me;
I sent them packing at my will,
now I am a joke to them;
they pass by in front of me
with their plump little wives in hand –
I've lost all my rights to them
and now I feel the wound.

4. My hair has grown so grey –
forlorn am I now,
dyeing it every month,
and that is a pain to me!
I have no teeth in my head
but for three that waggle to and fro,
my figure and my colour have gone –
it's high time I was off.

5. When I see wretched wives,
it gives me no encouragement,
married to intemperate boors
who get rough with drink;
I'd rather sleep in my cloak
and play with the cat
than be in a bully's control –
may that lot pass me by.

6. Just look at them in love!
Love is a game to them;
but when they get tender babes,
helpless and lacking sense,
the hearts that are in their breasts
have as little feeling as their feet –
that's what leaves me sad today,
the wave that brought that on me.

7. But if they turn their backs on me,
that won't trouble me a jot,
but if it happens a new man comes,
there's a thing that'll cheer me up;
whether fast or whether slow,
better this house for having him here;
I will wait till that time comes –
I would dance if it does!

18.

TURAS DHÒMHNAILL DO GHLASCHU

http://www.tobaranndualchais.co.uk/fullrecord/92390/1
(Collection – School of Scottish Studies SA1953.117.B8)

1. Bhon bha mòran dhem chàirdean
    Gabhail tàmh anns a' bhaile,
Nuair bha crìoch air an àiteach,
    'S a bha 'm bàrr anns an talamh,
Thug mi gini no dhà leam
    Bh' aig mo mhàthair am falach;
Ghabh mi bàta na smùide
    Mach gu dùthaich nan Gallach,
        'S cha b' ann gum rath.

2. Nuair a ràinig sinn Glaschu,
    B' e sin baile na h-ùpraid –
Tha de dhaoine 's de dh'eich ann,
    Tha de bhreislich 's de smùid ann;
Thug mi sùil air mo tharsainn,
    'S fhuair mi sgailc anns an tionndadh
A chuir teas na mo phòraibh,
    'S bàrr mo shròin' air a lùbadh
        Aig garrach glas!

3. Ach air oidhche Dihaoine,
    Mar bha 'n fhaoineis an dàn dhomh,
Thachair clann Iain 'IcEachainn
    Agus mac Aonghais Bhàin rium;
Is mun deachaidh ar sgaradh
    Rinn sinn searrag a thraghadh,
'G innseadh sheanachasan spòrsail,
    Agus òran math Gàidhlig
        Aig fear mu seach.

4. Sìos an t-sràid a' dol dhachaigh,
   Bha mi faireachadh neònach,
'S mi mar bhò air a h-aineol
   Ann am baile nach b' eòl dhomh;
Ach a-nunn chum na h-uinneig,
   Thàinig cruinneag nam chòmhdhail,
'S thuirt i 'm Beurla chiùin shuairce,
   ''S fhad on uair sin, a Dhòmhnaill,
      Nach dèan thu stad?'

5. Thug mi sùil oirr' gu duineil
   Sìos bho mullach gu brògan,
'S bheirinn m' fhacal dhuibh uile
   Nach robh uireasbhaidh neòil oirr':
Bha 'sùil ghorm mar an dearcag
   Fo mìn-mhala chaoin chòmhnaird,
Is bha bilean 's a gruaidhean
   Cho glan snuadh ris na ròsan
      Air bhàrr nan slat.

6. Thuirt i rium gum bu chòir dhuinn
   Dol do sheòmar nan uinneag,
Gun robh cluich agus ceòl ann,
   Gun robh òl ann is iomairt;
Gun robh maighdeannan òg ann
   Dhe gach seòrs' agus cinneadh,
Agus taghadh nan òigear,
   ''S bidh tu, Dhòmhnaill, air mhire
      Mun tig thu às!'

7. Nuair a ràinig mi 'n cala,
   Cha b' e talla nan uaislean –
Bha aon chòig na sia bhalaich
   Agus caile thiugh ruadh ann;
Iad ri mionnan 's ri bòilich
   Agus còmhradh gun tuaiream –
Bheirinn fasgadh air sgòrnan
   Na tè neònaich thug suas mi
      Nam biodh i mach.

8. Dh'iarr mi stòp no dhà drama
    Dh'fheuch am fanadh iad sàmhach,
Bhon bha toil agam m' anam
    Fhaotainn glan às an làmhan;
Thug mi làmh air mo sporan
    Gus an dolaidh a phàigheadh –
'S am fear ud sporan no airgead
    Nach do dh'fhalbh leis na mèairlich
        A rinn mo shlad!

9. Thug mi leum na mo sheasamh
    Agus breab air an ùrlar,
'S thuirt mi riutha gun cheasad
    Gur e peasan dhiubh spùinn mi,
Iad a chàradh nam dhòrn-sa
    Na bha 'm phòca de chùinneadh,
No gum prannainn fom mheòirean
    Eadar fheòil agus rùsg iad,
        Le fear mu seach.

10. Dh'èirich leòbaire lachdann
    Agus ghlac e mo sgòrnan,
Thuirt e rium mi dhol dachaigh
    No gun tachdadh e beò mi;
Cha do dh'èist mi 'n t-ath fhacal,
    Thug mi racaid mun t-sròin dha –
Thuit e nunn mu na poitean
    A bha 'n oisinn an t-seòmair
        Is rinn e glag!

11. Chaidh an talla gu tuasaid,
    Is gu gruagan a tharraing;
Cha robh claigeann gun spuaic air,
    'S cha robh gruaidh gun a prannadh;
Mis' a' slachdadh mun cuairt dhomh
    Le mo chuaille math daraich,
Gan cruaidh-iomain sna cùiltean
    Is an driùchd air am malaidh,
        'S cha robh i glan.

12. Ann am meadhan na h-ùpraid,
   Thàinig diùlnach no dhà oirnn,
Iad nan ruith gu ar n-ionnsaigh
   Len cuid chrùisgean a' deàrrsadh;
Thug iad stràc dhomh de bhata
   Urad slacain buntàta,
'S nuair a thàinig mo thùr dhomh,
   Bha mo dhùirn aig na gàrlaich
      Gu teann fo ghlais!

13. Chuir mi 'n oidhche sin tharam
   Ann an talla nam mèairleach;
'S thug iad suas mi sa mhadainn
   Chum 's gum faicinn am Bàillidh.
Nuair a chual' e mo cheannairc,
   Cha b' ann geanail a bha e:
'Bheir sinn mìos dhut den phrìosan,
   No thig trì puinnd de chàin uat,
      Mo ghille math.'

14. Nuair a theann iad ri falbh leam –
   Aig an t-Sealbh tha fios càite –
Thàinig Murchadh Mac Fhearghais
   Agus Tormod mo bhràthair.
Nuair phàigh iadsan an t-airgead,
   Chaidh mo theanachd-sa bhon ghràisg ud,
Chuir mi tein' às an ùrlar
   Agus smùid bho mo shàiltean
      A' tàrsainn às!

15. Chuirinn impidh gun sòradh
   Air gach Dòmhnall sa bhaile
Gun e lùbadh le gòraig
   A bhiodh bòidheach na shealladh.
Ged is milis an còmhradh,
   Tha ceud fòtas fon earradh –
'S math tha fios aig mo phòca,
   'S far 'n do sgròb iad mo mhala,
      Gu bheil sin ceart.

18. Donald's Trip to Glasgow

1. As many of my relations
were living in Glasgow,
when I'd finished the ploughing
and the crops had been planted,
I took one or two guineas
that my mother had hidden,
and I boarded the steamboat
out to the Lowlands,
     but not to my luck.

2. When we arrived in Glasgow
there was the bustling city,
there're so many people and horses,
so much hurly-burly and smoke there,
that when I looked about me
I banged into someone turning
and that left my pores heated
and my nose dented
     by a callow youth!

3. On Friday evening,
as if folly was fated,
I met John MacEachann's children
and the son of Fair Angus;
and before we parted
we'd drained a bottle,
telling funny stories
with good old songs in Gaelic
     turn by turn.

4. Down the road going homewards
I began to feel lonely,
like a cow in strange pastures
in an unfamiliar city.
But over to the window
a woman came to greet me,
and she said in fine English,
'It's been a while, Donald,
            won't you come in?'

5. I looked at her closely
from her head to her toe-tips,
and on my word of honour
her looks lacked nothing:
her blue eyes were like berries
below slender smooth eyebrows,
and her cheeks' and lips' colour
was as bright as the roses
            on the tips of twigs.

6. She said that we ought to
go to the chamber of windows,
where there were games and music,
drinking and gambling;
that there were young maidens
of every sort and kindred,
and the choice of stalwarts,
'And you, Donald, will be merry
            before you leave!'

7. When I arrived at the harbour,
it was no hall of nobles;
there were five or six fellows
and a fat red-haired woman,
swearing and bawling
and talking nonsense –
I could have strangled
the strange woman that brought me
            if she'd been seen.

8. I ordered a glass or two of liquor
to try and soothe them,
since I wanted to get out
alive from their clutches.
I put my hand to my wallet
to pay for the damage –
but damn the wallet or money
that hadn't disappeared with the robbers
      who had fleeced me!

9. I leapt to my feet
with a crack to the floorboards,
and I told them without concealment
the pest who'd robbed me was among them,
and to return to my possession
the coins that were in my pocket,
or I'd pound them under my fingers
into skin and sinews,
      one by one.

10. There rose up a sallow sloucher
who grabbed me by the throttle,
and ordered me to go home
or he'd choke me alive;
I didn't wait for the next word
but gave his nose a wallop,
and he fell over by the bottles
in the corner of the chamber
      and made a ding!

11. The hall fell to squabbling
and to the pulling of forelocks;
there was no skull without denting
nor cheek without bruising;
me thrashing around me
with my good oak cudgel,
driving them hard into corners,
the sweat breaking on their temples,
      and it wasn't nice.

12. In the midst of the uproar
one or two stalwarts
came running towards us,
their cruisie lamps shining.
They struck me with a baton,
as big as a tattie masher,
and when I came round,
my fists had been handcuffed
        fast by the rogues.

13. I spent that night
in the hall of the robbers,
and they took me in the morning
to see the bailiff;
when he heard of my violence
he wasn't friendly:
'We'll give you a month in prison
unless you pay three pounds in charges,
        my handsome lad.'

14. When they were leading me away
to God knows where,
Murdo Ferguson appeared
and Norman, my brother.
When they paid up the money,
I was delivered from that rabble,
and I made off at the double,
with smoke billowing behind me,
        to get the hell out!

15. I'd beseech, without hesitation,
every Donald in the city
not to incline to a lassie
that to him might look pretty.
Though sweet their converse,
below their get-up they're rotten –
and my pocket well knows
and my battered forehead
        that that is true.

19.

AN SEANN FHLEASGACH

AIR FONN 'Òran na Feannaig'
http://www.tobarandualchais.co.uk/fullrecord/30888/1 (tune only)
(Collection – School of Scottish Studies SA1970.63.A3)

1. Fhir a leughas an duan seo,
    Ma tha buaidh ort air thalamh,
Mur do chòrd thu ri gruagaich,
    Tha thu nuair a bhith 'n tarraing;
Nuair a dh'fhalbhas a' ghruag dhìot,
    Bidh tu suarach nan sealladh,
'S nuair a liathas do chiabhan,
    Agus fiaclan do bhannais
        A' tuiteam às.

2. Mar tha mis' aig an tràth seo –
    Chan eil stàth dhomh na aithris –
Tha mo chuailean air cnàmh dhìom,
    'S tha na dh'fhàgadh air gealadh.
Chan eil cruinneag san àite
    Nach dèan gàire le fanaid
Nuair a chì iad am blàras
    Tha gu h-àrd air mo mhalaidh
        Cho geal ri cailc.

3. Mo sheachd gràin air an aois seo!
    Thug i thaobh mi dhe m' aindeoin;
Thug i 'n rudha às m' aodann
    Bha mar chaorann air mheangan;
Bha mi uair nach do shaoil mi
    Gum biodh m' aogasg cho tana
Nuair bhiodh òighean na tìre
    'S iad a' strì gu mo tharraing
        Gu bhith nan taic.

4. Nuair bhios balaich na dùthcha
     Muigh a' sùgradh len leannain,
'S ann bhios mise, gun diù dhìom,
     Na mo chrùban aig baile.
Ma nì 'm Freastal mo chùmhnadh
     Beagan ùin' air an talamh,
Gum faic cuid diubh len sùilean,
     Nuair thèid Dùghall an tarraing,
          Gun dèan e sgath.

5. Ged tha m' fheusag air bànadh
     Tha mi slàn agus fallain;
Dhèanainn cur agus àiteach,
     'S bheirinn bàta gu cala;
Ged nach eil mi cho lùthmhor
     Dhìreadh stùcan is bhealach,
Dhèanainn dannsa gu sunndach
     Air an ùrlar le caileig,
          Ged tha mi rag.

6. Nuair a thig an Fhèill Màrtainn,
     Mur tig ànrath nam charaibh,
Thèid mi bhruidhinn ri Màiri,
     Caileag bhlàth agus bhanail –
Tha i math air an t-snàthaid
     'S tha i làidir is fallain;
Ach ma dhiùltas i làmh dhomh,
     Chan eil gràisg anns a' bhaile
          Nach bi nam bhad.

7. Tha nighean eil' aig Iain Camshron,
     Agus is dealbhach air blàr i;
Nuair a thuiteas an t-anmoch,
     Bidh i falbh leis an tàillear;
Gheibhinn ise rim ghualainn
     Mur b' e 'n cuaigean gun nàire –
Bidh e cluaineis mun cuairt di,
     'S a' dèanamh dhuan agus dhàn di,
          Ga cumail ceart.

8. Gheibhinn nighean a' chùbair,
   Ach cha dùraichdinn gràdh dhi;
Tha i cam agus crùbach,
   'S bheir i sùrdagan grànda;
Nuair a sheinneas i òran,
   Bidh a sgòrnan is màm air,
'S bu cho taitneach an ceòl leam
   Guth na ròcais air gàrradh
      'S a bhith na taic.

9. Ach nach bochd dhomh bhith còmhnaidh
   Ann an seòmar gun mhànran,
'S na tha 'mhaighdeannan òga
   Dhèanadh pòsadh a-màireach:
Mi gun àighear gun sòlas,
   Ach a' gròbadh 's a' càradh,
Agus tuill air mo mheòirean
   A' cumail dòigh air an fhàrdaich,
      'S ga dèanamh glan.

10. Nach bu mhath dhomh san Dùbhlachd,
   Nuair tha smùid aig a' ghaillinn,
Gum biodh bean agam dlùth dhomh
   Bheireadh rùn dhomh mar leannan?
Na mheal mise mo chòta
   Mura pòs mi bho Challainn!
Bheir mi sgrìob air mo bhrògan,
   'S thèid mi chòmhradh ri Anna
      Mun can mi dad.

19. The Old Bachelor

1. O man who reads this poem,
if you have the slightest endowment,
if you haven't pleased a maid yet,
it's time to get busy;
when your hair forsakes you,
in their sight you'll be worthless,
and when you grey at the temples
and the teeth of your jawbones
        fall out.

2. As I am at this stage –
there's no point repeating it –
my locks have grown straggly
and what is left has grown white;
no young woman in the district
doesn't burst out laughing
when they see the tuft
growing in my eyebrow
        as white as chalk.

3. I detest old age!
Against my will she has waylaid me,
from my cheeks she took the colour
that was like the berry on the branches;
there was a time I never considered
my face would get so haggard,
when the girls of the country
would compete to attract me
        to be their mate.

4. When the lads of the district
are out courting their sweethearts,
I am paid no attention,
sitting hunched at home;
if Providence keeps me
on earth a little longer,
may some of them witness
when Dougall goes courting
        that he'll get on.

5. Though my beard is now grisly,
I am fit and healthy,
I could do sowing and ploughing
and bring a boat to harbour;
though I am not that nimble
climbing peaks and passes,
I would take the floor gladly
to dance with a maiden
        though I am stiff.

6. When Martinmas approaches,
if no storm disturbs me,
I'll go and talk to Mary,
a warm modest maiden –
she is good with a needle,
she is strong and healthy,
but if she refuses me marriage,
there's none in the township
        that I won't try.

7. Iain Cameron has another daughter
who on the field looks shapely,
but when darkness has fallen
she goes to see the tailor;
I could get her by my shoulder
if it wasn't for that fellow
frisking around her,
making her songs and verses,
        keeping her right.

8. I could get the daughter of the cooper
but I couldn't love her –
she is lame and crooked
and her gait is awkward;
when she is singing
her throat is all lumpy,
and I'd get as much pleasure
being close to her music
        as to a crow on the wall.

9. But aren't I pitiful to be living
in a room without caresses,
with so many young women
who would marry tomorrow;
I'm here without joy or comfort,
just making do and grubbing,
my fingers quite worn out
keeping the house in order
        and making it clean.

10. Wouldn't it be good in the winter,
when the storms are roaring,
if I had a wife beside me
who would love me as a sweetheart?
May I not enjoy my overcoat
if I don't marry before the New Year –
I'll give my shoes a brush and
I'll go and talk to Anna
        before I say another word.

20.

BÀS LEANABH NA BANTRAICH

1. Tha nochd do ghruaidh gu tana bàn,
Cha chluinn do chluas 's cha ghluais do làmh,
Do cholann mhaoth a-nis aig tàmh,
    Mo leanaban gaoil!

2. Do shùil gun ghruaim fo shuain a' bhàis,
Sa chadal bhuan nach gluais gu bràth –
'S e sin a nì mo shnuadh-sa chnàmh,
    Mo leanaban gaoil!

3. Tha d' eachdraidh ghoirid aig a ceann,
Is b' fheàrr dhomh fhèin nach robh i ann:
Cha bhiodh mo leòn 's mo bhròn cho teann,
    Mo leanaban gaoil!

4. Do chathair bheag an siud sa chùil,
San tric a shuidh thu ri mo ghlùin,
A' seinn do laoidhean milis ciùin,
    Mo leanaban gaoil!

5. Ach tha thu nochd a' seinn do dhàin
Am fianais cathair Rìgh nan Gràs,
A rinn do sgaradh uam cho tràth,
    Mo leanaban gaoil!

6. Cha d' fhuair mi dhìot ach iasad geàrr;
Nì sin mo chupan searbh an tràth s',
A' cuimhneachadh do chruth 's do bhlàth,
    Mo leanaban gaoil!

7. Bhàis ! bu tu am maor gun truas,
Cha taisich deòir no bròn do chruas,
Nuair thug thu m' ulaidh-shaoghail uam,
    Mo leanaban gaoil!

8. Cha robh nam ghàrradh ach aon ròs,
A bha mi dìon 's a' cumail beò;
Spìon thusa leat e gun mo dheòin,
    Mo leanaban gaoil!

9. Ach ged a spìon, cha toir thu buaidh,
Chan fhàgar fad' e cnàmh san uaigh –
Tha feum aig Rìgh nan Dùl air shuas,
    Mo leanaban gaoil!

10. Gu shuidheachadh na fhìon-lios fhèin,
Far nach tig thus' a dhèanamh beud,
Na uan gun ghaoid am measg an treud,
    Mo leanaban gaoil!

11. Is dh'fhàg thu mise 'n gleann nan deòir,
Ach tha mo mhiann 's mo dhòchas beò
Gum faic mi d' aghaidh chiùin an glòir,
    Mo leanaban gaoil!

12. Far nach bi bochdainn, deòir no plàigh,
Far nach tig dealachadh gu bràth,
Ach sonas buan a' chuain nach tràigh,
    Mo leanaban gaoil!

20. The Death of the Widow's Child

1. Tonight your cheek is thin and wan,
your ear neither hears nor your hand moves,
your tender body now at rest,
    my belovèd child!

2. Your eye unfrowning in the slumber of death,
in eternal sleep from which you will never wake –
this is what makes my complexion fade,
    my belovèd child!

3. Your short tale is at its end,
better for me had it never been:
my wound and my woe would not be so sore,
    my belovèd child!

4. In yonder corner your little chair,
where you often sat at my knee,
singing your sweet murmuring hymns,
    my belovèd child!

5. But tonight you will be singing your songs
before the Lord of Grace's throne,
who so early separated you from me,
    my belovèd child!

6. Of you I had but a short loan;
that makes my cup bitter now,
as I remember your body and bloom,
    my belovèd child!

7. You were the pitiless bailiff, Death!
neither tears nor sorrow can soften your steel,
for you took my treasure of the world from me,
    my belovèd child!

8. In my garden was but one rose,
that I protected and kept alive;
you snatched it away against my will,
    my belovèd child!

9. But though you did, you will not triumph,
not long will he be left to rot in the grave,
for the King of All needs him above,
    my belovèd child!

10. For him to be settled in His own vineyard,
where you cannot come to inflict harm,
a lamb without blemish amongst His flock,
my belovèd child!

11. And you've left me in the vale of tears,
but my desire and my hope live on
that I'll see in glory your peaceful face,
my belovèd child!

12. Where there's no poverty, tears or plague,
where separation will never come –
only the sea of eternal joy without ebb,
my belovèd child!

21.

CUMHA LEANNAIN

AIR FONN 'Tha mise fo mhulad'

1. Cha sùgradh no sòlas
Tha 'g ùrachadh m' òrain,
Chan ionndrainn air stòras
    Cho mòr bhith dhem dhìth;
Ach m' inntinn bhith brònach
Mun rìbhinn a leòn mi
Bhith sìnte gun deò fo
    Na fòidean sa chill!

2. Tha ghnùis a bha blàthmhor,
'S an t-sùil a bha bàidheil,
'S am beul san robh 'm mànran
    A thàlaidh mo chridh'
Gu fuar fo na clàran,
'S a cluasan gun chlàistinn –
Cha chluinn iad mo dhàn-sa,
    Ge cràiteach mo chaoidh!

3. Mar èirigh na grèine
San òg-mhadainn Chèitein,
Tha dùsgadh le èibhneas
    Chur gleus air gach nì,
Bha buadhan mo ghràidh-sa,
Gun uabhar, gun àrdan,
Mar ròs anns an fhàsach
    A' deàrrsadh gun lìth.

4. Bha boillsgeadh a h-àilleachd
Mar choinnlear gun smàl air,
Ach mhùchadh ro thràth e
    Mar sgàile nach till!
Mar fhìonan gun fhàillinn
A spìonadh bhon ghàrradh,
Thug crìonadh is bàs air
    Mun tàinig a bhrìgh.

5. Thig blàth air na pòran
A bhàsaich le reòthtachd,
'S gach sòbhrach is neòinean
    Bha còmhdach na tìr;
Thig samhradh gan òradh
Le fiamhachd na h-òige,
Ach chan fhaic mis' an ròs
    Bheireadh sòlas dhomh fhìn!

6. Tha nise mo shamhradh
Air tionndadh gu geamhradh;
Tha gruaim air a' ghleann san
    Robh m' annsachd cho binn!
Gu 'n crìonar fon fhòd mi,
Bidh briathran a còmhraidh
'S a h-ìomhaigh bu bhòidhche
    Cho beò na mo chuimhn'.

21. Lament for a Sweetheart

1. It isn't joy or contentment
that has renewed my singing,
it isn't my lack of such riches
    that I regret,
but my mind to be lamenting
that the maiden who hurt me
is without breath, lying,
    in the churchyard below sods.

2. The face that was like blossom
and the eye that was loving,
the mouth that was tuneful,
    that soothed my heart,
cold below the dealboards,
and her ears without hearing –
they won't heed my poem,
    though painful my wail!

3. Just like the sunrise
on a fresh May morning,
that joyfully awakens,
    to put everything aright,
my darling's talents
without pride, without hauteur,
were like the rose in the desert
    shining without tarnish.

4. The gleam of her beauty
was like a candelabra before snuffing,
but too soon it was extinguished
    like a shadow that won't return!
Like a vine without blemish
plucked from the garden,
it withered and died
    before it was ripe.

5. Blossom comes to the plants
that died with the frost,
to every primrose and daisy
    that covered the land;
summertime gilds them
with youthful beauty
but there's no sign of the flower
    that comforted me!

6. Now has my summer
turned to winter,
and the glen looks gloomy
    where my darling was sweet!
Until I decay below the greensward,
the words of her converse
and her most lovely appearance
    will live on in my mind.

22.

MI FHÌN IS ANNA

AIR FONN "'S i ghràin a' chailleach'

1. Bu chuireideach binn an rìbhinn Anna,
Bu cheanalta grinn an rìbhinn Anna,
Bu deas air a buinn an rìbhinn Anna,
    Nuair rinn mi 'n ainnir a phòsadh.

2. An cois a' chruidh-laoigh an glinn a' bharraich,
Le suigeart is aoidh mi fhìn is Anna,
Bha sonas is sìth gun dìth nar talla,
    Gun nì cur smalan no bròn oirnn.

3. Chuir Freastal oirnn pàistean bàidheil tairis,
A chinnich fo bhlàth gu làidir, fallain:
O mhonadh gu tràigh 's o thràigh gu baile,
    Bu shunndach fearail ar n-òigridh.

4. Bha Anna gu fial gan riaghladh thairis,
Mar aingeal gan dìon bho lìon gach galair,
Gan teagasg le briathran ciallach earail,
    Le rian is maise gan seòladh.

5. Chuir trioblaid no dhà an sgàil mar teallach,
Is bha sinn mar chàch an sàs fon eallach,
Ach Anna, mo ghràdh, gun smàig gun talach,
    Le sìth nam beannachd gar steòrnadh.

6. Ach chaochail ar n-àl 's tha 'n àite falamh,
'S tha sinne gun stàth air sgàth ar calla,
Gun aighear mar bha, gun àgh air thalamh,
    Mi fhìn is Anna nar n-ònar!

7. Gur fadalach sgìth mi fhìn is Anna,
Le mulad is caoidh ar cinn air gealadh,
Ach moladh don Tì thug dhuinn gach beannachd –
    Cha dìobair Esan ar còmhnaidh.

22. Myself and Anna

1. Coquettish and sweet, the young girl Anna,
amiable and trim, the young girl Anna,
neat on her feet, the young girl Anna,
 when I came to marry the maiden.

2. With the cows and calves in the glen of branches,
with joy and cheer, myself and Anna,
there was happiness without stint and peace in our palace,
 with no cause for grieving or sorrow.

3. Providence sent us tender loving children,
who grew to maturity, strong and healthy:
from moor to shore and from shore to homestead,
 our young ones were cheerful and agile.

4. Generously did Anna rule over them,
like an angel protecting them from the net of every illness,
teaching them with sensible words of caution,
 guided by order and beauty.

5. A worry or two cast a shadow round our fireplace,
and like others we carried a burden,
but for Anna, my love, neither bossy nor reproachful,
 steering us with peace's blessings.

6. But our brood have all died and their place is empty,
and as a result of our loss we have grown helpless,
that cheer departed, with no joy in living,
 myself and Anna on our lonesome!

7. Weary and tired, myself and Anna,
our heads grown white, sad and weeping,
but praise to the One who gave us each blessing:
 He will not forsake our dwelling.

23.

CUAIRT DO CHUITH-RAING

Air togail oirnn dhuinn à Port Rìgh
(Oir bha sinn ann a dhà no trì),
Nuair a dh'fhalbh sinn cha b' ann cearbach –
Fhuair sinn glainne maith bho Fhearchar.
A' dìreadh suas ri uchd Dhruim Aoidh,
Bha teas is pathadh trom gar claoidh;
Ach chùm sinn oirnn ri cainnt 's ri broighlich,
Gu 'n d' ràinig sinn Ceann Sàil Aoighre.
Is fhuair sinn Coinneach air a dhòigh,
'S a shearrag làn aig' air a' bhòrd;
Thug e dhuinn – 's e fhèin nach sòradh –
Làn na cuaich de 'Mhac an Tòisich'.
Nuair a ràinig sinn Taigh Ùige,
Bha ar casan sgìth is brùite;
Ach cha do thàmh sinn fada 'n èis
Nuair chaidh Seumas Ruadh air ghleus.
Ged ruitheadh tu air gach taigh-òst'
Tha eadar seo is Taigh Iain Ghròt,
Bheir mise m' fhacal dhut 's mo bhòid
Nach fhaigh thu diùlnach ris cho còir.
Ghabh sinn cuach den 'Ìleach' blàth
A dhùisg ar neart 's a rùisg ar càil;
Is lìon sinn màileid mhath de lòn
A chumadh spionnadh rinn san ròd.
Gu sunndach ghabh sinn suas an gleann,
Ag aithris sgeul 's a' gabhail rann;
'S nuair bhiodh ar cridhe fàs car fann,
Bheireamaid fìdeag air an dram.
Ach ràinig sinn mu dheireadh thall,
Ged bha cuid againn car mall;
Is dhearbh gach bruach is cuairt is staing
Gun robh sinn dlùth air beul Chuith-raing.
Bha aon fhear dhinn bha na Ghall,
'S an uair a sheall e nunn 's a-nall,

Nuair chunnaic e gach coire 's gleann,
Nuair chunnaic e gach màm is meall,
Nuair chunnaic e gach creag is sgrìob
Bha toirt nan speur dheth os a chinn,
'N sin ghlaodh e mach le briathran fann
Gun tàinig ceòl is neul na cheann,
Ach 'Mac na brach', an gille còir,
Cho luath 's a rinn e cuach dheth òl,
Thug sin a chruth 's a chridhe beò,
Is lean e sinn 's cha b' ann dhe dheòin.
Ach càit eil bàrd no càit eil cainnt
A dh'innseas cliù no dealbh Chuith-raing,
Le chreagan gruamach uaibhreach àrd,
'S na neòil ag iomairt shuas mum bàrr;
Thug dùbhlan do gach geamhradh garg,
An neart a chrith no 'n com a shearg;
A chùm am bathais chruaidh gun fhiamh
Ri aghaidh sìan nam mìltean bliadhn'?
Gach glac is stac is bac is tom
Tha cumail fasgaidh shìos mu bhonn;
Gach bailc is fairc tha 'n taic a chlèibh,
Chan urrainn dhòmhs' an cur an cèill,
Ach cò le cridhe beò na chom,
'S a shùilean fosgailte na cheann,
Nach irislicheadh sìos e fhèin
Ri aghaidh glòir an Ùghdair thrèin,
A ghairm an sealladh seo mun cuairt
Le guth a bheòil bho neoni suas;
A chruthaich nèamh is fonn is cuan,
'S a shuidhich iad le reachd bith-bhuan!
Mu dheireadh ràinig sinn am Bòrd,
Is shuidh sinn sìos aige gu stòld' –
B' e sin am bòrd nach iarr an saor
'S nach searg air falbh gu bràth le aois,
Le chuibhreach fìnealt' maiseach feòir,
'S an driùchd a' deàlradh air mar òr.
Tha linn a' teachd, 's tha linn a' triall,
'S tha 'm bòrd seo 'n-diugh mar bha e riamh.

Ach thus', a leughadair mo dhuain,
Mas e 's gum bi do shaoghal buan,
Ma thig thu nall an seo air chuairt,
Thèid mis' an urras air do dhuais;
Cha ghabh thu aithreachas gu bràth
Gun tàinig thu cho fad' air sàil,
Oir b' fhiach dhut coiseachd às an Fhraing
A dh'fhaicinn ioghnaidhean Chuith-raing.
Mun sgìthich mi sibh le mo rann,
'S fheàrr dhomh crìochnachadh na àm;
Ach sin agad le cainnt gun sgleò
Mar chaidh a' chuairt le Niall MacLeòid.

23. A Trip to the Quiraing

After setting out from Portree
(for two or three had gathered there),
when we set off, we weren't sluggish,
for we got a good glass from Farquhar.
Climbing the brae up to Drumuie,
we grew weary with the heat and thirst,
but we kept on with our chatter and noise
until we arrived at Kensaleyre.
There we found Kenneth in good form,
with a full bottle on the board;
he filled our goblets – he'd never scrimp –
with 'Macintosh' to the brim.
When we reached the inn at Uig,
our feet had grown tired and bruised;
but we were not long indisposed
once Seumas Ruadh got on the go.
Were you to visit every hotel
that lies between here and John o' Groats,
I give you my solemn word and oath
you'll never find a kindlier host.
We partook of a warming malt from Islay
that revived our strength and sharpened our hunger;

and we filled a generous bag with food
to keep up our stamina on the road.
We set off in good cheer up the glen,
telling tales and singing songs;
and whenever our hearts grew faint,
we'd pour a little of the dram.
And in the end we all arrived,
though some of us had dragged behind,
every bluff, hollow and gap proving
we were near the mouth of the Quiraing.
One of our number was from the Lowlands
and when he surveyed the landscape,
when he saw every corrie and glen,
when he saw every rise and mound,
when he saw every precipice and scar,
blocking out the sky above,
then he cried out with feeble words
that his head was humming, in a fog;
but as soon as he had downed a cup
of the son of the barley, the goodly lad,
it brought him, body and soul, to life,
and he followed us, though not by choice.
But where is the poet and where the language
that can tell of the Quiraing's fame or stature:
with its proud, gloomy cliffs aloft,
and the clouds scurrying about their tops
who challenged every winter harsh
to shake its strength or blast its flank;
whose rugged brow it unflinching faced
into the storms of thousands of years?
Every hollow and stack, pit and mound
that provides shelter down on the ground,
every ridge and cleft against its chest,
I, for one, can't describe in words.
But who is there with a heart in his breast,
and with his eyes open in his head,
who wouldn't prostrate himself before
the glory of their Author's might,

who called this view up all around
from nothing at the word of His mouth,
and who created heaven, land and ocean,
establishing them by eternal ordnance?
Finally we arrived at 'The Table'
and there we sat down sedately.
That was the table that requires no joiner,
that never with age will grow rotten,
with its beautiful, fine covering of grass,
and the dew shining on it like gold.
A century comes and a century goes,
but this table remains as it ever was.
But you, O reader of my verse,
if it happens that you live long enough
to come over this way on a trip,
I guarantee you'll get your reward;
you will never come to regret
that you have travelled so far by sea,
it would even be worth walking from France
to see the wonders of the Quiraing.
Before I tire you with my verse
I'd better bring it to an end;
but here you have it without a lie:
how the outing went with Neil MacLeod.

24.

COINNEAMH BHLIADHNAIL
CLANN EILEAN A' CHEÒ

1. Mo dhùrachd bhlàth do chloinn mo shluaigh
Tha cruinn a-nochd am baile Chluaidh,
Clann nan armann fearail còir
A dh'àraich Eilean gorm a' Cheò.

2. Sìol nam fiùran nach robh fann,
A dhearbh an làmh an strì nan lann,
’S cho buan ’s a bhuaileas tuinn air tràigh,
Bidh iomradh air an euchd sna dàin.

3. Ged chaidh ar sgaoileadh air gach taobh,
Cha chaochail sin gu bràth ar gaol
Do dh’eilean caomh nam bàgh ’s nan sgiath,
Cho maiseach ’s air ’n do dh’èirich grian.

4. Ge corrach àrd a stùcan cas,
Gur cùbhraidh caoin na caochain bhras,
A’ taomadh sìos bho uchd nam beann,
Ag ùrachadh gach srath is gleann.

5. Ach ’s lìonmhor fàrdach chàirdeil bhlàth
Tha ’n-diugh na làraich fhuair air cnàmh
Aig eòin nan speur ’s aig fèidh nam beann,
Gun cheòl gun mhànran mar a bh’ ann.

6. Air feadh nan linntean cian a thriall
Bha cliù ar sinnsear seasmhach riamh;
’S dh’fhàg iad mar dhìleab aig an àl
Gun mhasladh ’n eachdraidh sin gu bràth.

7. Is leanamaid air luirg an ceum,
A’ togail suas ar n-eachdraidh fèin,
A’ roghnachadh gach slighe cheart
’S ag iarraidh còmhnadh Rìgh nam Feart.

8. Faodaidh an rathad a bhith garbh,
’S faodaidh na cathan a bhith searbh,
Ach duineil dìleas mar bu dual,
Cha chùram dhuinn nach toir sinn buaidh.

9. Cho fad ’s a shèideas gaoth nam beann
’S a chumas Blà-bheinn suas a ceann,
Biodh clann mo dhùthcha mar bu chòir,
Nan cliù do dh’Eilean gorm a’ Cheò.

24. The Skye Annual Gathering

1. My warm greetings to the children of my folk
who are gathered tonight in the city by the Clyde,
children of the heroes who were manly and just
whom the green Isle of Mist has raised.

2. Descendants of warriors who never flagged,
who proved their hand in the plying of swords;
however long waves beat on shore,
there'll be mention of their deeds in songs.

3. Though we have been scattered on every side,
we'll never let that change our love
for the gentle island of the bays and the wings,
as lovely as any on which sun ever rose.

4. Though precipitous her lofty peaks,
sweet and soft the rushing burns
tumbling down from the breasts of the hills,
renewing every valley and glen.

5. But many the hospitable warm house
that today has decayed into a cold ruin
for the birds of the air and the deer of the bens,
without the music or talk that was its wont.

6. Throughout the centuries that have passed,
our ancestors' fame was always assured
and they left it as a legacy to their kin
that their history should never cause them shame.

7. Let us follow in the tracks of their steps,
raising our history on high,
each time choosing the right path,
requesting the King of Virtues' aid.

NIALL MACLEÒID

8. The road may sometimes prove to be hard,
and the battles may be bitter and tough,
but brave and faithful was ever our way,
we needn't fear we won't prevail.

9. As long as the wind of the mountains blows,
and Blaven raises up her head,
may the children of my country as they ought
be a credit to the green Isle of Mist.

25.

FÀILTE DON *BHÀRD*

Chaidh na rainn seo a chur ri chèile airson na ciad àireimh de phàipeir ùr
dan ainm *Am Bàrd*, a thòisich bho chionn ghoirid.

1. Fàilt' agus furan don *Bhàrd* òg,
A thàinig oirnn gu saidhbhir làn,
Gar dùsgadh suas le fuinn is ceòl
'S gar misneachadh le glòir nan dàn.

2. Gun robh do shaoghal sona buan,
Dol air do chuairt do thìr nam beann;
A' seasamh cainnt is còir an t-sluaigh,
'S gam fiosrachadh le duan is rann!

3. Gun robh do theachdaireachd le buaidh
Gu torrach buan a' fas fo bhlàth,
Mar lòchran laist' air carraig chruaidh,
Gar seòladh suas gu suaimhneas àrd!

4. Tuiteadh do theagasg mar an driùchd
A dh'ùraicheas an t-achadh cruaidh,
Ag àrach suas gach mais' is mùirn
Mar lòn 's mar spiorad iùil don t-sluagh!

5. Gleus suas do chlàrsach duineil treun
Air cliù 's air euchdan shìol nan sonn;
'S cluinneadh an t-àl a thig nar dèidh
Do ghuth air teudan binn nam fonn!

25. Welcome to *Am Bàrd*

These verses were composed for the first issue of a new paper, *Am Bàrd*,
that has recently appeared.

1. Hail and welcome to the young *Bard*
that has appeared to us, rich and full,
inspiring us with music and tunes,
and raising our spirits with the glory of songs.

2. May your life be both happy and long,
as you go on your journey to the land of the bens,
defending the language and rights of the folk
and instructing them through song and verse!

3. May your message take effect,
fruitfully and lastingly coming into bloom,
like a lantern lit on a steadfast rock,
guiding us up to a place of repose.

4. Let your teaching descend like the dew
that refreshes the hardened soil,
and nurture every beauty and joy,
as food and a guiding spirit to the folk.

5. Brave and resolute, tune up your harp
about the fame and feats of the children of the brave,
so the generations that come after us may hear
your voice on the sweet strings of lays!

26.

DÙGHALL NA SRÒINE

1. Tha balach anns an dùthaich
   Ris an can iad Dùghall,
'S fhada bho bha ùidh aige pòsadh.
   Ged a tha e liùgach,
   Agus car na shùilean,
Gur e mhill a' chùis nach eil sròn air.

2. Anna bheag a' Chùbair,
   Caileag laghach shunndach,
Ged tha i gun iùnntas, gun stòras –
   Ghabhadh ise Dùghall
   Ged a tha e crùbach,
Nam biodh fad na lùdaig de shròin air.

3. Bha mi Oidhche Shamhna
   Ann an taigh an dannsa,
'S chluinneadh tu mar chainnt aig na h-òighean:
   'Fear le crodh is gamhna
   Chumadh bean is clann da,
'S bochd an rud a th' ann nach eil sròn air!'

4. Thuirt Màiri NicPhàdraig:
   ''S sibh a chaill bhur nàire –
Buidheachas don Àgh nach robh 'n còrr dheth!
   Tha e laghach càirdeil,
   'S rachainn leis a-màireach,
'S cha mhaoidhinn gu bràth nach robh sròn air.

5. 'Nì e cur is àiteach,
   'S tha e math na nàdar,
Ged nach dèan e gàire ro bhòidheach;
   'S fheàrr e mar a tha e
   Na fear falamh stràiceil,
Ged bhiodh urad màileid de shròin air.'

6. Thuirt nighean an tàilleir:
''S ann agad tha chàil dha,
'S olc an rud nach sàsaich do sheòrsa;
 Rachainn gu mo bhàthadh
 Mach air rubha 'n t-sàile
Mun gabhainn le gàrlach gun sròn air!'

7. Coma leatsa, Dhùghaill,
 Na gabh thusa cùram
Ciod a their na sgliùraichean gòrach;
 Gheibh thu caileag chliùiteach,
 Agus tè bheir rùn dhut,
'S chan aithnich i an cùil nach eil sròn ort.

26. Dougall of the Nose

1. There's a lad in the district
by the name of Dougall
who has long had a desire to marry.
Though his legs are bandy
and his eyes wander,
what spoils his chances is he's noseless.

2. The cooper's daughter Anna,
a nice cheerful lassie,
though lacking wealth and riches,
she would take Dougall
though he hirples,
if his nose were even as long as her pinkie.

3. At Hallowe'en it happened –
I was in the dance-hall
where you'd hear the young girls talking:
'A man with stirks and heifers
that could keep his wife and children,
what a crying shame that he's noseless!'

4. Mary Peterson objected:
'It's you who've lost your manners –
thank God there was nothing further!
He is nice and friendly
and I'd go with him tomorrow
and never accuse him of being noseless.

5. 'He does sowing and ploughing
and has a good nature,
even though his smile is none too pretty;
he is better as he is
than an empty boastful fellow
with a nose as big as a suitcase.'

6. Then spoke the tailor's daughter:
'He's fair taken your fancy,
any old thing would keep your sort happy;
I would drown myself sooner
off the point in the ocean
than go with a fellow who was noseless!'

7. Never mind, Dougall,
don't you worry
whatever the daft lassies are saying;
you'll get a girl of reputation
who'll give you affection,
in the dark she won't see that you're noseless.

27.

TOBAR THALAMH-TOLL

Chaidh na rainn a leanas a chur ri chèile airson seana-bhean chòir Ghàidh-ealaich, a bha 'chòmhnaidh còrr is dà fhichead bliadhna ann am baile ris an abair iad Talamh-Toll. Ach mu dheireadh thàinig air an teaghlach am bail' fhàgail. Bha ceangal mòr aig a' mhnaoi chòir seo ri tobar ciatach a bha ruith gu siùbhlach dlùth don taigh aca. Tha na rainn air an cur sìos mar gum b' e i fhèin a chuir ri chèil' iad.

1. Mo shoraidh leat, mo thobar gaoil,
Bu chùbhraidh caoibhneil leam do bhlas;
'S tu sgaoileadh ìocshlaint air gach taobh,
A' taomadh às a' ghrunnd gun stad.

2. Gun chaochladh ort ri teas no fuachd,
Cha dùin an reòthtachd chruaidh do shùil;
Do bhruachan sgeadaichte mun cuairt
Le brat gun ghruaim den bhiolair' ùir.

3. Dà fhichead bliadhna agus còrr
Bha mis' a' còmhnaidh na do thaic;
Ach thriall na làithean sin mar cheò,
'S cha till ar n-òige chaoidh air ais.

4. Thog mi mo theaghlach mùirneach òg
Faisg air do chrònan milis ciùil;
Is bha do bheatha dhuinn mar lòn,
Ag òl às d' fhìonan fallain ùr.

5. Cuiridh mi nise riut mo chùl,
Ach bidh mo dhùrachd dhuit gach rè,
A' cuimhneachadh do shruthain chiùin
Bu tric a dh'ùraich mi nam fheum.

6. Tha thus' an-diugh gu sultmhor làn,
'S tha mise fàs gu h-aosmhor liath;
Ruigidh mi ceann mo rèis gun dàil,
'S bidh tus' a-ghnàth mar bha thu riamh.

27. The Well of Earth Hole

The verses that follow were composed for a fine old Highland lady who lived for more than forty years in a village they call Talamh-Toll. But eventually the family had to leave the village. This good woman was very much attached to a pretty well that flowed constantly there close to her house. These verses were written as if she herself had composed them.

1. Farewell to you, my lovely well,
fragrant and mild did you taste to me;
you spread healing on every side,
gushing from the ground without stint.

2. You alter with neither heat nor cold,
hard frost does not close your eye;
with your banks decorated all around
with a lush carpet of fresh cress.

3. For forty years and more
I have lived with your support;
but those days have passed like mist,
and our youth will never return.

4. I reared my children, sprightly and young,
beside your sweet musical croon;
and your presence was like food to us,
drinking from your fresh healthy vine.

5. Now I must turn my back on you,
but my blessings you'll have every day;
recalling your calm flow
that often renewed me in my need.

6. You today are bubbling and full,
while I am growing old and grey;
soon I will reach my journey's end,
while you are ever as you were.

28.

DÒMHNALL CRUAIDH AGUS AN CEÀRD

1. Bha gille còir sa bhail' ud shuas
Air a bheil sgeula bochd ri luaidh:
Nuair thachradh dha bhith thall air chuairt
    Mu thaigh an òil,
Mhilleadh e 'n sin gach sgillinn ruadh
    Dhe chuid a' pòit.

2. Is iomadh oidhche, fliuch is sgìth,
A chluinnte suas e tro na glinn,
Is luinneag aig' air òran binn,
    Mur biodh e làn;
Ach mar bu tric' b' e taobh an tuim
    A leaba-thàimh.

3. Chaidh innse 'Dhòmhnall mìltean uair
Nach biodh e chaoidh na dhuine buan,
'S gun tigeadh crìoch air a bhiodh truagh,
    Is sin gun dàil;
Ach cha do thuig e fhèin no 'n sluagh
    Gum b' ann le ceàrd.

4. Air oidhche ghruamach ghreannach fhuar,
Mu eadar dà-uair-dheug is uair,
Bha smùdan math air Dòmhnall Cruaidh –
    Ach ged a bha,
Chaidh aig' air dìreadh ris a' bhruaich
    Gun mhòran spàirn.

5. Ach nuair a nochd e ris a' ghleann,
'S a thog mo laochan suas a cheann,
Chunnaic e tein' aig Creag nam Meann,
    A bhruicheadh tarbh;
'S mun cuairt dheth daoine ruith nan deann
    Le caithream gharbh.

6. Shocraich e chasan air an t-sliabh
'S dh'fhosgail e shùilean farsainn fial,
'S ghuidh e air Rìgh nan Dùl a dhìon
    O làimh a nàmh;
'S gur cinnteach, ma bha 'n sealladh fìor,
    Gun robh e 'n sàs.

7. 'Ach, bàs no beath',' thuirt Dòmhnall Cruaidh,
'Cha mhiste balach làn na cuaich –
'S fheàrr dhomh mo shearrag a chur uam
    Mun tig a' ghràisg,
'S na th' air a grunnd a sguabadh suas
    Mum faigh mi bàs'.

8. Thug seo do Dhòmhnall tuilleadh neirt,
'S an uair a bheachdaich e gu ceart,
Chual' e pìob-mhòr a' seinn le sgairt,
    'S a duis gu h-àrd,
'S na dannsairean a' leum gu h-ait
    Aig banais ceàird.

9. Mar nach eil ciall aig fear na misg,
'S ann a ghabh Dòmhnall sìos nam measg;
Leum e don dannsa beò is brisg
    'S a' bualadh làmh ;
Is dh'èigh an ceàrd le glaodh a chlisg
    Na bha na dhàil!

10. Mhionnaich e Dòmhnall, 's cha b' ann fann,
E thoirt a chasan leis gu teann
Mum biodh gach fiacail bha na cheann
    Aige fo shàil –
'S e cur a chòta dheth na dheann
    Gus a bhith 'n sàs.

11. Ach cha robh fios aig' air gach buaidh
A thug a dhùirn do Dhòmhnall Cruaidh,
'S a liuthad cath san d' chuir e 'n ruaig
    Air laoch a b' fheàrr
Na luidean bochd, gun fhuil gun uaill,
    A dh'ablach ceàird.

12. Thug Dòmhnall ceum no dhà gu taobh,
'S sheas e gu daingeann air an fhraoch,
Sheall e mun cuairt dheth air an laoisg
    Bu mhiosa greann;
'S thuig e gum b' fheàrr dha cumail saor
    Na dhol nan ceann.

13. Ach dhruid na nàimhdean air mun cuairt,
Is cha robh aig' ach bàs no buaidh:
'Obraich a-nis, a Dhòmhnaill chruaidh,'
    Thuirt e ris fhèin,
''S ged chailleadh tu do cheann 's do ghruag,
    Gu bràth na gèill.'

14. Thòisich an slacadh thall 's a-bhos,
Is sguir a' phìob is gàir nan dos;
Ach cha tug sin am blàr gu clos
    No coltas sìth –
Bha Dòmhnall Cruaidh 's an ceàrd Iain Ros
    Cho garg a' strì.

15. Ach chaidh an ceàrd a chur ri làr,
'S bha 'n curaidh, Dòmhnall Cruaidh, gu h-àrd;
Chuir sin an cuthach glan air càch –
    An rìgh 's an triath
Bhith air a cheannsachadh le tràill
    Nach fhac' iad riamh.

16. Chruinnich gach duine, bean is clann;
Rug iad air chasan air 's air cheann –
Gach poit is cuach, gach spàinn is bann,
    Nan sad mu dhruim –
Dhùisgeadh mac-talla Chreagnam Meann
    Le fuaim a chuim.

17. Sgapadh an teine 'n ear 's an iar,
'S an ceàrd ag èigheach 'Sleagh no sgian'
A chuireadh air a nàmhaid crìoch
    An ùine gheàrr;
Ach rinn an dorchadas a dhìon
    Bho ghnìomh cho nàr.

18. Cha chluinnte nis ach 'Och' is ràn,
Is tarraing ghruag is bualadh làmh;
Ach fhuair mo Dhòmhnall Cruaidh à sàs,
    Gu fuilteach fann,
'S e toirt a mhallachd air a' cheàrd
    A mhill a cheann.

19. Tha nis an gaisgeach, Dòmhnall Cruaidh,
Gu tostach balbh a' cnàmh san uaigh;
Eadar a' mhisg agus droch fhuachd
    Is cath a' cheàird,
Chaidh Dòmhnall còir a sgaradh uainn
    Gu tìr as fheàrr.

28. Tough Donald and the Tinker

1. In yonder township was a fine lad
of whom there is a sad tale to tell;
when he happened to be away on a jaunt
    around the pub,
he wasted his every copper there
    of his lot on drink.

2. Many a night when he was wet and tired,
he could be heard up through the glens,
lilting away some sweet song,
    unless he was full,
and most often it was the flank of the hill
    that would serve as his bed.

3. Donald was told a thousand times
that he wouldn't live to be an old man,
that he'd die the death of a wretch
    and that would come soon,
but neither he nor the people knew
    it would come with a tink.

4. One cold, gloomy, unpleasant night,
sometime between twelve and one o'clock,
Tough Donald had taken some drink –
    but though he had
he managed to make it up the brae
    without too much ado.

5. But once he got level with the glen
and once my hero raised his head,
he saw a blaze at the Rock of the Kids
    that would roast a bull,
and people dashing round about
    in a wild carry-on.

6. He steadied his legs on the side of the slope
and opened his eyes as wide as they'd go,
and prayed to God him to protect
        from the hand of his foes;
and true enough, if the sight was true,
        he got stuck in.

7. 'Death or victory,' Tough Donald said,
'No lad is the worse for the fill of a glass –
I'd better dispose of what's in my flask
        before the rabble comes,
I'll scoop up everything that's lying around
        before I die.'

8. To Donald this gave further strength
and when he looked at things aright
he heard the pipes being played with a lift
        and the drones above,
and saw dancers leaping about with joy
        at a wedding of tinks.

9. As no drunk has a jot of sense,
Donald went down to join in;
blithe and merry he leapt into the dance,
        clapping his hands,
and the tinker bellowed with a voice that scared
        all those who were near.

10. He cursed Donald in no faint terms
to clear off at full pelt,
before every tooth that was in his head
        would be under his heels,
as he tore off his coat as fast as he could
        to make an attack.

11. But he had no idea of the strength
that Tough Donald possessed in his fists,
and of the number of fights he'd given chase
        to a better lad
than the poor bloodless lack-lustre drudge
        of a tinker brat.

12. Donald took a step or two aside
and stood up firmly on the heath;
he looked around him at the pack
        of aspect fierce,
and surmised he'd be better keeping clear
        than entering their midst.

13. But the enemies kept closing in on him
and he had no choice but to fight or die:
'Tough Donald, get on with your work,'
        he said to himself,
'and though you were to lose your head and hair,
        never give in.'

14. The clashing flared up here and there,
the pipes stopped and the howl of the drones,
but that did not bring the battle to a close
        or sign of peace,
for Tough Donald and the tink Iain Ross
        were at each other's throats.

15. But the tinker was thrown down to the ground,
and the hero, Donald, was on top;
that was what made the others mad –
        for their lord and king
to be overcome by a miserable wretch
        they'd never seen.

16. They gathered, every man, woman and child,
and caught hold of his legs and the hair on his head;
every pot and cup, every spoon and belt
        being hurled at his back –
the echo was woken in the Crag of the Kids
        by the clamour from his lungs.

17. The fire spread out east and west,
as the tinker bawled, 'Spear or knife'
that would bring about his enemy's end
        without delay,
but he was protected by the dark
        from an act so foul.

18. Only 'Och' and cries could now be heard,
the tugging of forelocks and beating of palms,
but Tough Donald escaped their grip,
        though bloody and weak,
cursing the tinker as he went
        who had mangled his head.

19. Now Donald, that hero tough,
lies silent and dumb, decaying in the grave;
what with the drink, a severe cold
        and battling the tink,
Good Donald shortly was taken away
        to a better land.

29.

RAINN DO NEÒINEAN

1. Tha thus' an sin, a neòinein bhig,
     an cùil leat fhèin,
Is fiamh a' ghàir air d' aghaidh mhìn
     ri blàths na grèin'
Tha 'g àrach suas do fhreumhan maoth
     gu bàidheil sèimh,
'S tu dèanamh gàirdeachais gun fhoill
     fo sgàil nan geug.

2. Ach càit an robh thu nuair bha gruaim
     air uchd nan speur,
'S an geamhradh fuar le fhrasan garbh
     a' searg do ghnè,
'S a' lomadh sìos gach duilleig ghuirm
     bha fàs air crann,
'S gach luibhe maoth le doineann shearbh
     a' falbh nan deann?

3. Thug reòthtachd fhuar air falbh do ghruag,
     do shnuadh, 's do dhreach,
Is shùigh an talamh sìos na bhalg
     do dhealbh a-steach,
Is cheil a' ghrian a sgiathan blàth,
     a bàidh, 's a feart,
Bha 'g ùrachadh do chruth gach là
     gu càirdeil ait.

4. Ach bha do bheath' an dìon bhon fhuachd
     an cuaich gun bheud,
'S do chuislean faoin gan altram suas
     gun fhios dhut fhèin
Le dìomhaireachd nach fhaca sùil
     's nach aithris beul,
'S tha toirt a nàdair do gach nì
     a rèir am feum.

5. Ach tha thu nis air teachd às ùr
    bhon ghrunnd air ais,
Le d' churrac bileach pleatach dlùth
    gu h-ùrar glas;
'S chan aithnichear ort gun robh thu dùint'
    an cùil fo ghlais,
Nad leabaidh thostaich anns an fhonn
    ri àm na h-airc.

6. Tha nis an driùchd le ceuman ciùin
    ri àm na h-oidhch'
Ag uisgeachadh do bhilean maoth
    le braonan soills',
Mar shradan boillsgeach feadh do ghruaig'
    as uaisle dreach,
'S do cheann a' lùbadh sìos gu làr
    aig làin do bhrat.

7. Ach togaidh ghrian gu moch a ceann
    air guala 'n t-slèibh,
Is sìnidh i a sgiathan blàth
    a-nuas bho nèamh;
Is tiormaichidh i suas do ghnùis
    's do dheòir mu seach,
Is sgaoilidh tu do chuailean fann
    gu greannmhor ait.

8. Thig eòin nan geug gu moch a sheinn dhut
    iomadh fonn
Ag itealaich a-nunn 's a-nall
    mun cuairt don tom,
A' criomadh bhàrr gach feòirnein gorm
    's ag òl dhen ceann,
Gu sòlasach air bhàrr nan slat
    a' seinn dhut rann.

9. Bha mise uair a bhithinn fhèin
     gu tric ad chòir,
A' dol mun cuairt am measg nam preas
     gun dragh gun ghò,
A-nunn 's a-nall air feadh nam bruach
     a' buain nan ròs;
Bhiodh tus' an sin 's an t-sòbhrach bhàn
     an sàs nam dhòrn.

10. Ach thriall na làithean sin air falbh
     mar shruth le gleann,
'S tha grian ar n-òige cromadh sìos
     air chùl nam beann;
Tha aois is leòn, is dragh is bròn,
     a' ruith nan deann,
'S gach là is uair toirt glaodh nar cluais
     gun tig an t-àm.

11. Tha geamhradh gnù gun bhlàths gun sunnd
     a' teannadh oirnn,
'S a' cur gu taobh gach sòlas faoin
     bha againn òg;
Ach ged thèid thusa sìos don uaigh,
     cha chrìon do bheò –
Ged shearg do ghruaidh, bheir earrach nuadh
     air ais do ghlòir.

12. Ach aon uair 's gun tèid mise sìos
     gu crìch mo lò,
Chan ùraich driùchd, 's cha bhlàthaich grian,
     's cha mhaothaich deòir;
Cha chluinn mi ceòl air feadh na coill',
     no guth an eòin,
Ach dùinte 'n glasan teann a' bhàis
     an talla 'n fhòid.

13. Nuair thèid mo chrè-sa leagadh sìos
   sa chadal throm,
'N sin èirich thus' is sgaoil do bhrat
   mun cuairt dom thom;
Biodh driùchd is grian le sgiathan blàth
   an taic do chom,
'S biodh eòin is clann len ceilear binn
   a' seinn dhut fhonn.

29. Verses to a Daisy

1. There you are, O tiny daisy, in a nook all alone,
with a smile about your dainty face at the warmth of the sun
that quietly and lovingly nurtures your delicate shoots
as you grow blithe, without guile, in the shade of the boughs.

2. But where were you when gloom lay on the breast of the skies,
and cold winter with fierce showers was shrivelling your kind,
shaving away every green leaf that grew on tree,
and every tender plant by bitter storm was driven away?

3. Fierce frost took away your hair, your colour, your looks,
and the earth swallowed your form down into its womb,
and the sun hid her balmy wings, her affection and force,
that had renewed your shape each day with kindly joy.

4. But your life was safe from the cold, in a hollow unharmed,
with your tender veins carefully nursed, unknown to yourself,
by a mystery eye never saw and lips can't relate
that constitutes all things according to their needs.

5. But you have now returned anew from earth below,
with your ruffled bonnet, densely pleated, lushly pale;
and no-one could tell you'd been shut up under key in a hole,
in your silent bed in the earth at the time of want.

6. Now the dew with gentle step as night falls
is showering your delicate leaves with sparkling drops,
like gleaming sparks among your hair of noblest look,
your head bent down to the ground by the fulness of your cloak.

7. But the sun will early raise her head on the shoulder of the hill,
and she will stretch her warm wings down from the skies;
she'll dry your face up and your tears, one by one,
and you'll spread out your tender curls in glad delight.

8. The birds of the groves will early come to sing you tunes,
as they keep flying back and forth around the mound,
nibbling the tips of the green blades and drinking from their crowns,
making glad in the tops of the trees, singing you odes.

9. There was a time when I was often near you myself,
going about the bushes without a care or guile,
picking flowers here and there among the braes:
you'd be there, with the pale primrose, grasped in my fist.

10. But those days have flowed away like a stream in a glen;
and the sun of our youth is sinking down behind the hills;
age and pain, worry and sorrow, rapidly approach;
each day and hour yelling in our ear that the time will come.

11. Surly winter without warmth or cheer is closing in,
putting aside every simple joy we had when young,
but though you go down to the grave, your life doesn't fade –
though your cheek withers, a new spring returns your pride.

12. But when it is time for me to go down to the end of my days,
no dew will renew, no sun will warm, no tears will melt;
I'll hear no music coming from the wood, or voices from the birds,
shut in the hall of sods under the stiff locks of death.

13. When my clay is knocked down in that heavy sleep,
then you rise up and spread your cloak around my grave,
let dew and sun with warm wings support your form
and birds and children with sweet trilling sing you songs.

30.

RI TAOBH NA TRÀIGH

1. Ò, nach robh agam bothan beag
   An seo ri taobh na tràigh,
Aig bonn nam beann fo sgàil nan creag,
   'S gum faighinn fois is tàmh;
Chan iarrainn ceòl ach eòin nam preas
   A' beadradh shuas len àl ;
Is guth nan tonn is fuaim nan eas
   Toirt freagraidh dhaibh len gàir.

2. 'N sin laighinn sìos is dh'èirinn suas
   Gu suaimhneach mar a b' àill,
Air m' ùrachadh le caochan cruaidh
   An fhuarain fhallain làin;
Chan fhaicinn fòirneartan an t-sluaigh
   'S gach buaireas agus plàigh,
'S na mìltean deòraidh breòite truagh
   Fo uallaich throm an sàs.

3. Tha sàmhchair, neoichiont agus sìth
   Còmhnaidh an seo a ghnàth,
Gun fhoil, gun fharmad is gun strì
   Aig dùil a th' ann a' tàmh;
Tha 'n còmhdach glan, 's an lòn gun dìth
   No nì bho thràth gu tràth,
Iad beò gun lochd, 's an òran binn
   An seo ri taobh na tràigh.

4. Gach feòirnean maoth tha 'n còs no 'n glaic,
    Gheibh iad an cuid den driùchd –
Tha ghrian gan àrach suas gun airc
    Air àithne Rìgh nan Dùl;
Gach lus no crè as ìsle staid,
    Tha iad am beachd a shùl,
'S an Tì tha freastal dhaibh air fad,
    Cha chuir e mis' air chùl.

5. Tha gàir na mara 's gaoth nam beann
    Lem fuaim cho tiamhaidh trom,
Cho freag'rrach dhòmhsa aig an àm
    'S don ionndrainn tha nam chom;
Chan iarrainn lùchairt mu mo cheann,
    Chan iarrainn òr no fonn,
Nam faodainn fuireach shìos an gleann
    'G èisteachd ri guth nan tonn.

6. Tha cuid an tòir air stòr 's air maoin,
    Gan ruith bhom breith gum bàs;
Chan fhaigh iad fois 's cha bhi iad saor
    Ma chì iad sin aig càch;
Thoir dhòmhsa sìth is gràdh is gaol
    Aig taobh nan sruthan tlàth,
Mo bhothan beag fo sgàil nan craobh
    'S mo lios ri taobh na tràigh.

30. Beside the Shore

1. Oh, if only I had a little house
    here beside the shore,
below the hills in the shade of the cliffs,
    where I'd get peace and rest;
I'd want no music but the birds of the groves,
    cooing above with their broods;
and the voice of waves and waterfalls' din
    answering them with their roar.

2. There I'd go to bed and rise
   calmly as I'd wish,
renewed by the pure fresh streams
   of the full, healthy spring;
I wouldn't see how people are oppressed
   with every anxiety and plight,
with thousands of exiles, wretched and ill,
   struggling under heavy loads.

3. Tranquillity, innocence and peace
   are always abiding here,
with no deceit, envy or strife
   from any creature dwelling there.
Their dress is clean, and their food appears
   without stint or deed in good time,
as they live without harm, with their sweet song,
   here beside the shore.

4. Every blade of grass in hollow or ditch,
   they get their share of the dew –
the sun nurtures them without want
   at the command of the King of All;
every plant or creature of the lowliest state
   is considered by His eye,
and the One who attends on them all,
   He won't neglect me.

5. The roar of the sea and the wind of the bens,
   with their dismal melancholy sound,
suit me perfectly at this time
   and the longing in my breast;
I'd want no palace over my head,
   I'd want no gold or land,
if I could remain down in the glen
   listening to the voice of the waves.

6. Some pursue possessions and wealth,
    chasing them from their birth to death;
they won't know peace and they won't be free
    if they see others with them both;
give me peace and affection and love
    beside the tender streams,
my little house in the shade of the trees
    and my garden beside the shore.

31.

DON LÈIGH MACGILLEMHOIRE, NACH MAIREANN

1. An do chaidil thu, mo charaid gràidh?
Fhuair thu mu dheireadh fois is tàmh;
Dh'fhàg thu na cathan às do dhèidh,
'S ruith thu gu foighidneach do rèis.
Is lìonmhor deòraidh breòite truagh
A chaidh am beannachd leat don uaigh,
'S ma gheibh an ùrnaigh èisteachd shuas,
Tha thusa cinnteach às do dhuais.

2. An cridhe blàth gun fhoill gun lochd,
Nach dèanadh tàir air glaodh nam bochd –
Bu tric a chìt' iad na do thaic,
'S tu freastal dhaibh gu sèimh nan airc,
A' sgaoileadh ola chaomh do bhàidh,
Gu h-iochdmhor truasail ris gach plàigh;
Gun chaochladh air do nàdar ciùin
Ri mòr no beag, ri tràill no diùc.

3. Mar fhuaran fionnar cuisleach caoin
A' taomadh fheartan air gach taobh,
Gun uaill, gun lethbhreith is gun ghruaim,
A' dèanamh ìocshlainte don t-sluagh:
Bha thusa fialaidh ris gach neach,
A' saoithreachadh a-mach 's a-steach,
Cho curamach mu bheatha chàich,
'S do bheatha fhèin fo ghalar bàis.

4. Caraide dìleas tìr nam beann,
A chumadh suas i fèin 's a clann;
A ceòl, a bàrdachd is a cliù,
Bu sheasmhach dìan thu air an cùl;
'S a Ghàidhlig aosta, cheòlmhor, bhinn,
Chaill thusa gaisgeach treun nach till –
Bha aignidhean de d' ionmhais làn,
'S bu tric a dhearbh e sin do chàch.

5. Tha 'n-diugh do 'cheàrdach' falamh fuar,
Gun bhlàths, gun fhasgadh don fhear-chuairt;
Cha choinnich tuilleadh clann nan dàn
An talla caraide nam bàrd.
'S duilich leam gur fìor an rann,
Thu air do sgaradh uainn ron àm;
'S a' cuimhneachadh a' mhaith a bha,
Cuiridh mi chlach seo na do chàrn.

Bha a' bhùth aig an Lèigh MacGilleMhoire ann an Dùn Èideann a' dol fon ainm 'A' Cheàr-dach' far an tric a bhiodh Gàidheil a' bhaile a' tachairt ri chèile.

31. To the Late Dr Morrison

1. Have you fallen asleep, my beloved friend?
You have found peace and rest at last;
you've left the battles far behind,
and patiently you have run your race.
There's many a poor, wretched waif
whose blessing went with you to the grave,
and if their prayers get a hearing above,
you can be certain of your reward.

2. A warm heart without deceit or harm,
that never disdained the cry of the poor –
often were they to be seen in your care,
as you gently tended them in their need,
spreading the gentle balm of your love,
with mercy and pity for every plight;
you never altered in your serene ways
between great or small, slave or duke.

3. Like a piping, gentle, cool spring
pouring virtues on every side
without pride, prejudice or frown,
you prepared medicines for the hosts.
You were generous to everyone,
labouring both outside and in,
so concerned for others' lives
while suffering a fatal disease yourself.

4. To the Highlands you were a faithful friend
who'd uphold both the place and her folk;
you were a constant and faithful support
to her music, her poetry and her fame;
and ancient Gaelic, tuneful and sweet,
you've lost a stalwart who won't return;
his mind was filled with your wealth –
among others did he often prove that so.

5. Today your 'workshop' is empty and cold –
the traveller finds no shelter or warmth;
no more will poetry's devotees meet
in the hall of the friend of the bards.
I am sorry that the verse is true
that you have left us before your time;
so in memory of the nobleman that was,
I place this stone on your cairn.

Dr Morrison had a shop in Edinburgh known as 'The Smithy' where the Gaels of the city would often meet.

32.

JOHN STUART BLACKIE

1. An d' fhàg thu sinn, a laoich nam buadh?
Cha chluinn sinn tuilleadh fuaim do bheòil,
Chan fhaic sinn tuilleadh d' aghaidh shuairc'
Mar ghrian gun ghruaim am measg an t-slòigh.

2. Ghearradh a' chraobh bu torrach blàth,
'S a dh'àraich iomadh meanglan òg–
Bu taitneach leam a bhith fo 'sgàil,
'S mo chàil a' faotainn brìgh a lòin.

3. A Ghàidhlig aost' as binne guth,
Cuir ort an-diugh do chulaidh bhròin;
'S d' fhear-tagraidh treun bu mhaiseach cruth
Gun cheòl gun chruit gu balbh fon fhòid!

4. Sheas e gu duineil thu mar sgiath,
Le chainnt 's le ghnìomh a' dìon do chliù,
'S do Chathair shuidhich e gu fial,
Nach leig do ghlòir an cian s' air chùl.

5. A ghlinn 's a bheanntan tìr mo ghràidh,
Tha 'n ceò air tàmh umaibh fo sprochd;
Chan fhaic sibh tuilleadh sùil a' bhàird
A' deàrrsadh oirbh bho àird nan cnoc!

6. Cha chluinn sibh tuilleadh fuinn a chiùil
A' seinn gu sunndach feadh nan glac;
Bu tric e cuartachadh bhur stùc
'S ag àrdachadh bhur cliù le tlachd.

7. A chlann mo dhùthcha is mo shluaigh
Tha latha gruamach oirnn air teachd:
Tha 'n gaisgeach treun fo ghlais na h-uaigh,
A sheasadh leinn ri uair a' ghleac!

8. Sàr-Albannach gun cheilg gun fhoill,
Bu mhùirneach e mu cloinn 's mu cliù,
'S bidh cuimhn' is ainm an laoich le loinn
Mar dhaoimean lainnireach na crùn.

9. Gach buaidh tha uasal maiseach àrd,
Le eòlas làidir agus glic,
Bha sin le irisleachd is gràdh
Mar theaghlach blàth a' tàmh fo chrios.

10. Gach sòlas do d' anam, a thriath,
Ruith thu gu sgiamhach glan do rèis,
Bu chliùiteach taitneach riamh do thriall,
'S tha sinne cianail às do dhèidh.

32. John Stuart Blackie

1. Have you left us, O gifted man?
We'll hear no more the sound of your voice,
we'll see no more your courteous face,
like a sun without frown among the folk.

2. The tree of fruitful blossom has been felled,
that nurtured many a tender shoot;
I delighted in being beneath its shade,
my mind nourished by its store.

3. O ancient Gaelic of sweetest voice,
put on your mourning cloth today,
for your brave advocate of handsome form
is silent below the sod, without song or harp!

4. He protected you manfully like a shield,
by word and deed defending your fame,
and generously established for you a Chair
that won't let your glory fall into neglect.

5. O glens and mountains of my beloved land,
in dejection you are hidden in mist;
you'll see no more the eye of the bard
shining on you from the heights of the hills.

6. You'll hear no more the music of his songs,
sung among the hollows with glad sound;
many a time he circled your peaks,
joyously exalting your fame abroad.

7. O children of my country and my folk,
a dismal day has come upon us now:
the valiant warrior is locked in the grave
who would stand with us in time of strife.

8. A true Scotsman without treachery or deceit,
he dearly cherished her children and renown;
the memory of that hero's name will gleam
like a brilliant diamond in her crown.

9. Every virtue that is noble, fine and high,
along with knowledge, strong and wise –
these, as well as humility and love,
resided below his belt like close kin.

10. May your soul receive every comfort, lord,
with integrity and purity you ran your race;
renowned and pleasing were your ways:
and we have taken your absence hard.

Iain Dubh

Introductory Notes to Songs and Poems by Iain Dubh

33. Gillean Ghleann Dail

This is probably the most popular of Iain Dubh's songs, and is still widely sung. It gives a vivid and frank account of the sailing life, of older sailors cursing younger ones, of the unpleasantness of the heat, storms, rationing, burials at sea, and the dangers of women and drink in port.

The version below from *An Deò-Gréine* (1921) is the oldest published source and the longest, with ten verses. Rev. MacAonghais (1973) relates how the song came to be composed spontaneously in Pàdraig MacFhionghain's shop when Iain Dubh was home on leave and was being questioned by some young lads about a sailor's life. (His ability to compose spontaneously is again claimed in the anecdote relating to song no. 46, 'Tost Dhòmhnaill an Fhèilidh.') While in MacAonghais's version from *Gairm*, the lines, and especially the tense of *Rinn* 'made' in *Èistibh ris an òran / Rinn MacLeòid a chuir a' chuairt* (Listen to the song/MacLeod made who took that path), mitigate against the claim for spontaneous composition, the case is possible in the older version below.

Later versions have a more puerile and voyeuristic tone in verse 6, making the connection between women and vice more explicit. In this version, he includes himself when mentioning the dangers of drink in verse 9, while in later versions he lectures others.

This song suggests a vicious circle was at work, when part of Iain would have liked to have spent more time at home, while his earnings as a sailor were necessary to afford the drink which assuaged the pain of homesickness when he was away. The anguish is most pronounced in the next song, *Mo Mhàthair an Àirnicreap*.

Pollosgan (v. 8) was where Iain Dubh and Neil were brought up. The name probably means the bog of toads, though elsewhere *losgann* means frogs. A folk etymology links the name to Osgan, the brother of Tiel (see no. 38), as being the place their corpses were washed ashore when King Hakon's defeated navy was returning home after the Battle of Largs, 1263.

34. Mo Mhàthair an Àirnicreap

This is a song of homesickness that Ross (1964) says Iain Dubh composed one Sunday as his ship sailed south of the Western Isles and he could see the Isle of Skye at a distance; MacDonald (2013) says he wrote it when heading for Canada. This version is based on the singing of George Clavey on Ross's programme. It can be heard sung in two very different styles by Neil Beaton and Ùisdean MacRath on *Tobar an Dualchais* and *Bliadhna nan Òran* respectively. His regret at sailing away from home and particularly from his mother is expressed obliquely in the last couplet as envy for his brother Fionnlagh, whose livelihood as a crofter did not oblige him to travel the world. Aonghas Dubh MacNeacail suggests his brother had learning difficulties, but I have found no support of this and it does not sit well with the citations of Fionnlagh being a poet too, though none of his work is known to survive.

Màiri Chaimbeul was a neighbour's girl to whom Iain Dubh would bring presents such as beads when he came home from the sea. Anna Chaimbeul might be Iain's future wife, Anna a' Phosta.[1]

Iain rose through the ranks and was well respected as a sailor. (We see, for example, his friend and fellow seaman paying for his gravestone in Montreal.) But in this song he belittles his rank as bosun (or bosun-mate in some versions of the song), a position of authority over the deckhands, as little recompense for his absences from home, which on one occasion was nine years long.[2] James Ross (1964) draws a picture of a man who was temperamentally bound to be unsettled, restless on land but homesick at sea, and ends the programme with the words *Cianalas is aithreachas, aithreachas agus cianalas an duine aonranaich* (Nostalgia and regret, the regret and nostalgia of a lonely man).

Sam Thorburn sings a version of the song to a different tune and with the title ''S ged tha mise pròiseil' at: http://www.tobarandualchais.co.uk/ fullrecord/8026/1 (Collection – SSS). He sings verses 2, 1, 3 and 6 as given here, but he also sings an additional second and fourth verse:

Portrait of Neil MacLeod (from the 1902 edition of *Clàrsach an Doire*)

Neil's wedding (with permission from his grandson, Norman MacLeod, San Francisco)

Neil's family (with permission from his grandson, Norman MacLeod, San Francisco)

Above. An t-Àigeach: see no. 42, 'Òran an Àigich' (photo by Meg Bateman)

Right. Iain Dubh's grave in Montreal (photo by Norman Macdonald, Portree)

Below. Glendale from the south-west, Isle of Skye (courtesy of Allan Campbell)

ERECTED BY HIS
SHIPMATES AND FRIENDS
IN MEMORY OF
JOHN McLEOD
GAELIC BARD
NATIVE OF
SKYE SCOTLAND
DIED 8TH SEPT 1901
AGED 58 YEARS

Tha mulad air mo smaointean,
chan iongnadh leam ged a tha,
coimhead air an fhuaradh
gur fuar leam an-diugh an àil'
chuir mi air a' mhuilleir
's air muinntir Bhealach nan Càrn,
's an long ron a' ghaoith leam
na sìnteagan air an t-sàl.

'S beannachdan le bàidh
dhan a' phàiste dhan tug mi luaidh,
ged a bha e an dàn dhi
gu h-àraidh gun deach i bhuam;
's ann tha mi 'n-diugh pòsta
ri òigh nach cuir oirre gruaim,
a' dol ris na stòpan,
gan òl mar an t-uisge fuar.

My thoughts are full of sadness,
which is really no surprise,
for, looking to windward,
it seems I've given cause
for the miller to treat me with coldness
and the people of Bealach nan Càrn,
while the wind drives my ship onwards
in great strides across the sea.

Farewell with affection
to the girl that I loved,
though it was fated
she'd surely forsake me;
today I am married
to a girl who never sulks,
knocking off the glasses
as if cold water was what they held.

People used to say this was the only song in which Iain expressed regret, the grounds for which perhaps become clearer with these two verses. Allan Campbell suggests that, in addition to his remorse at deserting his mother and being out of touch with the family for many years when he was thought dead, he regrets here how his past behaviour has caused distress to the family's neighbours – the Glendale miller and the Campbells in Bealach nan Càrn. He also regrets having lost his childhood love, Annie Campbell (who probably became his second wife), and being married to a drinker (Mòr, corroborated by poem no. 40).

35. 'S Truagh nach Mise bha Thall an Caileabost

Ailean Dòmhnallach noted this song from Eàirdsidh Bàn Ros (Archie Ross) in Staffin, in December 1970, who told him no-one else had it. It belongs to a certain genre of 19th century sailor songs which combine homesickness and love with descriptions of conditions on the high seas. It appears that Iain Dubh composed the song at sea, comparing the comfort of domestic life with the extremes of heat and cold endured by himself and other exhausted scrawny sailors.

The Mòr mentioned in the song may be his first wife. Allan Campbell writes:

> Caileabost (Colbost) is where Neil and Iain frequently embarked and landed when they were travelling to and from Skye. Although steamers also regularly called at Loch Pooltiel, Colbost was a much calmer harbour, making it easier and safer to transfer between ship and shore. My grandfather Ailean Alasdair (1877–1969) often spoke of how Iain Dubh would call at my great-grandfather's (Alasdair Dhòmhnaill's) house in Colbost for a bite to eat (see biography of Iain Dubh for what happened then).

36. Anna NicLeòid

This song was first published in 1938 in *An Gàidheal,* the words for the six verses having been sent in by Calum Mac-a-Phì of Kilmarnock, who believed it was its first appearance in print. However, George Clavey's version in James Ross's radio programme of 1964, *Iain Dubh Dhòmhnaill nan Òran*, has only three verses. The first two are similar to the first two published in *An Gàidheal*, but the third, comprising half of verses 4 and 6, suggests that the song survived orally in at least one other version.

It is a love song about a young woman who lived in Rubh' an Dùnain in Skye in which her beauty and virtues are described in conventional terms. It is typical of the tradition to praise her family and community for their hospitality and generosity. The poet's praise of their Gaelic reflects the experience of someone working away from home who is struck on return by the characteristics of the culture. Rubh' an Dùnain is depicted as well-populated and productive, which it was until cleared in the 1860s. Once a MacAsgaill stronghold, it is now very sparsely populated.

Iain vouches for the veracity of this song with his signature in the final verse, as he does in five other songs, 'Gillean Ghleann Dail', 'Mo Mhàthair an Àirnicreap', 'Oran a' Cheannaiche', 'Oran do dh'Fhear Hùsabost' and 'Tost Dhòmhnaill an Fhèilidh', and mentions himself in 'Nuair a Rinn Mi Do Phòsadh'. See also the introductory note to 'Cuairt do Chuith-raing' (no. 23).

37. Ò, Anna, Na bi Brònach

This is a song to Iain Dubh's second wife, Anna, made from the ship, reassuring her of his ability to provide and his love for her, despite his drinking. He has no intention to take seasonal work in the Lowlands nor to croft, for the sea will meet all their needs. The tune is extremely cheerful and their relationship has a courtly quality, involving wine-drinking, feasting, caressing and composition.

38. Aoir Dhòmhnaill Ghrannda

Sam Thorburn can be heard describing the circumstances that gave rise to this poem in *Tobar an Dualchais*. Sheep were climbing the wall of Dòmhnall Grannd's cabbage patch. He intended to protect it by blocking the breaches in the wall with branches he cut under cover of darkness from a tree growing in Cill Chòmhghain churchyard in Glendale. On hearing of this, Iain Dubh composed his poem in which the hapless Dòmhnall is visited by the ghost of Tiel, the son of a Norwegian king found washed ashore at Loch Pooltiel, and said to have been the first person to be buried in the graveyard and to have given the loch its name. The recitations of Sam Thorburn and Peigi Shamaidh use a stentorian voice for the ghost upbraiding the wheedling and terrified Dòmhnall for undertaking such a hideous crime as the desecration of the tree. While there is much humour in the poem, it reflects both something of the reverence given to trees in the Gaelic tradition and the degree of control levied traditionally by poets on members of their community through praise and satire.

The longest, oldest and most regular version is that from *An Deò-Gréine*, published in 1921–22, but the versions given by informants such as Sam Thorburn and Peigi Shamaidh in the 1950s are much closer to MacAonghais's version published in *Gairm* in 1973, which suggests it was the shorter version that circulated in Glendale.

It was said that Dòmhnall's sister Catrìona was upset by the slight upon her brother implied by the poem and that Iain Dubh composed a song for her, 'Òran Catrìona Ghrannda', as an ambivalent peace offering (see Poem 39 below).

39. Òran Catriona Ghrannda

This song was made in compensation to Catrìona Ghrannd for the satirical poem Iain Dubh made to her brother for cutting branches from the tree in Kilchoan churchyard, no. 38. Iain Dubh makes himself the butt of his own humour, for if he were truly tempted to leave his wife for Catrìona, he would not have been able to admit it.

Allan Campbell writes that Catrìona was canvassing support for some kind of public apology. Iain's response was widely regarded as a brilliant tactical move when he composed 'Òran Catrìona Ghrannda' in which he extols her beauty and describes how all the young men admire and desire her. In reality Catrìona was very plain and had an unpleasant voice, but while the exaggeration in the song underlined these facts, she couldn't challenge them publicly without having to accept her shortcomings.

40. Nuair Rinn Mi Do Phòsadh

This is a satirical piece concerning Iain Dubh's first wife, Mòr, whom he married in 1871. The only source is a rapid recitation in Ross (1964) in which some words are indistinct. The poem suggests that his first marriage, like his second, had problems. This poem recounts a drinking bout on the part of his wife. Having been presumed dead, she recovered when some medicine was administered to her.

41. A' Bhean Agam Fhìn

The song is published in *Clàrsach an Doire* as Neil's work, but people generally believe it to be Iain Dubh's (see introduction). The poem is certainly typical of Iain in its specificity and boisterous, outspoken style and in giving advice in the final verse. The poet is the butt of his own mockery, as in no. 45, 'An Gamhainn a Bha aig Mo Mhàthair', for he was beguiled by drink into marrying 'Anna', who did not turn out to be the angel she had first seemed. Instead she must have a cup of tea before she rises, spends her days spreading gossip and even belabours her husband. The speaker of the poem is already married, and while Anna was the name of Iain's second wife, she was a Campbell, not the Anna NicCuinn of the poem, and they did not marry until 1889, six years after the poem was published in the first edition of *Clàrsach an Doire*, 1883.

Allan Campbell says it is probably impossible to ascertain the authorship, but that 'A' Bhean Agam Fhìn' strongly reflects everything he heard from his father about Iain Dubh's second wife, Anna a' Phosta, who lived next door to his great-great-grand-aunt Mòr Chaimbeul in Fearann MhicGuaire. 'My father and his siblings would all describe with much amusement Anna's hypochondria and her lack of enthusiasm for any kind of housework or expending of effort.'[3]

The song can be heard at http://www.tobarandualchais.co.uk/fullrecord/96836/1 (Collection – SSS) sung by Calum Currie (b. 1894) in Bowmore, Islay, in 1969.

42. Òran an Àigich

An t-Àigeach (The Stallion) is a dangerous promontory four miles from
Pollosgan in which a horse's form with mane can be seen. This and the next
song to *An Ceannaiche* (The Merchant) were composed by Iain on two
visits home, and in both he personifies the land through these unusual
landmarks. In this song he extends the metaphor implied by the placename,
remembering riding the horse when playing there as a carefree child. He
compares the lack of change on the part of the land with the changes in
himself, so that the song is simultaneously an affectionate greeting to his
native place and a lament for lost youth. Mac na Mèith (v. 6) was a stranger
who was found drowned near Waterstein and who was buried on top of
the Àigeach (MacAonghais 1973: 120).

43. Òran a' Cheannaiche

An Ceannaiche (The Merchant) is a stack by the shore near *Gob na h-Eiste*,
well known to the fishermen of Glendale. The song takes the form of a
dialogue between the poet and the rock and forms a companion piece with
his song to *An t-Aigeach*, no. 42. In this song too he extends the metaphor
provided by the placename to describe the rock as a shopkeeper who amply
supplies man and animal. It gives him a chance to tease individuals whom
he sees as over-zealous or greedy in what they take. MacAonghais (1973)
says, 'Bha ainm aig Calum Ros agus Ruairidh Chaluim B(h)àin gun robh
iad soirbheasach ann an glacadh nan giomach is a' trusadh nan trosg os
cionn an cuid nàbaidhean'. Like the previous song, this song is nostalgic,
with Iain Dubh mentioning the wear and tear of the seafaring life that has
changed his appearance beyond recognition, while the Merchant remains
as ever.

Ùisdean MacRath describes the nine years it took Iain Dubh to come
home after being wrecked in Australia:

An eachdraidh a chuala mise air a' chùis, bha e na bhosun aig a'
Loch Line, agus bha e air bàta ris an canadh iad *Loch Arcaig*, a'
tighinn a-nall às Astràilia 's chaidh iad air tìr air, chaidh a' wreckadh
air a' Bharrier Reef . . . Chan fhacas agus cha chualas càil riamh
timcheall air, às dèidh sin, airson naoi bliadhna. [4]

44. Òran do dh'Fhear Hùsabost

This poem was published as nine verses in *Mac-Talla* in 1904, but seems to have survived in the oral tradition of Glendale as a poem of five or six verses, perhaps supported by its publication in *Old Skye Tales* in 1934. MacKenzie (p. 87) says the poem was composed on one of Iain Dubh's visits home, 'in praise of Captain Nicol Martin on whose estate the family lived and from whom they had received many kindnesses'. Dòmhnall nan Òran lived at Pollosgan on the MacLeod Glendale Estate but Iain Dubh probably lived on the neighbouring Husabost estate, and certainly his widow Anna a' Phosta lived at Fearann Mhic Guaire on the Martin estate in Allan Campbell's father's memory. Both versions read as a conventional praise poem, with the young chief praised for his beauty and generosity, for his hunting and fighting skills and for his innate virtues.

Allan Campbell, however, had understood from his father that the song was something of a parody, for the chief was old at the time of its composition and had earned notoriety as an oppressive landlord. If this is the case, the last verse, and in particular the last couplet, asking for Nicol Martin to receive his just deserts in the hereafter, could be read as veiled censure.

This said, Iain Dubh did owe Martin a personal debt of gratitude, for the old Captain had provided him with the store (where provisions landed from the weekly steamers were kept prior to distribution) as shelter on the shore of Loch Pooltiel when he was homeless, perhaps as a result of his marriage to Anna a' Phosta breaking down. Martin had indeed been charitable to one member of the poor. According to the story, Martin knew Iain Dubh had no money for rent but he teasingly asked him what he was offering to pay. When Iain Dubh admitted he had no money, Martin asked for an *òran molaidh*, to which Iain agreed. What else could he do? When we remember how fluent his father was in the same genre, it is no surprise that it could be accomplished so expertly by his son.

The *Inverness Courier* of 1885 reports a meeting at the Mill in Glendale between representatives of the townships of the estate of Dr Nicol Martin of Husabost, when they explained their inability to pay rent due to his policies of subdivision of crofts, banning of lobster fishing, ten days' unpaid labour on his behalf each year, non-compensation for improvements, etc. If this is the same Nicol Martin as the addressee of the poem, his mixed actions of clearance and kindness were not atypical of the times, when the gentry held conflicting ideologies of capitalism and clan loyalty.[5]

45. An Gamhainn a Tha aig Mo Mhàthair

This is very much a local song, mentioning local people by name, in marked contrast to Neil's generalised songs of imagined Highland communities. Such songs were common in the tradition when a local poet would commemorate a local event. The Rev. Iain MacAonghais in his field notes on Iain Dubh's work, which he collected in the 1950s in Glendale, mentions how common it was to see heifers chewing an old shoe, or for a housewife to look out of the window to see her favourite shawl being taken from the line (NLS Acc 10022 item 105). Here the poet laughs at the cow's undoing of his own plans for dressing smartly for a dance.

Eabaidh was the pet name of Iain's youngest sibling, Elizabeth, born in 1863.

46. Tost Dhòmhnaill an Fhèilidh

Allan Campbell describes how this curious song came about:

Dòmhnall an Fhèilidh was a Highland publican. He was possibly based in Leith and his pub may have been the regular meeting-place for seamen from the Gàidhealtachd which we know existed there (see poem no. 47, 'An Eaglais a th' ann an Lìte'). However, the reference to Ceann a' Bhaile (Townhead) is suggestive of Glasgow.

On this particular occasion Iain Dubh was in the pub with the proprietor and one or two others, and was seeking credit to buy more drink. Dòmhnall an Fhèilidh was reluctant, as he might never recover his money. Iain Dubh was not over-happy and the publican started a discussion about bardic skills in an attempt to provoke him further. He argued that traditional bardic skills were no longer in existence. No one had the talent anymore to compose sponta-neously, *gus bàrdachd a dhèanamh ann an seasamh nam bonn.*

Iain Dubh responded by saying that the bards who had done this kind of work in the past had enjoyed patronage and were well rewarded, so how much would Dòmhnall an Fhèilidh pay if *he* were to compose an *òran molaidh* for him? Dòmhnall an Fhèilidh was canny, but in this instance he was confident that he was on safe ground and that Iain Dubh could not meet the challenge, so he said he would pay £5 – a very generous reward. So Iain Dubh started singing 'Tost Dhòmhnaill an Fhèilidh':

> Air oidhche dhomh 's mi 'n taigh an òil, 's MacLeòid 's e
>   deònach cosg orm,
> Nuair shuidh e fhèin aig ceann a' bhùird b' e chùirt a bhith
>   na chompanaidh;
> Na botail bhranndaidh tighinn a-nall is driùchd air an cuid
>   chorcaisean,
> 'S mun cuir mi boinne dheth nam bheul, gum feuch mi fhìn
>   ri tost thoirt dha.

He composed several verses, to the delight of all those present – with the exception of Dòmhnall an Fhèilidh, who had been caught out. He responded that the song was largely a parody of phrases from so many other *òrain molaidh* and that it contained very little in the way of original composition; consequently he was not prepared to pay! Iain Dubh replied, '*Mas ann mar sin a tha, cha bhi mise fada a' cur car eile san sgeulachd!*' (If that's how it is, I won't be long giving the account another twist). And he immediately composed a second song in dispraise of Dòmhnall, 'Dì-moladh Dhòmhnaill an Fhèilidh'. These two songs have merged over the years to become what we hear today – but you can clearly identify the satirical as opposed to the lauding verses.

According to tradition, Dòmhnall an Fhèilidh was forced to pay Iain Dubh by those witnesses present, and we can safely assume that Iain Dubh bought all a dram or two to celebrate.

Did *Dòmhnall an Fhèilidh* (Donald of the Kilt) start out as *Dòmhnall na Fèileadh* (Donald of Generosity), a common style in the panegyric tradition?

The poem is full of gentle humour in the observation of the man raised on tatties and cuddies, now a wealthy publican in full Highland dress and a cigar, becoming drunk and hunkering down on the carpet like a hen and swaying widely on the pavement. Its comic imagination may bring to mind the songs of John MacCodrum. As in the poems of Dòmhnall Ruadh Phàislig, we see a glimpse of Gaelic society in the Lowlands much less self-consciously than in the poems of Neil MacLeod.

47. An Eaglais a Th' ann an Lìte

This is a good example of the co-existence of an anecdote and song. Together they are greater than the sum of the parts. The anecdote depends on there being a bar in Leith known as 'The Church' or 'The Kirk'. We have failed to identify such a place but it is possible that the reference is to the Kirkgate Bar. Not much happens in the song, which has the air of a piece cobbled together (the first verse being a parody of Màiri Mhòr and the last having echoes of 'Tost Dhòmhnaill an Fhèilidh'), probably by those drinking in the *pràban* the night Iain met the minister. Iain Mòr, the barman at *An Eaglais,* was a Skyeman and may have been present too, as he, rather than the pub, became the focus of the song. It expresses drinkers' obsessions with heroism and camaraderie, and Allan Campbell suggests that story and song emerged together that evening.

48. Don Doctair Grannd

This poem was identified by Allan Campbell from the translation given in Dr Roderick Macleod (2013), *Dr Lachlan Grant of Ballachulish: His Life and Times,* as probably being the work of Iain Dubh. The subtitle in the original states the poem is *leis a' bhàrd Iain Macleòid, maraiche na fairge* 'by the bard John Macleod, sailor of the ocean', and the date (1900), name, profession and proximity of Edinbane to Glendale all strongly suggest that the poet is most likely to be Iain Dubh Dhòmhnaill nan Òran. The case for his authorship is perhaps strengthened by the inclusion of the unusual word *campar* in v. 1, as perhaps in poem no. 40.

Dr Lachlan Grant worked at Gesto Hospital in Edinbane, then the main hospital for Skye, from 1895 to 1900. In August 1900 he took up his appointment as medical officer to the Ballachulish Slate Quarry and neighbourhood at Coy. When he left Gesto he was given various tokens of appreciation by the people of Skye, among them a clock, a barometer and the poem below (Macleod 2013: 15–16). The Gaelic text is published here for the first time.

This is no valedictory poem as the poet makes no mention of the doctor's imminent departure. Allan Campbell suggests that he may have composed it at some earlier stage in general gratitude to the doctor, and that someone thought it would be fitting to present him with the poem –

perhaps with the translation as reproduced in the notes – when he left. If it is Iain's, it is probably the last poem we have by him, made before he embarked on the voyage during which he died the following year.

We cannot be certain if the MS of the poem in the NLS is in the poet's own hand, for we have no other examples of his handwriting. Indeed the mistake of *aobhar* for *fhàbhar* (v.2) would suggest the poem was written out by someone else, less aware of the rhyme scheme than the poet. It is however in a different hand from the translation. The translation given in the notes is that which we presume was given to Dr Grant and it is published with Roderick Macleod's permission.

Songs and Poems by Iain MacLeòid

33.

GILLEAN GHLEANN DAIL

http://www.tobarandualchais.co.uk/fullrecord/63571/1
(Collection – School of Scottish Studies)

1. Ò, 'illean òga tapaidh
   Tha 'n Gleann Dail ag èirigh suas,
A chuid agaibh tha deònach
   Air lòn thoirt far a' chuain,
Èistibh ris an òran
   Aig MacLeòid a chuir a' chuairt,
Is cuimhnichibh an-còmhnaidh air,
   Ma sheòlas sibh à Cluaidh.

2. Nuair thèid thu òg 's tu aineolach
   A-mach air long nan seòl,
Bidh cùisean dhut cho annasach
   Gu faithnich thu gach ròp;
Gur tric a thèid do mhionnachadh
   'S do sgrios chun an Fhir-mhòir
Gu 'n tèid thu do na crainn aice
   Cho sunndach ris na h-eòin.

3. Nuair dh'fhàgas tu gach fearann
   'S a bhios d' aghaidh air cuan mòr,
Gach là bidh ghrian a' teannadh ort,
   'S bheir fallas leis do dheò;
'S ged bhiodh an teas gad sgarachdainn
   Mar as tric a thachair dhòmhs',
Gun tomh'sear do chuid uisge dhut,
   Do bhriosgaidean is d' fheòil.

4. Nuair thig an stoirm le cabhaig ort
   'S an fhairg' ag at na glinn,
Na tonnan uaine chlisgeas tu
   Gam bristeadh mu do dhruim,
Gu slatan àrda cuirear thu,
   Ged a bhiodh tu tinn;
'S riut fhèin is tric a chanas tu,
   'Bu mhath a bhith air tìr.'

5. Gur iomadh cruas a thachras riut
   Mun till thu far do chuairt:
Bheir droch lòn do neart asad
   'S a' mhaise far do ghruaidh;
Chì thu cuid a' bàsachadh
   Gun bhàidh riutha no truas,
Ach sèineachan mun sliasaidean
   'S an tiodhlacadh sa chuan.

6. Nuair ruigeas tu na h-Innsean
    No Sìona fada thall,
Bheir companaich air tìr thu
    Chuireas clìcean na do cheann;
Bheir iongnaidhean toil-inntinn dhut
    'S na chì thu a thaighean-danns',
'S cha duin' thu gu 'n tèid sprìdh chur ort
    Le fìdeagan dhen dram.

7. Nach gast' a' cheàird a' mharaireachd
    Nuair bhios tu san taigh-òst',
Gach seòrsa deoch ga tarraing dhut
    Gu 'n dallar thu ga h-òl,
Thu sgaoileadh do chuid thastanan
    Le amaideachd no pròis,
'S gun chuimhn' agad air allaban
    A thachair ort san ròd.

8. 'S chuir mise cuairtean ànrach
    Air gach ceàrn tha fo na neòil:
Cha b' urrainn iad mo bhàthadh –
    Cha robh rath'd ac' air no dòigh;
'S nam biodh a leth a-nochd agam
    'S na chost mi anns an òl,
Gum faodainn bhith gu socrach
    Am Poll Losgann ri mo bheò.

9. Is ged tha 'n deoch na mealladh,
    Mar 's aithne dhuinn gu lèir,
Ri beagan dhith aig amannaibh,
    Cha tugainn asad beum;
Ma sheachnas tu na boireannaich,
    Bidh sonas na do cheum,
Oir 's ùghdar dha gach mallachd iad
    Tha fon a' chruinne-cè.

10. Sgaoil mise m' òr cho cunnartach
     Ri duine tha fon ghrèin,
Ach chan eil feum no buinnig dhomh
     Bhith duilich às a dhèidh,
Ach dh'iarrainn ortsa buileachadh
     'S do chuid a chur gu feum –
Tha mis' an seo 's chan fheàrr mi
     Na *Taràra Boom de Aye*.

33. The Boys of Glendale

1. You young strapping stalwarts
growing up in Glendale,
those of you who're eager
to make a living from the sea,
listen to this song by
MacLeod who took that path,
and remember it always
if you sail out from the Clyde.

2. When you set out young and innocent
upon a sailing-ship,
everything will seem so peculiar
till you get to know the ropes;
often will people swear at you
and curse you all to Hell,
till you can climb into her masts
as lightly as the birds.

3. When you leave every landmark
to face the ocean wide,
the sun will beat down every day,
making you sweat and pant;
even when the heat has parched you,
as has often happened to me,
your water will be rationed,
your biscuits and your meat.

4. When a storm rises suddenly
and the ocean swells in glens,
the green waves will alarm you,
breaking round your back;
when you're sent up to the sailyards,
although you feel quite sick,
you will often find yourself saying,
'It would be good to be on land.'

5. Many a hardship will befall you
before you return from your trip:
bad food will take your strength from you
and the bloom from your cheeks;
you'll see people dying
shown no tenderness or care,
only chains put around their thighs
for their burial at sea.

6. When you reach the Indies
or China far away,
companions will take you ashore
who'll put ideas into your head;
wonders will entertain you
and what you see of dancing-halls,
and you're not a man till you get drunk
on whisky from the tap.

7. Isn't sailing a good livelihood
once you are in the pub,
every sort of drink being poured for you
until you are blind drunk;
as you spread about your shillings
with stupidity or pride,
oblivious to the hardship
you met with on your road.

8. I've been on stormy journeys
in every place below the clouds:
they didn't manage to drown me –
they found neither way nor means;
but if I had half as much tonight
as what I've spent on drink,
I could be at my leisure
in Pollosgan all my life.

9. And though drink is an enticement,
as we all know full well,
I wouldn't blame you for taking
a little of it at times;
if you avoid the women,
happiness will follow you,
for they're the author of every evil
that exists in the world.

10. With my gold I've been as profligate
as any man alive,
but there's no gain or advantage
in regretting that it's gone,
but I would ask you to benefit
and put your means to use,
for I'm sitting here no better
than Ta-ra-ra Boom-de-ay.

34.

MO MHÀTHAIR AN ÀIRNICREAP

http://www.bbc.co.uk/alba/oran/orain/mo_mhathair_an_Àirnicreap/

1. Ò, mo mhàthair an Àirnicreap,
     'S tràth chuir mi riut mo chùl,
 Chan urrainn gu bheil fàbhar
     An t-Slànaigheir a bhith a' cur leam;
 Tha mise 'n seo gu stàiteil
     An-dràsta 's mi fon an iùil
 Air long nan crann àrda,
     'S gun dàil oirre ach ruith gu lùth.

2. Ged tha mi 'n seo gu spòrsail
     Nam bhòsun os cionn a' chriùth',
 Thug an sealladh brònach
     Na deòir bhith ruith bhom shùil,
 'S mi 'g amharc tron phròsbaig
     Air mòintichean gleann mo rùin,
 Air an do thogadh òg mi,
     'S na h-òigearan tha 'n-diugh fon ùir.

3. Ò, 's cuimhneach leam, a Mhàiri Chaimbeul,
     'S bu chuimhneach leam thu bhith tàmh
Anns a' chnocan aoibhneach
     As t-samhradh a bhiodh fo bhlàth;
Tha thu na do nighinn spèiseil
     Os cionn na bheil anns an ait' –
'S e do theanga bhaindidh
     Nach cluinnt' a bhith cur air càch.

4. 'S gur mise bhiodh cho spòrsail
     Didòmhnaich a' dol don ghleann,
'S nighneagan an àite
     Air an rathad dol dhan taigh-sheinn,
'S iad air an còmhdach
     Mar fhaoileig air sruth nan tonn –
Is gruaidhean an aodainn
     Mar chaorann air bhàrr nam meang.

5. Ò, soraidh bhuam dhut, Anna Chaimbeul,
     'S tu dh'fhaighneachdainn an-diugh thar chàich;
Nuair a bhithinn tinn,
     'S e do bhrìodal a dhèanadh slàn;
'S nuair a bhios mi trom,
     Bidh mi cuimhneachadh ort a-ghnàth,
Is mi togail d' fhonn
     Le fonn anns a h-uile dàn.

6. Fhir a bhios a' feòrach
     No meòrach cò rinn an duan,
Innis gur e Leòdach
     A sheòl air a h-uile cuan,
'S a bhios aig an stiùir
     Nuair a dhùisgeas na tonnan uain' –
Nach sona dhutsa, Fhionnlaigh,
     Gun do dh'ionnsaich thu cur is buain.

34. My Mother in Àirnicreap

1. Oh, my mother in Àirnicreap,
early did I turn my back on you,
it can't be that the favour
of the Saviour extends to me;
I am standing here proudly
just now under course
on a ship of high mastheads
without hindrance and running free.

2. Though here I am contented,
as bosun in charge of the crew,
the sad sight set teardrops
running from my eyes,
as I looked through the telescope
at the hills of the glen I love,
where I spent my childhood
with young ones today in the grave.

3. Oh, I remember you, Mary Campbell,
I remember when you lived
on the cheerful little hillock
that was flower-filled in summer;
you are the most respected
among the girls in the place –
with your modest conversation
in which criticism was not heard.

4. I used to be so happy
going on Sundays to the glen,
with the young girls of the district
setting off for church,
dressed up like seagulls
floating on the waves –
with the cheeks of their faces
like berries on the topmost branch.

5. Oh, farewell to you, Anna Campbell –
it's you I'd ask for first today;
when I was ill, it was your attentions
that would make me well again;
and when I am downhearted
I always think of you,
as I sing your praises
to music in every song.

6. O man who asks or wonders
who it was who made the song,
tell it was MacLeod
who has sailed every sea,
and who stands at the helm
when the green waves arise –
you are fortunate, Finlay,
that you learned to sow and reap.

35.

'S TRUAGH NACH MISE BHA THALL AN CAILEABOST

AIR FONN 'Ò nach àghmhor' see
http://www.tobarandualchais.co.uk/fullrecord/94168/1
(Collection – School of Scottish Studies)

1. 'S truagh nach mise bha thall an Caileabost
   Far a bheil na caileagan a' tarraing mhòna,
Far a bheil an nighneag a leòn mo chridhe-sa,
   'S ma their mi 'n fhìrinn, 's i Mòr NicLeòid i.

2. Nach lìonmhor balach tha nochd aig baile
   'S a tha ga gharadh ri teine mòna,
'S gur beag tha dh'fhios aca liuthad allaban
   A tha aig a' mharaich' 's e tarraing ròpan.

3. Saoil sibh fhèin nach e cùis-uabhais
   'N Atlantic uaine a bhith ga seòladh,
Cruinn gan rùsgadh le mòran giùlain
   'S i togail cùrsa air Ceap an Dòchais?

4. 'S nuair thig an geamhradh 's an reothadh teann oirnn,
   'S a bhios na beanntannan air an còmhdach,
Bidh mise 'n uair sin air taobh an fhuaraidh,
   Le crithean fuachd a' cur suas nan seòl oirr'.

5. Ochòin, a chiall, 's gur mi tha cianail,
   Oir 's teth a' ghrian far nach fhaic mi Mòrag,
'S nuair thig am fuachd oirnn cha seas sinn cruadal,
   'S na cnàmhan cruaidh on dh'fhalbh an fheòil dhiubh.

35. A Pity I Wasn't Over in Colbost

1. A pity I wasn't over in Colbost
where the girls are taking home the peats,
where the maid is who wounded my heart,
and, if I tell the truth, she is Mòr MacLeod.

2. There is many a lad tonight at home
warming himself beside a peat-fire,
with no idea of the amount of effort
it takes a sailor to haul on ropes.

3. Don't you think it's a terrifying matter
to be sailing the green Atlantic Ocean,
masts being stripped by much straining,
as she heads for the Cape of Good Hope?

4. And when winter comes and the frost strikes us,
and the mountains are covered [with snow],
I'll be standing on the windward side then,
trembling with cold as I hoist the sails.

5. Alas and alack, it is I who am wretched
for the sun is hot where I can't see Mòrag,
and when the cold comes we can't stand the hardship,
with our bones grown stiff since the flesh has left them.

36.

ANNA NICLEÒID

1. Soraidh uam le beannachd
   Gu Anna NicLeòid,
   Maighdeann a' chuim fhallain,
   'S gach fear oirre an tòir.
   Ged a bhiodh i falamh,
   Gun fhearann 's gun stòr,
   B' fheàrr leam agam fhìn i
   Na deich mìl' a dh'òr.

2. Air tilleadh dhomh dom dhùthaich
   Le crùsair an rìgh,
   Thadhail sinn san Dùnan
   Tha air chùl nan glinn:
   Baile beag an t-sùgraidh,
   'S e thog sunnd mo chridh',
   Far an robh mo luaidh-sa
   A' cuallach a' chruidh-laoigh.

3. Nuair a ràinig sinn tìr
   Am measg na muinntir chòir,
Thug iad dhuinn gun phàigheadh
   Bainne blàth ri òl;
B' aoigheil coibhneil càirdeil
   Pàrantan 's clann òg,
Labhairt rinn an Gàidhlig
   Eilean àrd a' Cheò.

4. Air tadhal dhomh sa bhùthaidh
   A bha dlùth don tràigh,
Bheachdaich mi don mhaighdinn
   A bha innt' a' tàmh:
Air do bheusan bainndidh
   Chuirinn fonn air dàn;
'S ged bu mhis' am prionnsa,
   Cha diùltainn do làmh.

5. 'S maiseach i na snuadh,
   Tha bòidhchead cho làn gaoil:
Mala chaol gun ghruaim –
   B' e m' uaill a bhith ri taobh;
Fo dubh-fhalt nan dualan,
   Gruaidhean mar an caor,
Sùilean mar an àirneag
   Ann an gàrradh chraobh.

6. Fhir a thèid dhan Dùnan
   Le cùrsa ri do bheò,
Tadhail anns a' bhùthaidh –
   Chì thu a cliù 's a dòigh.
Aithrisidh do bheul dhaibh
   Ma tha breug no sgleò
Anns na chual' an sluagh
   Bhon duan aig Iain MacLeòid.

36. Anna MacLeod

1. Greetings from me with a blessing
to Anna MacLeod,
maiden of the healthy body
with every man in pursuit.
Even had she not a penny,
no possessions or land,
I would sooner have her
than ten thousand coins of gold.

2. When I returned to my country
on the cruiser of the king,
we called in at Dunan
that lies behind the glens:
the village of merry-making
was what raised my heart's cheer,
where my own darling
was tending the cows.

3. When we came to land
among those generous folk,
they gave us without payment
warm milk to drink;
hospitable, kind and friendly,
both parents and children,
speaking to us in the Gaelic
of the lofty Isle of Mist.

4. When I visited the cottage
that was close to the shore,
my attention was caught by
the maiden who dwelt there:
about your womanly virtues
I could compose a poem;
and even were I the prince,
I would not refuse your hand.

5. She is lovely in her looks,
her beauty so full of warmth:
slender brows without a frown –
I'd be proud to be at her side.
Under her black hair in ringlets,
like the rowan her cheeks,
her eyes are like the sloe berry
in a garden of trees.

6. O man who goes to Dunan
in the course of your life,
call in on the cottage –
you'll see her character and ways.
Your lips can tell them
if there's any lie or deceit
in what the people have heard
from the song of Iain MacLeod.

37.

Ò ANNA, NA BI BRÒNACH

1. Ò, Anna, na bi brònach,
Mo ghòraiche thèid crìoch oirr',
Ged a tha mi 'g òl
O chionn còrr is deich bliadhna;
Ged a ghabhainn stòp
Am measg òigearan fialaidh,
Bheir mi fhathast lòn
Thar nan cròic-thonnan liatha.

Bidh fonn oirre daonnan,
'S bidh aoibh oirnn an-còmhnaidh;
'S e dh'fhàg m' inntinn aotrom
A bhith coimhead d' aodainn bhòidhich;
Ged 's a thug mi gaol dhut
Le aotromas na h-òige,
'S mura deàn mi d' fhaotainn,
Chan fhada, ghaoil, bhios beò mi.

2. 'S cha bhi gainne lòin oirnn
'S gu leòr air an tràigh dheth,
Duileasg air a' Chròcan
Is na dh'fhòghnas de bhàirnich;
Cuiridh tus' a' chòisir
Air dòigh dhomh gu m' àilgheis
Le glainneachan dhen fhìon
Aig Catrìona san Fhàsach.

3. Nuair a thig an samhradh
Gu Galltachd chan fhalbh mi,
Fuirichidh mi teann ort
Toirt srann air a' Mhormhair;
Crùbagan Geò Ghamhna,
Deagh annlann a' Chorachain,
Is bidh sinn cho saidhbhir
Ri oighre Bhràghaid Alba.

4. 'S cha ghabh mi crodh no caoraich:
Bidh saothair nan uallach;
Cha ghabh mi fearann àiteach:
Tha tàir' ann ga ruamhar;
Thus' an oir an dinneir
A' cìreadh do chuailein,
Is mise ga do shlìobadh
'S a' sìor dhèanamh dhuan dhut.

37. O Anna, Don't Be Troubled

1. O Anna, don't be troubled,
an end will come to my folly,
though I have been drinking
for ten years and over;
though I'd take a jar
with big-hearted youngsters,
I'll still bring home food
over the grey foaming breakers.

She is always merry
and we're always cheerful;
what made me light-hearted
was seeing your lovely face;
though I fell in love with you
with the giddiness of youth,
if I can't win you,
I won't be long alive.

2. We won't be short of foodstuffs –
on the shore there is plenty,
dulse on the Cròcan
and plenty of limpets;
you'll arrange the feast
just to my liking
with glasses of the wine
that Catrìona makes in Fasach.

3. When the summer comes
I won't go to the Lowlands,
but I'll stay near you
making a stab at the Mormhair;
crabs from the Geo of Heifers,
good food of Corachan,
and we'll be as wealthy
as the heir of Breadalbane.

4. And I won't take sheep or cattle:
they need too much attention;
I won't take ploughland:
turning it is tedious;
you preparing dinner,
combing out your ringlets,
with me caressing you,
forever making you ditties.

38.

AOIR DHÒMHNAILL GHRANNDA

http://www.tobarandualchais.co.uk/fullrecord/6003/1
(Collection – School of Scottish Studies)

1. Nuair bha Dòmhnall ga phianadh
    A' cumail dìon air a chàl
A bha na shealladh cho fiachmhor
    'S a bha 'm fìon-lios aig Nàbot,
'S on a bha an iodhlann cho ìosal
    Leis na chrìon dhen a' ghàrradh,
Gun tug na caoraich dhem miann a's
    Na chuireadh crìoch gun chus dàil air.

2. Ach rinn Dòmhnall suas inntinn
    A dhol air oidhche le làmhaidh
Thoirt à craobh Chille Chòmhghain
    Na chuireadh còmhla 's gach beàrna.
Gheàrr e nuas i na h-òrdan
    Gu robh gu leòr aige 'n gàdaig,
'S e dèanamh earbsa le dòchas
    Nach cluinneadh eòlaich an àit' e.

3. Chaidh e chadal 's e brùite
   Le bhith giùlan an eallaich,
'S thàinig faileas dha ionnsaigh
   A sheas gu dlùth aig a leabaidh;
'S nuair a chunnaic e 'n dealbh
   A rinn deàlradh na shealladh,
Dh'fhàg a fhradharc 's a lùths e
   Le brùchdadh an fhallais.

Thuirt an Spiorad:

4. Na gabh sgeun ro m' ìomhaigh, a dhuine,
   Ged a ghluais thu le mulad à glòir mi;
Ma ràinig mi d' fhàrdaich air thuras,
   Chan ann le fàilte no furan gad fheòrach.
Thug do làmhadh san oidhche tuireadh
   Do na naoimh a bha toilichte còmh' rium
Nuair a gheàrr thu brat-sgàile na reilig,
   Bhon a mhùchadh ort solas an eòlais.

5. 'S mise spiorad Dil mac Rìgh Lochlainn,
   Chaidh air tùs ann an cnoc Chille Chòmhghain,
A' toirt fianais gu fìor air an olc,
   Air a' ghnìomh rinn thu nochd le do mheòirean.
Bha mo shùil ort 's tu bùrach nan corp
   Bha nan sìneadh nan tost fo na bòrdan,
Ged a thàrr thu tighinn sàbhailt' air ais
   Leis an ùir aig mo cheap air do bhrògan.

6. Ciod e, a rùpail, an rùn a bh' air d' aire
   Nuair a spùill thu na camain fod spògan,
An tom-ungaidh a bhrùchd às an talamh
   Bho ùghdar na cathrach le òrdugh?
Craobh-chuimhne nam banntrach 's nan leanabh,
   Bha h-àilleachd a' sgaradh am bròin diubh,
A dh'fhàs a chum bàis do ar cumha,
   Mar an luibhe bha subhach le Iònah.

7. Nach b' e 'n Nàmhaid a spàrr thu le ghathan,
   A mheàirle gun choimeas, gun deòin-bhàidh?
A bheil nàire no sgàth ort no athadh,
   No 'n dàna leat cadal nad ònar?
Nuair thig boillsgeadh le soills' air a' mhadainn,
   Bidh muinntir Ghleann Dail gu ro bhrònach,
A' caoidh mun a' chraoibh a bha cho maiseach
   Fo bhlàth ann an cladh Chille Chòmhghain.

Fhreagair Dòmhnall:

8. A Phrionnsa bha cliùiteach an gaisge
   Mun do sgùradh am peacadh 's an fheòil dhìot,
'S beag bha dùil a'm gur tu dhèanadh m' fhaicinn
   'S an ùine bhon phaisgeadh fon fhòd thu:
Mas diù leat, gabh cùram dhem fhacail –
   Tha mo lùths le bhith faisg ort air fhògradh,
'S thug d' ìomhaigh air beulaibh mo leapa
   'S do dhàn mu mo chionta mo dheò uam.

9. Bha thus', a Rìgh, làn saidhbhreis is beairteis,
   Neo-fhiosrach air bochdainn mo sheòrsa:
Bha mo chàl a bha àlainn ri fhaicinn
   Aig caoraich nam bailtean ga shròiceadh.
Ar leam gum bu mhòr rinn mi pheacadh
   Gan ruagadh air ais leis an dòrnaig,
'S gan sgiùrsadh dem ghrunnd ris a' ghealaich:
   Bha daorsa do m' anam nam chòmhradh.

10. Ach ma dh'fhàgas tu, Phrionnsa, mo shealladh,
    'S gun tàrr mi gu madainn mo bheò uat,
Bheir mise dhut m' fhacal 's mo ghealladh
    Nach glac thusa sa reilig nas mò mi;
Ged a dh'itheadh na caoraich an iodhlann,
    Cha bhi do gheugan mu mullach ga còmhdach,
'S gu 'n tèid mise don chill air na lunnan
    Cha tèid mi ann tuilleadh le ròpa.

11. Thuirt an Samhla 's e tionndadh on leabaidh,
   Nuair a chuala e an aidmheil cho neònach:
'Gheibh thu geugan gu d' fheum ann a Hamara,
   'S bheir Teàrlach an geamair dhut òrdugh,
Ach ma bheir thu mi rithist gu do leabaidh
   Cha tèid mi air m' ais gun thu còmh' rium;'
'S sheòl an sgàile tron fhàrlas mar fhaileas,
   'S thuirt e, 'Oidhche mhath leat, a Dhòmhnaill.'

'Mar sin leat,' arsa Dòmhnall, ''s na tig air chabhaig.'

38. The Satire of Donald Grant

1. When Donald was tormented
trying to protect his kailyard,
that in his view was as valuable
as the vineyard of Naboth,
and as the enclosure was so low
with the wall so depleted,
the sheep had taken enough of it
as to have just about ruined it.

2. But Donald made up his mind
to go at night with a hand-axe,
to take from the tree of Kilchoan
what would block up each gap.
He cut it down in pieces
till he had enough in a halter,
and he trusted that hopefully
the local sages wouldn't hear of it.

3. He fell asleep exhausted
after carrying the burden,
and a spirit came towards him
and stood close by his bedside;
and when he saw the spectre
that shone out in his vision,
his sight and strength left him
and the sweat poured off him.

And the spirit said:

4. Man, don't take fright at my appearance,
though you've sadly removed me from glory;
if I've come to your dwelling on a visit,
it isn't to ask for you with cheer and a greeting.
Your axe in the night brought sorrow
to the saints who with me were blissful
when you chopped the shady cover of the graveyard,
since wisdom's light in you was snuffed out.

5. I am the spirit of Tiel, son of the King of Norway,
who was the first to be buried in the hill of Kilchoan,
giving true testament of the evil
of the act you committed tonight with your fingers.
I watched you disturbing the dead
as they lay at rest below boards,
though you managed to get back safe
with the earth of my sod on your shoes.

6. Rogue, what did you think you were doing
when you stole those sticks in your clutches,
an anointed bush that burst forth from the ground
by order of the enthroned Creator?
Memorial tree of widows and children,
whose beauty drew their sorrow from them,
that grew for death and for mourning us,
like the plant that cheered Jonah.

7. Wasn't it Satan who incited you with his arrows
to thieving without comparison or compassion?
Do you feel shame or fear or hesitation,
or you are brave enough to sleep alone?
When daylight breaks in the morning,
the people of Glendale will be lamenting,
weeping for the tree that was so lovely
that bloomed in the Kilchoan graveyard.

And Donald said:

8. O Prince who was renowned for valour
before sin and flesh were scoured from you,
little did I expect it'd be you who would see me,
so long you've been shrouded below the sod.
If you care to, give my words your attention:
being near you has banished my vigour,
and your poem on my guilt and your spectre
by my bed have taken my breath from me.

9. O King who had riches in plenty,
you are ignorant of the poverty of my station;
my kail that was lovely to look at
being ripped up by the sheep of the townships!
I accept I have sinned greatly
driving them back with the boxing,
scourging them from my land in the moonlight:
my conversation put my soul in bondage.

10. But Prince, if you depart my vision,
and I survive seeing you till morning,
I give you my solemn word and promise
you won't catch me again in the graveyard.
Even if the sheep eat the garden,
your branches won't be its top cover,
and until I go on a bier to the churchyard,
I'll go no more with a rope there.

11. And the spirit said turning from the bedside,
when he heard so strange a confession,
'You'll get sticks for your purpose in Hamara
and Charles the keeper can direct you,
but if you bring me again to your bedside,
I won't leave without taking you with me.'
And the spectre sailed through the smoke-hole like a shadow,
saying, 'Goodnight to you, Donald.'

'Farewell', said Donald, 'and don't come back in a hurry.'

39.

ÒRAN CATRÌONA GHRANNDA

http://www.tobarandualchais.co.uk/fullrecord/1707/1
(Collection – School of Scottish Studies)

1. Air latha dhomh 's mi 'n coinneamh Bhìobaill,
    'S mo bhean fhìn rim ghualainn ann,
Am measg nan òighean sgiamhaich ghnùis
    Gu robh mo shùil glè luaineach ann;
Nuair bheachdaich mi air aon tè àlainn
    Is thug a h-àilleachd buaidh orm,
'S leis mar lot i mi sam àm,
    Mo chridhe 's gann gum buaileadh e.

2. Nuair a thèid thu 'n d' èideadh rìomhach
   Dol a sheinn Didòmhnaich leinn,
'S an àm na sailm an cur air fuinn,
   Tha guth do chinn mar òrgan ann;
An guth tha 'n com Catrìona dhonn
   Cho binn ri fonn nan àrd-thonnan,
Do chaomh gu binn os cionn gach cinn
   A' dùsgadh gaol nan òigearan.

3. Gur lìonmhor fear a tha sa ghleann
   A thug thu saighdean cràidhte dha,
A dh'fhàgadh am mnathan 's an clann
   Is a shiùbhladh tuinn nam bàrr leat;
Is air a h-aon dhiubh tha mi fhìn
   Ga innse gu bheil nàir' orm,
Gu falbhainn leat am fuachd a' gheamhraidh
   Feadh nan gleann 's nan àrd-bheannan.

39. A Song for Catriona Grant

1. One day at the Bible meeting
with my own wife at my shoulder,
over the maidens of loveliest countenance
my eye was roaming restlessly;
when I marked one particular beauty,
her loveliness had an effect on me
and wounded me at once
so my heart nearly stopped beating.

2. When you put on your lovely apparel
going to sing with us on Sundays,
when the psalms are being presented,
your voice sounds like an organ there;
the voice that is in brown Catriona's breast
is sweet as the sound of rolling breakers,
your gentleness sweet over every head
wakening the love of the young men.

3. There are many men in the glen
you have pierced with sore arrows,
who would leave their children and their wives
and would sail the crested waves with you;
one of those I am myself,
admitting that it is shameful
that I'd leave with you in the cold of winter
over the valleys and lofty mountains.

40.

NUAIR RINN MI DO PHÒSADH

1. Nuair rinn mi do phòsadh
le gòraiche 's faoineas,
'son gu robh thu bòidheach
is gu leòr dheth ga shaoilsinn,
chaidh Iain chun an t-seòlaidh
is chaidh Mòr chon na daoraich,
chaidh an taigh mu sgaoil
chaidh d' aodach a-bhàn.

2. Is nuair thug iad dhachaigh thu,
bha dùil agam gun d' dh'eug thu,
bha an sgàthan againne
ga chur eadar do dhà dheudan;
is thug sinn dhut a' champhar(?)
is ghabh thu i air èiginn,
is chunna sinn gu lèir thu
ag èirigh bhon bhàs.

40. When I Married You

1. When I made to wed you
with stupidity and nonsense,
because you were pretty
and plenty people thought it,
Iain went off sailing
and Mor took to drinking,
and the house became a tip,
and your clothes went downhill.

2. And when they brought you home
I thought you had died,
our mirror was positioned
between your two jaws;
and we gave you the camphor(?)
which you struggled to take,
and then we all saw you
rising from the dead.

41.

A' BHEAN AGAM FHÌN

AIR FONN 'Cogadh no Sìth'
http://www.tobarandualchais.co.uk/fullrecord/96836/1
(Collection – School of Scottish Studies)

IAIN DUBH

1. A fhleasgaich tha tathaich
   Air srathan is glinn,
A' mealladh nan caileag
   'S a' farraid am prìs,
Ma dh'fhanas tu tamall,
   Ged tha mi car sgìth,
Gun toir mi dhuit ealain
   Mun bhean agam fhìn.

2. An oidhche bha bhanais
   An taigh Choinnich Dhuinn
A chunnaic mi chaileag
   Bha ceanalta grinn,
A dhannsadh cho loinneil
   'S a sheinneadh cho binn,
'S bha mise mu coinneamh,
   A' togail an fhuinn.

3. Bha gruaidh mar na ròsan
   Cho bòidheach 's cho mìn,
'S a cuailean cho clannach
   Na charan mun chìr ;
'S bha mise fo m' anail
   A' cantainn rium fhìn,
''S e aingeal air thalamh
   Tha 'n Anna NicCuinn.'

4. Nuair fhuair mi a-mach i
   Ri fasgadh an tuim,
Bha solas na gealaich
   Cho glan os ar cinn –
Gun tug mi dhi gealladh,
   Mur rachainn don chill,
Gum biodh i ro Challainn
   Na bean agam fhìn.

5. Is chùm mi mo ghealladh
   Ri Anna NicCuinn:
Mun tàinig a' Challainn
   Bha ise na mnaoi –
'S chan eil i cho maiseach,
   No idir cho binn,
'S a bha i mum choinneamh
   An taigh Choinnich Dhuinn!

6. 'N àm èirigh sa mhadainn
   Tha Anna cho tinn,
Cha ghluais i à leabaidh
   Gu 'm faigh i cuid tì;
'N sin suidhidh i tacan
   A' tachas a cinn,
'S ma chanas mi facal
   Tha 'm bat' air mo dhruim.

7. Bho mhadainn gu feasgar
   Cha deasaich i nì,
Bho dhoras gu doras
   Ri conas is strì;
Ma tha i na h-aingeal,
   'S ann air an taobh chlì,
'S tha fios aig a' bhaile
   Nach math leatha sìth.

8. Ma labhras mi duineil
   Ga cumail fo chìs,
Chan eil annam ach 'burraidh'
   Is 'duine gun bhrìgh';
Mu choinneamh gach facail
   Tha aicese trì
Chan eil fàilinn san teangaidh
   Aig a' bhean agam fhìn.

9. An-dè bha i carraid
   Ri bean Iain 'icAoidh,
'S thug Anna dhe mullach
   An currac le sgrìob;
Tha plàigh na mo thalla –
   Ach chan abair mi bìd,
'S cha chòir dhomh bhith gearan
   Mun bhean agam fhìn.

10. Ach bheirinn mar earail
    Air balaich na tìr,
Ma bhios iad aig banais
    Is drama nan cinn,
Na tugadh iad gealladh
    Do chaileig a-chaoidh
Gun fhios no gun aithne
    Cò as, no cò i.

41. My Own Wife

1. Young men who visit
the valleys and glens,
enjoying the maidens
and asking their price,
if you wait for a moment,
though I am tired,
I'll give you a poem
about the wife I have wed.

2. It was the night of a wedding
in Kenny Donn's house
that I saw a maiden
who was charming and neat,
who danced so brightly
and sang so sweet,
as I stood before her
joining in the song.

3. Her cheeks were like the roses,
so lovely and soft,
her ringlets so curly
twisting round the comb;
and I was saying
under my breath,
'Anna MacQueen is an angel
walking on earth.'

4. When I got her outside
in the shelter of the knoll,
the light of the moon
was so bright up above,
and I gave her a promise
that, unless I should die,
before Hogmanay
she'd be my own wife.

5. And I kept my promise
to Anna MacQueen:
before Hogmanay
she was indeed a wife –
and she's not as lovely,
or at all so sweet
as she was before me
in Kenny Donn's house.

6. When it's time to rise in the morning,
Anna is so ill
that till she gets her cuppa
she won't get out of bed;
then she sits for a while
scratching her head,
and if I say a word
the stick is on my back.

IAIN DUBH

7. From morning till nightfall
she won't make a thing,
but causes contention
going from door to door;
if she's an angel,
it's on the other side,
it's the knowledge of the township
she doesn't like peace.

8. If I speak like a man
keeping her in control,
I'm only 'a bully'
and 'a man without sense';
for my every word
she comes out with three –
there's not the slightest failing
in the tongue of my wife.

9. Yesterday she was scrapping
with the wife of John Mackay,
and Anna tore
the cap off her head;
there's a plague in my house –
but I won't say a word,
I oughtn't to complain
about my own wife.

10. But I'd give a warning
to the lads of the place,
if they go to a wedding
and have a drink in their heads:
let them not give a promise
to a girl at any time
without finding our first
where she's from, and who she is.

42.

ÒRAN AN ÀIGICH

1. Ò, fàilte dhut, Àigich,
A bha riamh mar a tha thu,
Le ìomhaigh na slàinte
    Cho làn air do chom;
Gun chrìonadh air d' àirde,
Gun sgìths air do shàilean
Le suathadh nam bàrcan
    Air tràigh Bhatarsteinn.

2. Cha leig na siantan am-feasta
No nuallach na h-Eiste
Do shròn a tha seasmhach
    Gun gheilt ris a' ghaoith;
Nuair tha ghrian ort san fheasgar,
Tha 'n fhaoileag gu seasgair
'S tha h-àl air do pheirceall
    Gun easbhaidh gun dìth.

3. Ged is gruamach do leacan
'S do ghruaidh nach eil meata,
Fo lòineag an t-sneachda
    Bhios pailt mu do cheann,
Air d' aois cha tig lapadh,
Nad ghnùis chan eil airceas,
'S d' aodann gun ghealtachd
    Ri failceadh nan tonn.

4. Tha m' inntinn le aiteas
A' gluasad ri d' fhaicinn;
Mo bhàidh dha do sgeilpean
    Gus am paisgear mi fuar;
Bu tric bha mi casruisgt'
Gu h-àrd ga do mharcachd,
Ag iasgach nad fhasgadh
    Gun fhaire 's gun ghruaim.

5. B' fheàrr leam na òrdan
Air saidhbhreas na h-Eòrpa
Gu faodainn bhith òg
    Na do chòir mar a bha,
Le companaich m' eòlais
A' ruagail mud cheòsan,
'S an dealt mar an t-òr
    A' cur cròic air a' bhlàr.

6. Le cèitein an t-samhraidh
No gèileachan geamhraidh
Cha ghluaisear do chom
    Gu 'n tig ceann air gach linn;
Cha shleamhnaich do cheum
Gus an dùisg Mac na Mèith
Tha sinte leis fhèin ort,
    Ma dh'èireas e chaoidh.

42. The Song of the Àigeach

1. Oh, hail to you, Stallion,
you are as you were always,
the picture of healthiness
    so abundant in your form;
with no shrinking to your stature
or weariness in your footfall
from the waves pounding
    on the shore at Waterstein.

2. Never will the storms or
the bellow of the Gelding
topple your firm muzzle
    that does not flinch before the wind;
when the sun lies on you at evening
the seagull is protected,
and her brood on your jawbone
    is without defect or want.

3. Though your ledges are gloomy
and your cheek is not gentle,
under the snowy cover,
    plentiful round your head,
your age will bring no weakness
your expression shows no hardship,
your countenance without timidity
    facing the flooding waves.

4. My mind becomes excited,
as I come closer to seeing you;
I'll love your cliff ledges
    till I'm shrouded in the grave;
often, bare-footed,
was I atop you, riding,
or fishing in your shelter
    without guard or gloom.

5. Better than the rights to
the riches of Europe
if I could be young
    by your side as I was,
with the friends I knew then
running round your buttocks,
and the dew like gold
    putting a sheen on the field.

6. By the heat of summer
or the gales of winter
your breast won't be budged
     till the end of days;
your step will not falter
till the son of Mèith wakens
who lies alone on your summit,
     if he rises at all.

43.

ÒRAN A' CHEANNAICHE

http://www.tobarandualchais.co.uk/fullrecord/6005/1
(Collection – School of Scottish Studies)

Am Bàrd:

1. Ged chuir mi 'n-uiridh fàilt' air
     An Àigeach, cha d' aithnich e mi,
Nì mi suas an dàn seo
     Le bàidh dhuts', a Cheannaiche.
B' òg a bha mi làmh riut
     Mun d' fhàg mi am fearann seo –
Bu tric bha mi nad fhianais,
     Ag iasgach nan smalagan.

2. On d' fhàg mi thusa, chan eil rubha
    Tha air a' mhuir nach aithnich mi,
Dh'fhalbh mo chruth, mo neart 's mo ghuth,
    Ma tha thu 'n-diugh gam aithneachadh.
Nach e thu fhèin tha seasmhach treun –
    Ri gaoth nan speur cha charaich thu,
Cha chrithear far do bhuinn thu
    Leis na tuinn tha stealladh ort.

A' Chreag:

3. An saoil an tu MacLeòid
    A chaidh òg ann ad mharaiche?
Chaidh innseadh dhomh gun d' chaill iad thu
    Thall an Astrailia.
Tha mise mar a bha mi –
    Cha chnàmh a' chlach-mheallain mi;
Gus an teich an Rubha Bàn
    Às mo nàbachd, cha charaich mi.

4. Ged tha mi làidir mòr,
    Bheir fear no dhà mo char asam,
Ach is e mo bhàrr tha toirt fàs
    Air a' bhuntàta san earrach dhaibh.
Cha tig na mèairlich gu mo phàigheadh
    Ged nach fhàg iad stamh agam;
'S nam faighinn cothrom falbh,
    Bhiodh crith-thalmhainn mun dealaichinn.

5. Bhithinn-sa glè stàtail
    Nam fàgte mo chuid agam;
Chan eil iasg a tha air sàl
    Nach eil pàirt a' tigh'nn thugamsa.
Gach langa thig air snàmh
    Gu mo thràigh tro na cuinneagan,
Thig Ruairidh Chaluim Bhàin
    Agus tàrraidh e uile iad.

6. Aig àm nam fras, aig bonn mo chas,
   Bheir Calum Ros mo ghiomaich leis –
Chan fhàg iad crùbag air mo chùlaibh
   Nach do spùill iad uile iad.
Tha nis mo bhùth ac' air a spùinneadh –
   B' fheàrr dhomh dùinte buileach i;
Gu ruig is fiù na bàirnich
   Cha d' fhàg iad gun chruinneachadh.

7. Nuair thig an samhradh blàth,
   Fàgaidh am mulad mi,
Cha bhi mi mar tha càch:
   Bidh mi làn dhen a h-uile rud.
Na h-eòin bhitheas aig mo shàil
   Gan sàsachadh uile orm –
Ged bhiodh iad ann am fiachan,
   Chan iarr mi dhaibh sumanadh.

8. Nuair thig an ròn gu bonn mo bhròig,
   Gheibh mi a chòmhradh furanach;
An fhaoileag bhàn 's tric rium seanchas,
   Ged tha an sgarbh na bhumalair;
'S a' chorra-ghritheach, gun tig i fhèin
   'S tha cliù 's a beusan urramach –
Bu tric bha mi ga còmhnadh
   O spògan na h-iolaire.

43. The Song of the 'Merchant'

The Poet:

1. Though last year I greeted
the Stallion, it didn't know me,
so I'll make up this song
with affection for you, you 'Merchant'.
I grew up beside you
before I left this country –
often was I in view of you,
fishing for cuddies.

2. Since I left you, there's not a point at sea
I've not learnt to recognise.
My form, my strength and my voice have gone,
if today you even know me.
But aren't you steadfast, firm,
unmoved by the wind of the firmament!
You won't be shaken from your foundations
by the waves that are breaking over you.

The Rock:

3. I wonder if you're the MacLeod
who set out young as a sailor?
I was told they lost sight of you
over in Australia.
I am just as I was –
hailstones won't weather me;
I won't shift
till Rubha Bàn leaves my neighbourhood.

4. Though I am big and strong,
there are one or two who cheat me,
though my seaweed gives growth
to their potatoes in the springtime.
The thieves don't come to pay me
though they strip me of my tangle;
and if I got the chance to stir,
there'd be an earthquake at my departure.

5. I would be quite well off
if what is mine were left to me;
there's not a fish in the sea
that a part doesn't come to me.
For every ling that swims
to my shore in bucket-loads,
Ruairidh Chaluim Bhàin appears
and takes away the lot of them.

6. At times of showers, right at my feet,
Calum Ross takes my lobsters off;
they won't leave even a crab to my rear –
haven't they robbed the lot of them?
Now that they've plundered my shop,
I'd prefer it closed completely;
even the limpets – not even they
have they left ungathered.

7. When balmy summer comes,
my melancholy leaves me;
I won't be like the rest:
I have plenty of everything.
The birds that are at my heel
I can fully satisfy –
even though they're in my debt,
I expect of them no reckoning.

8. When the seal comes to the sole of my shoe,
I listen to his joyful chattering;
the white seagull often speaks to me,
though the cormorant is a blunderer;
the very heron herself comes
whose character and ways are reverent –
often have I saved her
from the talons of the eagle.

44.

ÒRAN DO DH'FHEAR HÙSABOST

1. Chan eil mo chainnt ach gann leam
   Gus mo rann a chur an ceòl
Don phrionns' a th' air na h-uachdarain
   Tha 'n Eilean uain' a' Cheò;
Tha m' inntinn leis na chuala mi
   Toirt gluasad do mo mheòir
Mun òganach tha 'n Hùsabost
   S a chliù air feadh gach mòid.

2. Cha tomhais bàrdachd d' uabhar,
   Ged is suairc thu na do dhòigh:
Bha còir agad le dhualchas
   Air do bhuadhan a bhith mòr;
'S àrd a' chraobh on bhuaineadh tu,
   Bu luachmhor a h-uile pòr,
Bho shinnsireachd tha uaisl' annad
   Nach fuadaichear às d' fheòil.

3. Mar tha gach buaidh a' dòrtadh ort,
    Bha còir agad bhith treun,
'S deas do phearsa mhòralach,
    Gun fhòtas fon a' ghrèin;
'S maiseach thu ri sealltainn ort
    Air cabhsair no air fèill,
Nuair a bhios na h-uaislean a' campachadh,
    'S tu 'n ceannard am measg cheud.

4. Chan eil uachdaran an stàit
    O Loch a' Bhàigh gu Rubha Shlèit'
Cho gibhteil riut an tàlantan,
    'S do chliù cho àrd da rèir;
Is iomadh maighdeann airgeadach
    Tha 'n Alba, glan na beus,
Dom biodh an saoghal sòlasach
    Le pòsadh riut le clèir.

5. Ged is fìor dhuin'-uasal thu
    Le dualchas agus còir,
'S tu caraid nan truaghanan –
    Cha dèan thu uaill à pròis;
Tha d' ionnsachadh 's do ghluasad
    Air an tuath no 'm baile mòr
Nas àirde na na h-iarlachan
    Nach iarr ach cluich is ceòl.

6. Nuair a thèid thu mach a shealgaireachd
    Do gharbhlach nam beann àrd
Cò tha 'n-diugh cho dearbhte riut
    Gu earb a chur gu bàs?
Bidh do mhial-choin ionnsaichte
    A' liùgadh ri do shàil,
Gus an leig do ghunna dùbailt'
    Às am fùdar nach dèan dàil.

7. Ged a tha do ghaisge anamhuineach
   Nan lasadh d' fhearg le càs,
Tha aoibh is ciùin' a' Chrìosdaidh ort
   Ri d' ìochdaran a-ghnàth;
Tha ùrnaigh bhochdan lìonmhor dhut
   Nuair a thig crìoch do là
Gun toir rìgh na diadhaidheachd
   Airson gnìomh dhut cathair àrd.

8. Nam faighinn-sa dhut m' iarrtas,
   Cha bhiodh na dh'iarrainn gann:
Dhèanainn diùc no morair dhìot
   Cho ainmeil 's a bhiodh ann;
Bhiodh gearastan le arm agad,
   Gun cuirt' an ainm don Fhraing
Le do ghillean a tha calma,
   'S cuip na h-Alb' aig do chomannd.

9. Chan iongnadh ged a dh'èirich leat
   Gach èifeachd agus buaidh,
'S i athchuinge nan daoine dhut
   Gum bi do shaoghal buan.
Fhir a thèid gum dhùthaich,
   Thoir mo dhùrachd thar a' chuain
Gu Maighstir Neacal Hùsabost
   A thoilleas cliù mo dhuain.

44. A Song to the Laird of Husabost

1. My language does not allow me
to set my verse to a tune
to the prince of all the landlords
in the green Isle of Mist;
my mind, with what I've heard,
is making my fingers move
concerning the young man in Husabost
and his renown in every group.

2. Poetry cannot do justice to your dignity,
though you are modest in your way:
with your breeding it was natural
that your virtues would be great;
high is the tree you were plucked from,
precious its every crop,
you have nobility from your ancestry
that cannot be banished from your flesh.

3. As every virtue pours on you,
it was right that you'd be brave;
your majestic figure is shapely,
without the slightest flaw;
you are handsome to look at
on pavement or at fair,
you are the leader of hundreds
when the nobles are encamped.

4. There's no landlord in an estate
from Loch Bay to the Point of Sleat
as gifted as you in talents,
with your reputation accordingly high;
there's many a wealthy maiden
in Scotland, pure in ways,
whose life would be made happy
by being married to you in church.

5. Though you are a true nobleman
by breeding and rights,
you are a friend to the unfortunate –
you do not give off airs;
your learning and your bearing
in the country or the town
is greater than that of earls
who care only for games and song.

6. When you set off hunting
to the rough bounds of high peaks,
who today is so certain
to put a hind to death?
Your well-trained deerhounds
creeping close to your heel,
till your double-barrelled gun releases
the powder that never fails.

7. Though your fighting is skilful
once your anger is enflamed by need,
you show the courtesy and calm of the Christian
to your inferior always;
the poor make numerous prayers for you
that when your days will end
the king of heaven will give you
a high throne for your deeds.

8. If I got my wish for you,
what I'd ask would not be mean:
I would make a duke or lord of you
as famous as any that exist;
you would have a fort with weapons
whose fame would reach to France,
with your warriors that are hardy
and Scotland's whip at your command.

9. It is no surprise if you're successful
with every victory and feat,
it's the people's prayer for you
that you should be long-lived.
O man that travels to my country,
take my greeting across the sea,
to Mr Nicol of Husabost
who deserves my poem's praise.

45.

AN GAMHAINN A THA AIG MO MHÀTHAIR

1. Tha gamhainn aig mo mhàthair anns a bhail' ud shìos –
   Mo mhallachd air a bheul: chan fhàg e càil;
   Dh'itheadh e sligean is pigeachan bhotal,
   Cha thàrradh o bhannas nì a gheibh e air làr.

2. Dh'ith e am parasol den t-sìoda bh' aig Eabaidh,
   Dh'ith e a' phlaid' air bean Dhòmhnaill Bhàin;
   A' chas-chrom a bh' aig Fionnlagh, chagainn e raoir i
   Le a ceaba 's le bonn mun do ghabh e mu thàmh.

3. Dh'ith e na locairean iarainn air Dòmhnall MacFhionghain –
   Nam faigheadh e na bheul e, dh'itheadh e 'n sàbh;
   Dh'ith e bloigh spaide air Alasdair Caimbeul;
   Mura cùm thu gu teann e, dh'itheadh e 'n gràp.

4. Ghabhadh e sgrìob a-null chum na muilne
   Feuch am faigheadh e moll no an càth;
   Cho cinnteach 's a tha mise ag innseadh nan rann dhuibh,
   Mur cuir sibh a-nall e, dh'itheadh e a' bhrà.

5. Ghleans mi mo bhrògan le cùram is moit
   A' falbh don chonsairt còmhla ri càch;
   Chuir mi gu glan iad air lic aig an daras –
   Cha do thàrr mi o bhannas ach baraill no dhà.

45. The Heifer My Mother Has

1. My mother has a heifer in yonder townland –
   a curse on its mouth: it leaves not a thing;
   it would eat shells and ceramic bottles,
   nothing it finds on the ground could escape its jaws.

2. It ate the silk parasol that belonged to Ebby,
it ate the shawl of Donald Bàn's wife;
last night it chewed up Finlay's foot-plough
with its iron and heel before it would rest.

3. It ate the iron planes of Donald MacKinnon –
if it got it in its mouth, it would have eaten the saw;
Alasdair Campbell had his bit of a spade eaten;
if you don't keep a grip of it, it would eat your fork.

4. It took a trip over to the mill
to see if it could get some chaff or husks;
as sure as I'm telling you these verses,
if you don't put it away, it would eat the quern.

5. I shone my shoes with care and pride,
going to the concert along with the rest;
I set them neatly out on the doorstep,
but all I saved from its jaws was a lace or two.

46.

TOST DHÒMHNAILL AN FHÈILIDH

http://www.tobarandualchais.co.uk/en/fullrecord/9862/8
(Collection – School of Scottish Studies)

1. Air dhuinn a-nochd bhith 'n taigh an òil
   'S MacLeòid 's e deònach cosg orm,
Shuidh e fhèin aig ceann a' bhùird
   'S b' e chùirt a bhith na chompanaidh,
Na botail bhranndaidh nall gar n-ionnsaigh
   'S driùchd a' tighinn tron corcaisean,
'S mun cuir mi boinne dheth nam bheul,
   Gum feuch mi fhìn ri tost thoirt dha.

2. Dh'iarr e nuas am biadh a b' ùire –
   Cha robh cùmhnadh cosgais air,
Biadh o thùs a bhiodh aig Fionn
   Nuair bhiodh e dùsgadh chogaidhean –
Bha sitheann fhiadh a' tighinn na stiallan
   Nuas air miasan oiseannach
'S tu fhèin ga riarachadh gud mhiann
   Nuair thug iad sgian is forca dhut.

3. An tè bha frithealadh mun bhòrd,
   Bha neònachas is annas oirr',
'S i geur-bheachdachadh ad dhòigh
   Cho mòralach 's a shealladh tu,
Siogàr laiste na do bheul
   'S am fìon agad na ghlainneachan,
'S b' fhìorghlan airgead ceann an tairbh
   Am bonaid ghorm Ghleann Garadh ort.

4. 'S fhada a dhearbh thu 'n Ceann a' Bhaile
   Gun robh d' ainm ac' urramach,
On a bha Tarmod Bàn gad àrach
   Air buntàta 's cudaigean –
Chan aithnichte sin dad air do chàradh
   Nuair a bhios d' fhàbhar uile riut,
Thu leinn mar àilleagan air sràid –
   Cha cheil am bàrd na chunnaic e.

5. Ged ghabh mi fhìn air spraoi gun chiall,
   Bha d' ìomhaigh-sa a' cur eagal orm,
Nuair a laigh thu air a' carpad sìos
   Mar chearc ag iarraidh neadachadh;
Thuit an sgian a bha gad dhìon
   Le d' shliasaid bhith cho leibideach,
Do dhà dhòrn bheag' a-nunn 's a-nall
   A' sealltainn dhomh mar bhogsaiginn.

6. Nuair a dh'fhàg sinn an taigh-danns,
   Gun d' fhalbh mi fhìn gad chonbhaigeadh,
Bhon bha do bhrògan beag a' slaighdeadh
   'S buinn do chorca fàs annta;
Bha leud a' chabhsair gann dhut fhèin
   Le mheud 's a dh'òl thu 'dheochannan,
Do chasan ag iarraidh os do chionn
   'S do cheann a' strì ri coiseachadh.

7. Ged nach robh thu mòr no trom,
   Gun d' fhàg thu claoidht' a' chroit agam,
Mi gad ghiùlan air mo dhruim
   Airson còrr is mìle coiseachadh;
Bha sracaidhean air chùl an fhèilidh
   Is tuill air chùl nan stocainnean,
'S na poileasmain a' ruith gam ionnsaigh
   Is dùil aca gur corp a bh' ann.

46. A Toast to Donald of the Kilt

1. When we were in the pub tonight
and MacLeod was willing to spend on me,
he came and sat at the head of the table –
it was an honour to be in his company,
with bottles of brandy coming towards us
with dew pouring out of them,
and before I drink a drop of it,
I will try to make a toast to him.

2. He ordered the freshest food –
he made for no economy –
the food Fionn ate long ago
when he'd be making warfare –
across in scalloped ashets
came strips of venison
and you distributing it at your will
when they gave you a knife and fork.

3. The girl who waited at the table
was amazed and curious
as she examined your ways
and your lordly demeanour,
with a cigar lit in your mouth
and with your wine in glasses,
and a pure silver bull's head
in a Glengarry you sported.

4. Long since have you proved in Townhead
that your name was held in honour,
though Fair Norman raised you
on potatoes and cuddies –
that could not be guessed from your appearance,
with everything in your favour:
to us you were like the jewel of the street –
the bard won't deny what he witnessed there.

5. Though I went myself on a senseless spree,
your appearance began to frighten me
when you lay down on the carpet
like a hen wanting to nest;
the knife fell that protected you,
as your thigh had grown so shaky,
with your two small fists back and forth
showing me how I should box.

6. When we left the dance-hall
I set off conveying you,
since your little shoes were sliding
with their hollow cork soles;
the width of the pavement was too narrow
for what you had drunk in alcohol,
with your feet wanting above you
and your head striving to ambulate.

7. Though you were neither big nor heavy,
you left my back exhausted,
carrying you on my shoulders
for more than a mile of walking;
the back of your kilt was in tatters
and there were holes in your stockings,
and the policemen ran towards me
thinking I carried a body!

47.

AN EAGLAIS A TH' ANN AN LÌTE

Nuair a bha Iain Dubh aig an taigh air fòrladh, bha e a' coiseachd dhan Fhàsach an oidhche a bha seo ach am faigheadh e drama aig pràban a bh' aig caillich an siud. Air a shlighe thachair e ris a' mhinistear, a bha dol dhan choinneamh-ùrnaigh, agus dh'fhaighnich am ministear dha càit an robh e dol.

'Tha mi dol a ghabhail dram!' arsa esan.

'Nach b' fheàrr dhut gu mòr tighinn cuide riumsa dhan choinneimh-ùrnaigh? Tha amharas agam nach eil thu fritheilteach air eaglais!'

'Chan e a-mhàin gu bheil mi fritheilteach air eaglais, ach tha i fada air toiseach air an tè dam buin thusa! 'S coma dè an creideamh a th' agad, dè an dath a th' ort, neo fiù 's dè an t-aodach a th' ort – fhad 's a bhios tu modhail, tha fàilte romhad innte! Is chan eil sin fìor mun eaglais agadsa,' arsa Iain.

'Tha sin doirbh dhòmhsa a chreidsinn! Dè an eaglais a tha sin is càit a bheil i?'

'An Eaglais a th' ann an Lìte is i fo chìs aig Raghnall Bàn!'

B' fheudar dhan mhinistear aontachadh leis, ach 's e bha fa-near aig

Iain ach taigh-òsta ann an Lìte a bhiodh e fhèin agus maraichean eile a' frithealadh. Bu neònach mur do dh'inns Iain do chàch mun chòmhradh aige leis a' mhinistear nuair a ràinig e am pràban san Fhàsach. Tha an coltas air gun deach an dàn a chur ri chèile an sin air làrach nam bonn.

Soraidh leis an àite san d' fhuair mi m' àrach òg,
Eilean nam beann àrda far an d' fhàs Iain Mòr;
Far am moch a dh'èireas grian nan speur fo ròs,
A' fuadach neòil na h-oidhche, soillseachadh an Stòir!

Chun tèid mi dhan a' chill, bidh cuimhn' agam gu bràth
An Eaglais ann an Lìte fo chìs aig Raghnall Bàn;
Iain 's e cho cliùiteach thall air chùl a' bhàr,
'S ged tha Raghnall uasal, tha chuid sluaigh gun ghràs!

Air dhomh dhol dhan Eaglais feasgar airson dram,
Bheachdaich mi dhan t-sluagh a b' uabhasaiche greann;
Cuid dhiubh air an spuaiceadh, deoch gam buaireadh dall,
'S pàirt dhiubh air an reubadh 's fiaragan mun ceann!

Shuidh mi fhìn 's Iain Mòr gu stòld' aig siola beag,
'S thàinig an Diùc air fhiaradh is e 'g iarraidh tioc;
'S ann a dh'èirich Iain 's fiamh air mar a' chreig –
Leum e null ga ionnsaigh 's leag e 'n Diùc le breab!

'S thuirt mi fhìn ri Iain nuair chaidh an spòrs mu làr,
'An gabh thu leth-tè bhuamsa den stuth chruaidh as fheàrr?'
'S ann a thuirt e rium, 'Nach e mo rùn am bàrd,
'S bhon is gille còir thu, òlaidh mi tè làn!'

'S e meud a h-uile spòrs nuair thuit Iain na ghlag,
Ga ghiùlain leinn air làimhe nuair a chaill e 'n ad;
Poileasmain a' faighneachd an robh foill na bheachd,
'S an sgall a bh' air a cheann a' boillsgeadh ris a' ghas!

47. The Church that's in Leith

One evening when Iain Dubh was home on leave in Glendale he was walking to the village of Fàsach where an old woman ran a *pràban* (an illicit still), so that he could get a drink. On the way he met the local minister going to a prayer-meeting, and the minister asked Iain where he was going.

'I'm going for a drink!'

'Wouldn't you be much better coming with me to the prayer-meeting? I have a suspicion you don't attend a church!'

Iain replied, 'Not only do I attend a church, but it is far in advance of the one you belong to. Your creed, the colour of your skin and even your clothes don't matter – so long as you behave yourself, you are welcome there! And that's not true about your church.'

'I find that hard to believe. What church is that and where is it?'

'The Church in Leith licensed to Ronald Bàn!'

The minister had to agree, but John was referring to a pub in Leith much favoured by himself and many other mariners. When Iain arrived at the *pràban* in Fàsach he probably told his fellow-drinkers of his meeting with the minister. The poem looks as if it was composed there and then.

Greetings to the place where I was raised when young,
island of the mountains where Big Iain grew up,
where the sun rises rosy early in the skies,
banishing the shades of night-time, lighting up the Stòr.

Until I go to my grave, I will always recall
the Church in Leith, licensed to Ronald Bàn,
with Iain, so renowned, over behind the bar,
and though Ronald is a gentleman, his customers are not!

One evening when I went to the Church,
I pondered the customers' dreadful looks,
some of them battered, from falling down blind drunk,
and some of them slashed with bandages round their heads.

Myself and Big Iain sat quietly with our gills,
and the Duke came across wanting drink on tick,
and Iain rose with an expression like a rock –
he jumped over and knocked him down with a kick.

I said to Iain when the fun died down,
'Can I get you a dram of the best of the hard stuff?'
and he replied, 'Isn't the bard kind,
and since you are a good man, I'll take a double!'

The height of the fun when Iain fell down cold
was leading him by the arm when he lost his hat,
with the policemen asking if he was intent on harm
and his bald patch beaming in the gas.

48.

DON DOCTAIR GRANNDA

Rannan leis a' bhàrd Iain MacLeòid, maraiche na fairge, dhan Lighiche Granndach air dha cluinntinn air a mhòr-bhuadhan agus a sgil am measg truaghain agus bochdan Eilean a' Cheò.

1. Chaidh innse dhomh le mòran sluaigh
Gach buaidh a th' air an Doctair Grannda
'S na h-euchdan leis tha 'g èirigh suas
Measg na tuath tha 'n tìr nam beanntan.
Tha gach ìosal agus uasal
Bh' air am buaireadh ann an teanntachd
Le do chungaidhean cho uallach,
Chan eil gruaim orra no campar.

2. 'S e Righ nan Gràs a shoidhnig fhàbhar
Dhan a' phàirt tha tinn is breòiteach –
'S e chuir gu tàmh don Aodann Bhàn thu
Far a bheil thu 'n-dràsta còmhnaidh.
Tha do sgil agus do thàlaint
A' dol àrd bhos ceann do sheòrsa
Le toirt slàinte do gach ànrach
A bha cràidhteach ann an dòrainn.

3. Tha lighichean Dhùn Èideann ainmeil
Le cur dearbhadh air an eòlas
Leis gach tinneas, lot no creuchdan
A tha 'g èirigh na ar seòrsa.
B' fheàrr leam buaidh an Doctair Grannda
Measg na muinntir a tha leònte
'S e a' sealltainn aig gach àm
Gun cuir e 'n ainneartan air fògradh.

4. Chaidh innse dhomh gur fìor dhuin'-uasal thu
'S gun d' fhuair thu mòran còir air,
Ged is suairc' thu ris gach truaghan
A thig gruamach leis gach fòtas.
Tha thu cliùiteach do mo dhùthaich
'S duilich leam nach d' fhuair mi d' eòlas;
'S iomadh neach a tha thu cùmhnadh
Airson ùine a dh'iarras tròcair.

48. To Dr Grant

Verses by the bard John Macleod, sailor of the ocean, to Dr Grant, on his
hearing of his successes and skill amongst the wretched and poor of the Isle
of Mist.

1. I have been told by many folk
of the great successes of Dr Grant
and of his achievements that are mounting
among the people in the land of the bens.
Everyone, whether humbly or nobly born,
who was troubled and afflicted
is so much relieved by your medicines
that they are neither gloomy nor vexed.

2. It was the King of Grace who showed His favour
to those who are sick and feeble
when he sent you to Edinbane
where you are now stationed.
Your skill and your talents
far exceed your colleagues'
in giving health to the wretched
who were in pain and in anguish.

3. The doctors in Edinburgh are famous
for proving their knowledge
of every disease, wound or ailment
that arise amongst us.
I would prefer the skill of Dr Grant
among those who are injured,
as he shows every time
that he can banish their troubles.

4. I've been told you're a real gentleman
as would be your nature,
though you are kind to every unfortunate
who comes down-hearted with ailments.
You are an honour to my country:
I'm sorry I have not met you;
many the one you are preserving
giving them time to seek mercy.

Dòmhnall nan Òran

Introductory Notes to Songs and Poems by Dòmhnall nan Òran

49. Marbhrann do Chaiptean Alasdair MacLeòid, ann a Bhatan (1811)

Dòmhnall nan Òran is seen here fulfilling the function of the clan poet in lamenting the death of a prominent member of the clan. The outpouring of sorrow, the visualising of the coffin and burial, the disarray of the family and land are reminiscent of laments by Iain Lom, Màiri Nighean Alasdair Ruaidh etc, as is the imagery: Alasdair MacLeod was a flame to his enemies, the topmost grain of his family, a sheltering tree now felled. The poem follows the panegyric code: he is praised both as a warrior, in the Indies, and as a man of good character, with those attributes of generosity, modesty and lack of treachery prized by Gaelic culture; he is praised for his piety and his education in every language. As is the convention, at the close of the poem the family is addressed, comforted and exhorted to continue in their hereditary ways.

50. Smeòrach nan Leòdach (1811)

Here Dòmhnall takes up a convention used by Alasdair Mac Mhaighstir Alasdair in 'Smeòrach Chlann Raghnaill' (see Thomson 1996: 114) and John MacCodrum in 'Smeòrach Chlann Dòmhnaill' (see MacCodrum, 1938: 240), both dated to 1755. But 'Òran na Comhachaig' by Dòmhnall mac Fhionnlaigh nan Dàn from about 1550 is a much older example of a bird recounting the exploits of a particular clan. Dòmhnall's poem praises the MacLeods from a tree beside Dunvegan Castle. The poem is very long (32 four-line stanzas) and the bird praises the chieftains and the clansmen for their fierceness in battle, their love of the hunt (this is the longest section,

vv. 17-22) and of generous feasting at the castle, which is the destination of every journey. The convention is based on a belief in the longevity of birds, allowing the thrush in this case to recount the history of the MacLeods from their founder, Olbhar. Mention is made of the bull of the clan badge and the fairy flag. The bird's contentment beside the castle reflects the security of the clan in their hereditary land. The imagery is entirely traditional, e.g. the clan's warfare leaves food for birds (v. 13 *Naisgear feòil do dh'eòin an achaidh*). Budge tells us (Budge 1972: 395) that the poet liked to be known himself as *Smeòrach nan Leòdach*, the 'Mavis of Clan MacLeod'.

51. Litir Ghaoil ga Freagairt (1811)

This poem, 'A Love Letter Answering Her', is a response to the foregoing poem in the 1811 collection, 'Oran do Dhomhnul Macleoid, le oag nighean uasal, an Inbhirneis' (A Song to Donald MacLeod by a young noblewoman in Inverness) (MacLeòid 1811, 139–143). It is in the form of a dialogue between the poet and Miss Stewart of Borrodale. Courtly love elements are evident, as both maintain they are dying for love. The poet's protestations are reminiscent of Uilleam Ros in their vulnerability – every day seems a year, his love for her is like asthma, he is in a net of death. However, unlike Mòr Ross, Miss Stewart returned Donald's affections. She protests that neither cattle nor gold attract her and that she longs only for MacLeod, describing herself as a string without music which his fingers alone can tune (v.8). Though her parents oppose the match, Donald is hopeful that they will find a way to be together (v. 2). It was said that they had a few months' respite from the spying of Miss Stewart's cousin when Donald tricked him that the press-gang wanted him, but in the end it was death that parted the couple, when the girl died at the age of twenty-one (MacDiarmid 1892; 20).

52. Òran Mhurchaidh Bhig (1811)

Dòmhnall gives an explanatory paragraph to his poem saying the song is about Murchadh Beag, who was working as a herdsman for a church elder when he got the loan of a horse to carry him home from communion. The song is reported as a funny incident witnessed by the poet on his way back from the fair. He comments on the dangerous fashion for a rider to carry goods in a bucket under the arm rather than in panniers, and on the tendency for cottars to get above themselves if given any chance. Murchadh Beag, enjoying such unaccustomed luxury, is thrown by the horse when it gets hurt by the bucket. A conversation follows between Murchadh and the horse. Murchadh swears he will be revenged on the horse, which he always treated gently; but from henceforth he will load it down. The horse replies that it could hurt him again and he'd better walk home as was his custom. Murchadh reminds the horse of the number of times he has seen it working for thieves, but the horse retorts that if it wasn't for Murchadh's children, he would show him no mercy. While the poem is humorous at one level, it seems also a caution against affecting the ways of those of higher station.

53. Rann Molaidh do Sheann Bhàta (1811)

The poem is a mock-heroic 'Birlinn' (with echoes of Mac Mhaighstir Alasdair's 'Birlinn Chlann Raghnaill' and Iain Lom's 'Iorram do Bhàta Mhic Dhomhnaill' (MacKenzie 1964: 102), both metrically and conceptually) in praise of an old man in his boat going round the coast for the humble task of getting a piece of wood. He controls the old boat with aplomb, calling for his tobacco and dram among other essential items of equipment. The boat and crew are described in heroic terms: she could withstand the wildest tempest, cutting through the waves like a razor; the crew are as numerous as people on the street; the sea is wild, hairy and foaming with green lips, recalling the sea as it is often described in Fenian seafaring runs, e.g. in 'The Lay of the Muileartach' (Campbell 1891: 131–158). The captain, Coinneach, and his boat would bring fame to Great Britain.

54. Rann Fìrinn don Bhàta Cheudna (1811)

The same boat is satirised as fulsomely as it is praised in the preceding poem. Here the boat is compared to a beast and a carcase into which the crew venture at their peril, standing hip-deep in water however fast they bale it out. The planks are badly planed, the nails rusting, there are nests of slaters and enough grass to feed a cow; her mast is like a piece of charcoal, her sails like wet paper and her ropes like rushes. There must be a common tradition between this poem and the boat satires by Am Bàrd Mac an t-Saoir in the Book of the Dean of Lismore, which envisage boats made of similarly impossible materials (see Watson 1978: 218 and 224).

55. Rann Molaidh do Thaigh Ùr (1811)

A satire upon the pretensions of Ruairidh MacNèill, a merchant of Stein, in which the young poet makes fun of the new house with extravagant overpraise. The poet has visited it and reports its splendours: one-third of what he sees is gold and silver; the house is lime-washed, the carpets yellow, there are mirrors and candles blazing. The house can compete with the castles of Edinburgh and Stirling, with Glasgow Cathedral and the Tower of London, but the effect of the splendour will be to overwhelm and intimidate people, who will creep away. Dr MacDiarmid (MacDiarmid 1892: 19) says that the merchant was an intimate friend of Donald's father, so perhaps the satire was in jest.

56. Òran Molaidh a' Bhuntàta (1811)

The poem was composed when the potato already formed a substantial part of the Highlanders' diet and before the disastrous potato blight of the mid-nineteenth century. It is personified and praised for its ability to feed both rich and poor, clean the ground, not to need chewing and to be a good missile to throw at a thief. Verse 10 is prophetic in saying it will keep famine at bay as long as the shaws appear.

57. Rann do dh'Èildearan an Lòin Mhòir (1871)

This is probably the best known of Dòmhnall nan Òran's poems. The poet had asked for baptism for one of his children, but was refused by the church elders in Lonmore (near Dunvegan). They may have rued the day they did so, for Dòmhnall turned on them with this stinging satire in which he makes his case through his own knowledge of Scripture. His ability to construct complex arguments from such a wide range of evidence may indicate something of the standard and emphasis of the education system available before the implementation of the 1872 Education Act in the Highlands and Islands. The charitable schools' chief aim was to teach people of all ages to read the Bible in Gaelic, but as no specific mention was made of Gaelic in the 1872 Act, the language seemed irrelevant and standards of Gaelic literacy fell.

In the poem, Dòmhnall satirises the elders for being like the Pharisees, obsessed with the law and their own purity, and blind to Christ's command-ment not to judge (Matthew 23: 13–33; Luke 6: 37), seeing the mote in their brother's eye rather than the beam in their own (Matthew 7: 3). He reminds them that Jesus said, 'Suffer the little children to come unto me, and forbid them not: for to such belongeth the kingdom of God' (Luke 18: 16). The elders are named in verse 11, and the poet comments on their dislike of any form of merriment, saying they look as if they have been kissed by death.

In an overwhelming array of biblical citations (it was said he that knew most of the Bible by heart: see John N. MacLeod, 1917: 127), Dòmhnall gives examples of those who have withheld God's grace and those who have given of it freely. Among those who have withheld God's grace are the foolish virgins who waited for the bridegroom with lovely clothing but empty lamps, and found the door closed to them when they returned from fetching oil (Matthew 25: 1–13). Similarly, Balaam undermined the Israelites as they entered the Promised Land by enticing them with prosti-tutes and unclean food (Numbers 31: 16); Satan, in the Book of Job, puts a righteous man to the test; the priest Eli in Samuel I goes against Hannah; and his father's forgiveness of the prodigal son was resented by his brother (Luke 15: 11–32). The elders should be careful that they do not end up losing their souls through their own judgementalism, as Haman ends up in the book of Esther, hanged on the gallows he had built himself to kill Mordecai and the Jews in Persia.

On the other hand, Rahab, a prostitute in Jericho, is an example of God's grace freely given, for she is forgiven her profession and saved from destruction when Jericho falls because of her belief in the God of the Hebrews (Joshua 2: 1–7).

An anecdote told by MacDiarmid (MacDiarmid 1892: 25) gives another example of Dòmhnall's impatience with Free Church elders when he told one named Eachann that he hoped to die before him, as the elder would not give a good account of him should he go first.

58. Dàn a' Bhreitheanais (1871)

Like the Book of Revelation, this poem is in the first person as if reported by John the Divine. It includes much Apocalyptic detail, though this is confused in places. The heavens open, but here twelve white horses appear rather than the lone white horse of the Bible or the four horsemen coloured white, red, black and pale. One of the Four Living Creatures – the eagle – is seen before the throne of God. Satan makes war on God but is then chained down. The angels holding the four winds give the seal to the 144,000 Hebrews who have not yielded to Satan, before the seven trumpets begin to sound, bringing destruction on the earth with earthquakes, hail, blood and fire. The Millennium is mentioned in which Satan is imprisoned and the resurrected martyrs live with Christ before the last battle between Satan and God. Throughout his account of the Apocalypse, Dòmhnall exhorts his listeners to reform. He warns against the sin of pride, of loving the world rather than God, of not putting our talents to use and of making false idols. The proudest emperor will find himself thrown on the dung-heap at death, led away to damnation if his name does not appear in the scroll. Ahab who coveted Naboth's garden, the whore of Babylon, the proudest king and emperor and the rider of the horse will all fall at death. Through love of the world we have chosen Barabbas over Christ, but our pride will do us no good when we are swallowed by the Red Sea. The poem ends on this didactic bitter note rather than with a blessed vision of the New Jerusalem.

59. Dàn don Ghrèin (1871)

The poem is a conversation between the poet and the sun. The sun gives the poet the opportunity to speak about the human condition from a longer perspective than human existence allows. The poet addresses the sun, recognising its great age of over 5,000 years (a sum in keeping with the science of the times). He acknowledges the darkening of the sun at the Crucifixion, but wonders why it did not attack Christ's assailants, and invites the sun to respond. The sun confirms its age as 5,800 years, but does not know how long it will last, because, although it rules the moon and planets, its strength ultimately comes from the Trinity. If it had been summoned, it would indeed have protected Christ on the Cross. Like man, the sun has been given a talent (as in the Parable of the Talents) and has witnessed man's history from the Fall in the Garden of Eden. The sun warns the poet of the destruction of the world at the Day of Judgement and the importance of preparing for the eternity of the soul.

Milton has Satan address the sun in 'Paradise Lost', and James Macpherson has Ossian address the sun twice, in Carthon and in Carrick-thura (*The Works of Ossian, the Son of Fingal*, 1765). However, neither is comparable with Dòmhnall's poem beyond the idea of a dialogue with the sun. Dòmhnall's poem is essentially a call to repentance while there is time, while for Ossian the decrepit sun reflects the mood of defeat in battle, and for Milton Satan is in competition with the sun as the former light-carrier. Perhaps we need not look for models for addressing the sun outwith Gaelic culture, for Alexander Carmichael collected prayers to the sun and moon (see Carmichael, *Carmina Gadelica*, Vol III, 1940, pp 307 and 287), though these are celebratory rather than didactic and are probably derived from pre-Christian prayers.

60. Òran do Thulaich Ghlais ris an Abrar 'Tungag' (1871)

This poem addresses Tungag, a grassy hillock in Glendale (MacDiarmid 1892, 32) which the poet sees dew-covered in the sunshine. The hillock is personified as a female entity making music through her streams, and the poem is an answer to her conversation. He describes the flowers, particularly the poppies, the birds, deer and trout that thrive there, in a way that shows the influence of Mac Mhaighstir Alasdair. Compare the lines about the fish catching flies from Mac Mhaighstir Alasdair's 'Òran an t-Samhraidh' with Dòmhnall's verse on the trout:

> 'S e fèin gu crom-ghobach ullamh
> Ceapadh chuileag le cluain …
> (as he, with curved mouth, catches flies with guile)
>> (Mac Mhaighstir Alasdair in Thomson, 1993, 25)

and

> 'S i snapadh guib 's a' snapadh chuip,
> A' ceapadh thuice chuileagan …
> (as she snaps her mouth snapping tricks, catching flies for herself).
>> (Dòmhnall nan Òran)

Dòmhnall is participating here in the eighteenth century fashion for nature poetry initiated by Mac Mhaighstir Alasdair. There are several 17th and 18th century examples of the personification of the land, such as Am Pìobaire Dall's address to Coire an Easa, Donnchadh Bàn's address to Beinn Dòbhrain and Uilleam Ros's address to Blaven. It is suggested that such notions are derived from an Indo-European concept of the land as the female partner of human society, maintained over two millennia in the symbolism of burial kists penetrated by sunlight at the winter solstice, in placenames denoting the female body, in inauguration of princes, and in poetic notions of the sovereignty goddesses in Ireland (see Bateman 2009a and b).

49.

MARBHRANN DO CHAIPTEAN ALASDAIR MACLEÒID ANN A BHATAN

AIR FONN 'Òran na Ceapaich'
http://www.tobarandualchais.co.uk/fullrecord/17298/1
(Collection – School of Scottish Studies)

1. Seo an geamhradh as cianail'
 Chunnacas riamh le mo shùil,
Dh'fhàg ar làraichean sguabte
 'S a chuir fuadach for mùirn;
Thug e buille ro chruaidh dhuinn,
 Dh'fhàg e fuar sinn is rùisgt'
On là thogadh an t-uasal
 Choisinn buaidh le deagh chliù.

2. 'S cruaidh an sgeul am measg dhaoine
 An ceannard saoghalt' thoirt uath';
Thàinig smal agus *aomadh*
 Air an taobh s' on droch uair:
Thàinig cuireadh gad iarraidh
 'S cha b' ann gu pian na droch dhuais,
'S bha dorsaibh Fhlaitheanais fial dhut,
 Fhir bu chiataiche snuadh.

3. Dh'fhàg thu Bhatan neo-shùrdail –
   'S mòr a thùrsa dhan t-sluagh,
An teaghlach faramach mùirneach
   Sgaipteach cliùiteach glan suairc,
An teaghlach allail gun chùram
   A chuir cùl ri bhith cruaidh:
Thàinig muir air gun stiùireadh,
   Mheudaich tùrsa dha thuath.

4. Tha do chèile 'n cruaidh smaointean,
   'S gur beag m' iongnadh dha chionn,
An dèidh an àilleagain phrìseil
   Mheasail fhìorghlan gun smùr;
Ge b' i banrigh Rìgh Deòrsa
   Gheibheadh còir air bho thùs,
B' e a lèir-chreach 's a cruaidh-chràdh
   Bhith ga chàradh fon ùir.

5. Fear a mhodha 's a ghiùlain,
   Fear a thùrn agus fheum,
A thoirt an ciste chaoil dhùinte
   Mach à sheòmar glan fèin
'S a chur fo lic ann an Aoineart
   Mun robh an t-oighr' airson feum:
Dh'fhàg thu eachdraidh aig linnibh
   Bhios air chuimhne nad dhèidh.

6. Chaidh thu 'd chaiptean na h-Innsean
   Nuair bha 'n t-strì ann na meud:
Cha robh cron ort ri inns' ann
   Mura b' eutrom do cheum
A dh'ionnsaigh aghaidh nam blàraibh
   Far 'm bu ghnàth leat bhith treun:
Bu tu lasair rid nàmhaid
   Nuair a thàirrngte lann gheur.

7. 'N àm bhith gluasad od champa
   Chluinnte srannraich rid chrainn
Aig do bhrataichean shròilibh
   Le bras-chrònan ri gaoith,
Mar ri pìob nam port siùbhlach
   'S druma chruaidh le sùrd dian;
Bhiodh mar shuaicheantas airm leat
   Ceann an tairbh os do chionn.

8. Thigeadh osain lom meanbh-bhreac
   Air do chalpa geal cruinn
Agus èileadh grinn cuaiche
   Mun cuairt os a chionn,
'S bonaid dhaor air dheagh chàradh
   Le cuid fàbhar on Rìgh,
Slisean òir air lom-sgàrlaid
   'S peiteag shàr-mhath ghlan ghrinn.

9. Bhiodh bhur criosan rid chruachann,
   Lannan cruaidh an àm strì,
Cuinnsear caol an neòil uaine
   'S claidheamh cuand' an òr-chinn,
Agus sgiath nam ball dualach
   Ri do ghualainn neo-chrìon,
'S piostail bhreac nam ball airgid
   Ri do gheal-bhroilleach foidhn.

10. Nuair a bhiodh tu fon sgèimh sin
   Ro ghrunnan treun dhe na suinn,
Cha b' e faicinn na fèileadh
   Dhol ad dhèidh gan toirt dhìot;
Nuair nochdte *colours* na h-Albann
   Led chruaidh chalm-fhacal grinn,
Bheirte crith leat air reubal
   Nach robh gèilleadh dhan Rìgh.

11. A ghràinne mullaich nan uaislean,
    Ort bu shuarach neo-spèis;
Bha thu maighdeanail suairce,
    A reula bhuadhmhor gun ghèimh;
Cha do smuainich thu truaillidheachd
    'S cha do ghluais gu droch leum,
O bha spiorad na diadhachd
    A' cur riaghladh nad chrè.

12. Mìle marbhphaisg don eug
    A thug a leum air ar ceann
Nach do ghabh e le saidhbhreas
    No le oighreachd neo-ghann
Mun do lùb a' chraobh shòlais
    Bha gar còmhnadh 's gach àm –
Bhris e ranca nan Leòdach
    Agus stòr nam bochd fann.

13. Fhuair thu gibht os cionn mòrain,
    Foghlam còir air gach cainnt
Agus inntinn neo-bhòstail,
    Ged bha mòran gud làimh;
Cha robh uabhar no àrdan
    A' gabhail tàmha nad cheann;
O bha meas os cionn chàich ort
    Ghabh am bàs thu air làimh.

14. Gu robh buaidh agus riaghladh
    Agus ciall agus cliù
Do na pàisteachan sgiamhach
    A dh'fhàg thu 'n deuchainn gun sunnd;
Gu robh misneachd is cruadal
    A' togail suas dhaibh 's gach àm,
Mar a' mhuinntir on d' bhuain iad,
    A bha gun uabhar gun sgraing.

15. Dèanaibh misneachd is cruadal
    Mar bu dual dhuibh 's gach ceum:
Ged tha bhuille seo cruaidh leibh,
    Gheibh sibh fuasgladh na dèidh:
Sruthaidh feartan a-nuas dhuibh
    'S bheir sibh buaidh air gach crè,
A shliochd Alasdair uasail
    Bu ghlan snuadh 's bu mhath beus.

49. Elegy for Captain MacLeod in Vatten

to the tune of 'Òran na Ceapaich'

1. This is the saddest winter
that was ever seen by my eye;
it has swept away our buildings
and has undermined our cheer;
it has dealt us a blow too heavy,
it has left us depleted and cold,
since the day the nobleman was taken
who for victory earned respect.

2. Harsh is the news among people,
their worldly leader taken from them,
a blemish and drooping has descended
on these parts from that bad time;
an invitation came to request you,
and not to the pain of sin's reward,
and the gates of heaven welcomed you,
O man of the most pleasant mien.

3. You have left Vatten uncheerful,
great the sorrow of the people,
the lively, affectionate household,
generous, praiseworthy, honest, kind,
the beautiful family without worries
that turned their back on thrift,
a wave without direction has swamped them
that has increased the sorrow of their folk.

4. Your wife's thoughts are unbearable,
little is my wonder about that,
longing for the beautiful jewel,
temperate, truly bright, without stain;
though it was the queen of King George
who had claim on him first,
it was her destruction and agony
to bury him in the earth.

5. To carry a mannerly man of good bearing,
a man who was practical and deft,
in a narrow closed coffin
out of his own bright room,
and to put him under a slab in Eynort,
before their heir was mature:
you've left a history which generations
will remember after you.

6. You went as a captain to the Indies
when the strife was at its height:
of you there was no criticism
unless it was that your step was light
towards the van of the battles,
where it was your custom to be brave;
you were a flame to your enemy
when a sharp sword was drawn.

7. When you moved from your encampment
swishing would be heard round your poles
from your silken banners
rustling loudly in the wind,
and with them the pipes of fluent music
and the harsh drums of pressing beat,
with the bull's head above you –
the emblem of your arms.

8. Smooth hose of fine tartan
suited your white round calves,
with a kilt neatly pleated
swinging above;
with an expensive bonnet well carded
with the cockade of the King,
with slivers of gold on smooth scarlet
and an excellent jacket, bright and neat.

9. Your belt would be round your haunches
with steel blades in time of strife,
a slender, greenish whinger
and a shapely sword with a gold head,
and a shield with spiral bosses
at your shoulders that were not slight,
and the engraved silver-studded pistols
worn at your fine fair chest.

10. When you were decked up like that
at the head of your warrior band,
it would be no pleasant exercise
to pursue you to part you from them;
when the colours of Scotland were presented
at your mighty word of command,
you would cause a rebel to tremble
who would not submit to the King.

11. O topmost grain of the nobles,
lack of respect was of no concern;
you were modest and circumspect,
O triumphant star without deceit;
you never thought of immorality
and you never made a bad move,
for the spirit of religion
ruled your flesh.

12. A thousand curses on death
that leapt at our chief,
that it didn't accept riches
or a well-off estate
before it bent our tree of comfort
that sheltered us always;
it broke the ranks of MacLeods
and the storehouse of the poor and weak.

13. You were gifted beyond many,
a good education in every tongue,
you had a modest demeanour
though there was much at your hand;
neither haughtiness nor brashness
inhabited your mind:
as you were esteemed above all others,
death took you by the hand.

14. May there be prosperity and power,
sense and good repute,
for your beautiful children
you have left sore tried, without joy;
may courage and hardiness
sustain them always,
like the people they stemmed from,
who were without hauteur or frown.

15. All of you, take courage, be hardy,
as is your heritage at every step:
though this blow is hard on you,
you will find relief with time:
virtues will stream down to you
and you will be victorious over all,
O children of noble Alasdair
of bright countenance and fine ways.

50.

SMEÒRACH NAN LEÒDACH

AIR FONN 'Smeòrach Chlann Dùghaill'

Uilibheag ì na ì ri ù o,
Uilibheag ù na ì ri rì u,
Smeòrach mise mach on Tùr
Is gleadhrach cùirn ma bhùird le feusta.

1. 'S mise smeòrach òg a' ghrinneis
Sheinneas ceòl mar òrgan milis,
Feadan òrdail fo mo ribheid
'S fead mo mheòir air còmhradh fileant'.

2. O tha 'm blàths air sgàth mo dhoirich,
'S glan a fàileadh, 's àrd a duilleach;
Cha chuir clamhain làmh na milleadh
O tha caileach bhon a' ghrinneal.

3. Chan eil eun a dh'iath ma cuile
Nach eil fiach ac' anns an *turas*:
Tha 'n deoch fhìona nìos ga tunnadh
Thar nan spiaclan meurach murrach.

4. Cò chuir gaoth thro thaobh an fheadain
Dhan robh saothrachadh ri spreigeadh,
Mu na dh'fhaodas mi chur deiseil
Mura caochail mi mo bheadradh?

5. 'S mear mo ghreann a' danns air crannaig,
Breabadh bhonn le fonn gun ainnis,
'S bleith nan toll 's gach trannsa dorais,
A' mealladh rann o cheann mhic-talla.

6. An caisteal àrd dhan làidir fine,
Man iath Pàrlamaid gun ghiorag,
Nach iarr bàidh an àite millidh,
A dhìoladh bàs gun stràc ga tilleadh.

7. Cha b' i crìonach liath na mosgan
On do shìolaich treud an fhortain
Ach fiodh miath nam meur gun socadh,
Geal mar ghrian, o bhian Rìgh Lochlainn.

8. 'S fada sgeul air lèis an gaisge:
Ghlac iad Èirinn le beum lasrach
'S feachd na Fèinne le ceum farsainn,
Mar na h-èildean 'stèidh man casan.

9. Sliochd an Fhearghais bu shearbh caismeachd
'S *fleet* nan geala-bhrèid fo gharg-fhacal,
Sliseadh fairge nam balg glasa,
Ruith nan garbhlach bu gharbh maistreadh.

10. Sliochd an Ìomhair a dhìol creachan,
Thaisbean gnìomh bho shliabh gu machair,
Nach do mhiannaich riamh a dh'aiteas
Ach a riasladh na dh'iarr smachd air.

11. Ged a dh'eug e, cha trèig fhasain:
Cha toir streupa na gèimh gaisidh
As na connsmainn eòlach smachdail
Nach d' rinn ceò gun feòil a shracadh.

12. Gun dèan glòir nan neòil a phasgadh
'S nach bi còmhradh fo shròin peacaich;
Bithidh na Leòdaich mar òr dathte
Sheasas còir 's nach fògair casgradh.

13. Ma thig tòir a chòir na h-aitreibh,
Thèid an connspaid air sheòil gaisgidh –
Snapach òrdach tòiteach speacach,
Naisgear feòil do dh'eòin an achaidh.

14. Thèid an tarbh fo chalg na maise,
Le shròl balla-bhreac ri geala-ghasan,
Nach leig earball gu falbh dhachaigh
Gu 'm bi 'n anaman balbh fo chasan.

15. Chan eil bàidh a' tàmh fo chraiceann;
Tha guin bàis na chàileachd reachdmhor;
Cha tig ràn bho chàirean carsnaidh
Nach cuir àireamh bhlàth san deachamh.

16. 'S lannach lìomhach dìsneach claiseach
Meachair fìnealt' rìomhach laiste
Na brais phrìseil on tìr fhasgach
Nach leig cìos le strì nam feachdaibh.

17. Cuid dher miannaibh mialchoin sheanga
'S farsainn giall a' fiaradh bheannaibh,
O nach tèarainn fiadh an langain
Gu 'm bi 'm feusag miath le mhionach.

18. Cha bhi sìth aig frìth no fearann
Le luchd dhìreadh mhill is *charragh*:
Bheir am fìdeag nì nan sealladh
Nach dèan bìog le fidhleadh fallain.

19. Nuair thèid dìon air sgiath gach bealaich
'S luchd an fhiamha siaradh thairis,
Car nam beul is leud nan teangaidh
'S doras riabt' air cias gach fear dhiubh.

20. 'S gadhair chaola nan taobh ballach
Nach dèan sraonadh thar aon sganna,
Greannach aognaidh, 'n caonnaig neimheil,
'S goil an craois mar ghaoth na paireach.

21. Nuair thig sgian bho chliabh gach gille
A' sgoltadh bhlian 's a' dèanamh bhioran,
Gheibh am fiacail biadh gun sireadh
'S glainne lìonta 'n ìocshlaint spioraid.

22. Nuair a chiaradh grian gu cala,
Thigeadh triall nan dialld-each mèara,
Srannach sianach srianach staileach,
Ealant' iargalt', lìont' an lainnir;

23. Chun an Dùin as mùirneach caithream,
Dha bheil iùl gach cùrsa ceannais;
Dha bheil iunntas dlùth mar ghaineamh,
Nach toir spùill gu cunntas gainne;

24. Far an lìonmhor fìon ga mhalairt,
Far an iarrar gnìomh fir-ealain,
Far an ciatach miann gach seallaidh,
Far an riaghlar ceudan aineoil.

25. An t-eilean àigh dhan gnàth dhaibh fuireach,
Eileach làn na thàrmaich urram;
Deireadh cùil is tùs gach cuiridh,
Sloinneadh ùr air crùn na h-ulaidh.

26. Seinneam fonnmhor pongail m' ealain
Às a' chom nach trom mar eallach;
Cha tig tonn ma bhonn mo thalla
Nì mo chall na ghanntas m' aran.

27. Tha mo chuach na cuairteig mheala,
'S barrach uaine suaineadh tharam;
Air mo chluasaig 's fuaighte m' anail:
'S iomadh dual a luadh lem theangaidh.

28. Air mo thaobh an craobh nam meangan,
Cha toir gaoth dhìom m' aodach droma,
'S ma thig laoisg a ghaoirich mar rium,
Nì mi aog a sgaoileas tan' iad.

29. 'S iomadh buaidh fo stuaidh mo bhalla
Chuireadh ruaig air sluagh à carraid
Nach dèan gluasad gun ruaim calla –
Dòrainn fuathais a' chuain fhala.

30. Bratach-shìtheadh nan trì seallaidh,
Fastadh dhìdein nan crìoch ceannais,
Glag an stìobla dhan strìochd ainiochd,
Flag na fìrinn gun lì sgannail.

31. Sliochd an Olghair a' bhorb-sheallaidh,
Mic a tholgas len gorm-lannan,
Raoic an fharbhais nach fhalbh falamh,
Cuip na h-Albann san dearbh dhaingeann.

32. Neart Eoin Tormoid cha searg ascall,
'S maise chrannchuir 's gach dearbh eachdraidh;
'S pailt na h-armaibh na bhalg acfhainn,
'S brais a leanmhainn gan sgal-shnapadh.

50. The Thrush of Clan MacLeod

Uilibheag ì na ì ri ù o,
Uilibheag ù na ì ri rì u,
I am a thrush out from the Tower
where cups forever clatter on its tables.

1. I am the young thrush of fineness
that sings sweetly like an organ,
below my beak a tuned chanter,
conversing fluently with my fingers.

2. Since the warmth is in the shade of my thicket,
sweet its fragrance, high its foliage,
no hawks would dare destroy it,
since a cock is at the bottom.

3. There isn't a bird that circled its storehouse
that isn't rewarded by the journey:
wine floods down in torrents
over the generous knobbly glasses.

4. Who would put wind inside the chanter,
who had laboured hard to tune it,
about what I can send sunwise,
if I do not change my cooing?

5. Merry my noise dancing on a pulpit,
striking my soles with a rhythm without slowness,
grinding the holes and every hallway,
enticing verses from the echo.

6. That lofty Castle of the powerful kindred,
where a Parliament meets without panic,
that wants no terms in place of warfare,
that'd revenge death without returning a wallop.

7. It was no withered tree or dry-rot
from which the tribe of fortune were descended,
but sturdy wood of the unbent branches
sun-bright, from the house of Norway's monarch.

8. Long the account of the beams of their valour,
they captured Ireland with an assault of gunfire,
and the Fenian troops with long paces
like hinds with their legs fastened.

9. The descendants of Fergus of bitter campaigning,
with the fleet of white sails under stern orders,
slicing the ocean of green billows,
running the rough seas of fierce churning.

10. The descendants of Ivor who revenged raiding,
who revealed action from mountain to machair,
who desired no greater comfort
than to harass those who wanted to control him.

11. Though he has died, his ways won't vanish,
conflict never awakes fears of blemish
in the experienced authoritative heroes,
who never fired without shredding sinews.

12. May the glory of heaven enfold him,
so none may mumble about a sinner,
the MacLeods will be like coloured gold
who defend the right and whom battle won't scatter.

13. If a pursuit comes near the mansion,
their contention will come to the plying of weapons –
with smoky, reeking trigger-pulling,
flesh and the birds of the field united.

14. The bull will go under its handsome forelock
on its speckled silk on bright standards,
that will allow none to turn tail homewards
until their souls are trampled silent.

15. Below its hide resides no mercy,
death's sting is held in its robust nature;
no roar will come from snorting muzzle
that doesn't addle troops' ardour.

16. With polished blades, grooved, dog-toothed,
handsome, refined, beautiful, shining,
the precious speedy [swords] from the sheltered country
that will not let the troops pay tribute.

17. Part of your pleasures are slender deerhounds,
of widest mouths traversing the mountains,
after which the deer will not descend belling,
until their beards are moist with their entrails.

18. There'll be no peace in forest or farmland
with people who'd climb hill and cliff-face,
their whistle will bring herds into their vision
that'll make no chirp to vigorous fiddling.

19. When a guard is stationed at every pass
with the grimacing people streaming over,
a twist in their mouths and staleness in their tongues,
each with a door ripped off at the corner.

20. And slender dapple-flanked deer-hounds,
that before any herd will not stumble,
fierce and wanton, venomous in struggle,
the foaming of their mouths like the wind of fury.

21. When a knife is taken from the chest of every laddie,
cutting flanks and making firewood,
their teeth will get food without asking,
and a glass filled with the healing spirit.

22. When the sun grew dark in her harbour,
the procession would return of the saddled swift horses,
snorting and neighing, bridled and bandaged,
slim and wild, fulsomely gleaming,

23. To the Castle of noise that is joyful,
which every path to chieftainship leads to,
where treasure is dense like sand-grains
that plundering won't reduce to hardship;

24. Where plentiful wine is traded,
where the feats of men of art are requested,
where the look in every glance is agreeable,
where hundreds unknown are ruled over.

25. The joyous island they're accustomed to inhabit,
generous rock where honour was engendered,
the end of dispute and the source of each invitation,
a new surname crowning the treasure.

26. Let me sing my art tunefully and precisely,
from the breast where it is no burden;
no wave will come about the foot of my mansion
that will reduce my bread or cause me damage.

27. My nest is a fillet of honey,
with green brushwood entwined above me,
on my pillow my breath is plaited:
many a strand my tongue has waulked/uttered.

28. On my side in the tree of branches,
no wind will ruffle my mantle,
and if a rabble comes to wail beside me
I'll cause death to scatter them widely.

29. Many a victory under the arches of my ramparts
has routed hosts intent on conflict,
who cannot move without the reddening of battle –
the terrifying scourge of the bloody ocean.

30. The fairy flag of the three unfurlings,
securing protection throughout the headship,
a bell in a steeple the unmerciful submit to,
the flag of truth with no tint of scandal.

31. Descendants of Olbhur of fierce appearance,
sons who make dents with their blue sword-blades,
the roar of destruction that doesn't leave empty,
whip of Scotland in their stronghold.

32. The strength of John Norman loss will not wither,
illustrious his destiny and every detail of his history,
many his arms in his holster,
speedy his followers firing them, whizzing.

51.

LITIR GHAOIL GA FREAGAIRT

1. A rìbhinn òg, bidh laoidh do bheòil
   Air chuimhn' aig m' fheòil gu 'n cnàmh i;
Tha cuibhreach leòin an aoigh do neòil
   A' guidheachd bròin gum fhàrdaich;
Tha saighdean Phòil mar aimhleas dhòmhs
   A' roinn mo bheò nad fhàbhar;
Chaidh cuibhle m' eòlais fhoighneachd còmhla:
   'S oighr' air ceò nan àrd mi.

2. Tha gaoir nam phòr le gaol do thòir
   Nach caochail ceòl gu gàire;
Ge daor a dheòir, tha taobh is deòin
   A' sgaoileadh dòchas làidir
A thaobh ar n-òigid fhaotainn còmhla,
   Aontach deònach sàbhailt':
Mura h-eug as lòn dhuinn, èiridh dòigh leinn
   Rèidh bho ròidean nàrach.

3. 'S e shnìomh mo dheò gur h-eun thu chòrr
   O sgiamhaich glòir thar chàich thu,
Mar fhiamh an òir fo shian an t-sròil
   Mun iath na gòisnibh tàlaidh;
Chaidh sian do bheòil mu ghnìomh mo lò
   Le fianais phòg is càirdeas,
'S ge b' fhìon ri òl e, dh'fheuch a shòlas
   Pian air sheòl na dhà dhomh.

4. 'S e chùm air h-ais mo lùth 's mo neart
   Mar thionndaidh beachd do chàirdean
Le rùn mo chasg o ùidh mo thlachd,
   A lùb na taic mo shlàinte;
Chuir Cupid strap mu chùl mo chas
   Is dhùin e 'n glas nan làmh mi,
Gun dùil tighinn às ach liùg fo smachd
   O dh'ùmhlaich sac do ghràidh mi.

5. Do dhèantas nochdaidh reubadh lot,
   Chaidh srian nan *Och* a chàradh
Mu chiall mo dhos a' lìonadh ghoc
   A spìonadh deoch mo chnàmh leis;
Gun sgeul air fois ach beul na crois
   A spìonadh cosg an tràth dhìom,
Mo shiaradh goirt ag eunach ort
   'S mo mhiann air los do thàrsainn.

Ise:
6. Ò, b' fheàrr gum b' fhìor 's gum b' e do mhiann
   Gum fàgainn sgiath mo chàirdean,
Gu àird nan sliabh gun bhlàths gun bhiadh,
   Gun sgàth gun fhiamh gun nàire;
B' e m' àilgheas sìol na b' àile le Dia,
   Nach fàg thu 'n lìon a' bhàis mi,
'S gach là na bhliadhna 'n àirde fiabhrais,
   'S tàmh le ciall cha tàrr mi.

7. Ach tionndaidh glic is ùraich t'iochd
   O dhùisg an clisgeadh ànrach
Fom brùite mis' a' mùchadh *crith*
   Len siùbhlainn ruic is càrnaibh;
Dèan iùl an Tuirc gun ùmhlachd stuic
   'S gu dùbhlan uilc na Spàinnte,
'S bidh m' iùmpaidh leis gun smùir gun leisg
   'S mo shunnd a' reic mo là riut.

8. Cha ghèill mo dheòin do sprèidh air lòin,
   Cha teugmhail stòr as càs dhomh;
Cha chèil' tha beò, cha spèis do dh'òr
   Na beum an t-slòigh a chnàmh mi,
Ach dèidh an Leòdaich, cèir ma bhòrdaibh,
   Lèigh mo nòs 's mo nàire,
'S tha m' fheum air dhòigh, mar theud gun cheòl,
   Gun gleus do mheòir nas feàrr e.

Esan:

9. A dhaoimein ùir as bainndidh sùil,
   Mo roinn de shùbh an làir thu;
Do choibhneas cùbhra seinn gun dùsail
   Rainn an triùir mu Dheàirdeil,
Le rìdhlibh siùbhlach deurach ciùrraidh,
   Goibhneachd th' ùird a' tàirngeadh,
Le boladh rùin a' stoidhleadh cùrsa,
   An saighn' a rùisg an tàmh dhìom.

10. Cha bhàth mi 'n t-srad a thàinig grad
    Gu 'n tàrr mi 'n nead as feàrr leam,
'S tha 'n làrach rag 's an càileach lag –
    Gun fàbhar taic is càs e;
'S mur tàr mi *muigh* an gràdh nach sguir
    Tha 'm bàs na chuir air m' àrainn:
'S e d' àirde fuil as àrach guil
    Mur h-àill leat muir a shnàmh leam.

Ise:

11. Cuir blàth do pheann air fàth gach àm
    Gu làmh an t-samhla 's eòl dhut,
'S bidh fàireadh bheann na sàl for ceann
    Gu ceàrnaibh thall na h-Eòrpa;
Bidh àilgheas Ghall gun stàth dhan geall,
    Ged cheangladh sreang mu dhòrnaibh,
'S ge dàn an rann cha chàirear ann
    Am blàths a shanntaich m' fheòil dhut.

51. A Love Letter Answering Her

1. O young maid, the song of your lips
my flesh will remember till it moulders;
the trammels of pain in the colour of your face
pledge sorrow to my body;
the arrows of Paul are doing me harm,
dividing my life in your favour;
the wheel of my knowledge was asked together:
I'm heir to the mist of heaven.

2. There's a thrill in my pulse with love for you
which music won't change to laughter;
though dear its tears, fondness and desire
are spreading hope boldly
with regard to spending our youth together
with a strong, secure agreement:
if death's not in store, we'll find a way
free from paths of scandal.

3. What has spun my breath more is you're a bird,
since glory made you more beautiful than others,
like the appearance of gold under satin's sheen
which the enticing snares encircle;
your mouth's charm entered the stuff of my days
with the witness of kisses and kindness,
and though it is wine to drink, its comfort tried me
with pain in one or two matters.

4. What has kept back my vigour and strength
is how your relations changed their opinion,
desiring to bar me from the object of my delight,
which as a result broke my well-being;
around my ankles Cupid fastened a strap
and locked me tight in handcuffs,
with no hope of escape but accepting his control
since the burden of your love subdued me.

5. Your open behaviour would rip wounds,
a curb of woes has been settled
round the meaning of my drones filling taps
that would pluck with it my bones' marrow;
with no hope of rest but the mouth of the cross
that would snatch from me my lifetime,
my sore wasting, going fowling for you
and my urgent longing to catch you.

She replies:
6. I would wish it were true that you desired
that I'd leave my family's shelter,
for the heights of the hills without warmth or food,
without fear, without shame or apprehension;
my wish were for children if God so willed,
that in death's net you will not leave me,
every day like a year at fever's height
when I can get no peaceful slumber.

7. But renew your tenderness and be wise
since the terror of storm has risen,
under which I, stifling trembling, bruised,
would travel undergrowth and mountains;
take the boar's way with no heed for peaks
nor the challenge of Spain or evil;
that's what I desire, without hesitation or stain,
while joyfully selling you my lifetime.

8. My assent will not yield to cattle in fields,
for me, meagre wealth is no affliction;
no living spouse, nor love for gold,
nor people's criticism have consumed me;
but longing for MacLeod, and wax on his tables,
is the cure for my shame and condition,
and like a string without tune, I need a way
that your fingers will make it better.

He:
9. O bright diamond of most modest eye,
you are my share of the strawberries,
your fragrant kindness singing without rest
the verses the three made about Deirdre,
with moving tearful hurtful reels
the smithying of your hammer nailing,
with the scent of love styling the way,
the salmon who stole my slumber.

10. The spark that's appeared I'll not snuff out
till I gain the nest of my favour;
that the site is thrawn and the husks weak,
without the advantage of means is a hardship;
and if I don't gain love that won't cease,
death will be sent in my direction:
the nobility of your blood is grounds for tears
unless you'll swim with me the ocean.

She:
11. Put the effect of your pen to use each time
in the field of your experience;
and hills and sea will be in our sights
to places over in Europe;
foreigners' pleasure will be of no avail to their pledge,
even if a rope bound wrists together,
and though bold the verse, it cannot express
with what heat my flesh desires you.

52.

ÒRAN MHURCHAIDH BHIG

Air dha bhith na bhuachaille feòir aig fear a dh'èildearan na h-Eaglais, agus e dh'fhaotainn aon de dh'eich a mhaighstir dhachaigh far comanaich, agus thug an t-each droch leagadh dha, air chor 's gun do dhochnadh e a thaobh cuman mòr a bhith fo achlais air muin an eich.

AIR FONN 'Cabar Fèidh'

1. O thachair dhomh bhith 'm thàmh
   'S gura gnàth leam bhith faclachadh,
Gun labhair mi air reusan
   Rud èibhinn a thachair rium
'S mi tilleadh far na fèilleadh –
   Nach b' eucoir a h-acanan!
Bha marcaich' anns a' chunntas
   A dh'ùraich na fasanan –
Masa fasan nach tèid às e
   Is iomadh neach a chreineas air –
Bhith giùlan cumain air muin eich,
   Fo achlais dheas ga theannachadh
'N àite ballain air a chliathaich:
   'S mòr a' phian dha bhallaibh e,
Is masa fasan thèid an leud e,
   Gur gnìomh a thogas galair e.

2. Chan iongnadh iad a ràitinn
   Gur àrdanach coitearan:
Nuair gheobh iad càil a dh'uaisle,
   Bhiodh uaill agus moit orra;
Ged bhiodh iad fichead samhradh
   Ri gleidheadh ghleann is mhonaidhean,
Ma gheibh e air each dìollte
   'S e 's fiadhaich' a sheallas ort;
Bha bhuil dhan fhear ud 'n àm dha tarraing
   Ann am bannal mharcaichean:
Bha gleadhraich aige nach robh ceart,
   'S nuair thug an t-each an aire dha,
Gun thog e mhàs le fìor thàmailt,
   'S cha b' annas sin:
Bha chlaigeann ris an làr
   Ro dhà shàil gad a b' ealant' iad.

3. Thuirt esan is e ag èirigh,
   'Mo lèir-chreach mar phrannadh mi!
Cha dèan mi tuillidh feuma
   'S, a bhèist, bheir thu ceannach air!
Ged tha thu leis an èildear,
   Chan èirig air m' anam thu,
'S mas e mo ghalar bàis e
   Gum pàigh thu rim fhalair i;
Nam biodh nad chuimhn' a liuthad cuing
   An robh thu 'm làimh sna cladaichean,
Cha bhiodh tu 'n àite mo dhroch càradh –
   'S iomadh là bha m' aire ort;
Ged bha cead o chàch ort aig mo chràgan,
   A' cur o thràigh na feamainn leat,
Cha do dhing mi riamh an cliabh ort
   'S, a bhiast, 's olc mo bharail ort!

4. 'Ach masa fear bhios beò
    Na gheobh còmhnadh san fhearann mi,
Gun cuir mi tric an gnìomh dhut
    Mo phian agus m' anshocair;
'S e bhith fo MhacLìosa
    Dh'fhàg mo mhialaint a bharrachd dhìot,
'S fo ghille 'n rothaid mhòir,
    Cha b' e dòrainn bu ghainne leam;
'S am fear bha eòlach mu do dhòigh
    'S a bhiodh an-còmhnaidh maille riut,
Cho luath 's a shocraich e gu h-àrd ort,
    Thug thu làn a dhroma dha;
Ach seo mo làmh gum bi thu pàighte
    Is nach bi bàidh no air' agad:
Nuair gheobh mi fon dà chliabh thu,
    Bidh pian air do bhallaibh-sa.'

An t-each ga fhreagairt:

5. A Mhurchaidh, na bi gòrach
    'S na tòisich sna ceannaibh sin,
Mun toir mi tuillidh spòrs ort
    Do dh'ògradh an fhearainn *sa*;
Gur math mo cheithir brògan,
    'S mo dhòrn, gura smearail e,
'S ma gheibh thu mun a' chluais e,
    Bidh cruaidh ort gun caraich thu;
A Mhurchaidh Bhig, nam biodh tu glic,
    Cha b' ann ri siud a dh'fhanadh tu
Ach dhol dachaigh gun aon each
    O chleachd thu bhith 'd fhear cairbhiste;
Bha m' eòlas ort dà bhliadhna
    Is trì mìosan a bharrachd air,
'S chan fhaca mi each dìollte
    Dol riamh gu do dhoras leat.

Esan a' freagairt an eich:

6. A bheothaich dhona bhrìbeil,
   Cò dh'innseadh mar eachdraidh dhut
Gun robh mi gun each dìollte
   'S nach b' fhiach dha dhol dachaigh leam?
Gum faodainn-sa dhà-dheug
   Chur fo shrianan 's fo shrapachan
Gun thusa bhith nam fhianais
   'S glas shìomain mud chasan-*sa*;
Mar as tric a bha thu air cùl gàrraidh
   Ann an àite drabhasach
Airson na meàirle, gad a tha thu
   Tighinn an-dràsta ceannasach;
Gum faca mi glas-làmh ort
   'S càineadh mur teannaicht' i:
Gur tric a rinn mi càradh,
   'S an-dràsta chan aithreach leam.

An t-each a' freagairt a-rithist:

7. Cha chreid a h-aon tha beò dhìot
   San t-seòl sin gum fanainn riut
'S gun cuireadh tu mo dhòrnaibh
   An gòisnichean teannaichte;
Mo mhallachd ort, a bhròinein,
   Bu chòra dhut carthannas
A nochdadh na bu mhò dhomh
   Mum fògrainn on fhearann thu;
Mur bhiodh dhòmhs' thu bhith gun deò
   'S nach b' urra 'n còmhradh sgoinneil thu,
Gun dèanainn còsair dha na h-eòin dhìot,
   Ge nach mòr tha chreimeadh ort;
Mur bhiodh rànaich do chuid phàistean,
   Gad tha 'n tràill mar urr' aca,
Cha tugainn gnè do bhàidh dhut
   Ga tàmailteach fulang riut.

52. Murdo Beag's Song

Being a herdboy with one of the church elders, Murdo got one of his master's horses home after communion, and the horse threw him badly because it was hurt by a big bucket he carried under his arm while riding the horse.

1. Since I happened to be at leisure
and it's my custom to be talkative,
I'll tell you with good reason
of something funny I came across
as I was returning from the market –
weren't its wailings terrible!
There was a rider in the story
who had renewed the practices –
if it's a fashion that doesn't die out
many will end up suffering –
from carrying a bucket on horseback
under the right arm held rigidly,
instead of a pannier on the horse's flank:
to its limbs it causes agony,
and if it's a fashion on the increase,
it is a matter that will cause injuries.

2. It's no surprise that they are saying
that cottars are getting above themselves:
when they got anything fancy
they'd grow proud and self-satisfied;
though they were twenty summers
with glen and moorland occupied,
if one of them mounts a horse with saddle
he'll look at you most haughtily;
when departing, that man was so affected
as he approached a group of equestrians:
he was clanking in a way that wasn't right
and when the horse noticed it,
it bucked, it was so offended,
and that was no wonderment:
the rider's skull hit the ground
before his two heels, however elegant.

3. He said as he was rising,
'How I've had a pummelling!
From now on I'll be useless,
and you, beast, will pay dear for it!
Though you belong to the elder,
for my soul you are no ransom,
and if my injuries prove fatal,
you will pay it for my funeral;
if you'd remember your many yokes
when in my charge on the beaches,
you wouldn't have just hurt me –
many a day I took good care of you;
though the others left you in my hands
to carry seaweed from the shoreline,
your creel I never overloaded,
so, beast, I think ill of you.

4. But if it happens that I survive
to win a place in the countryside,
my pain and discomfort
I will often apply to you;
it was being under Gillies
that increased my trouble with you,
and it wasn't the least of my vexation
being under the highway lad;
and the one who knew your habits
and was always in your company,
as soon as he was astride you,
you landed him flat on his back;
but by my hand you'll get your pay-back,
and you'll get no care or clemency:
when I get you under the two baskets,
your limbs will be in agony.

The horse answering him:

5. O Murdo, don't be foolish
and don't start with those articles,
before, for the young of this country,
I make more fun of you;
my four hooves are sturdy
and my fist is mettlesome,
and if you get it on your ear
you'll find moving is difficult;
Wee Murdo, if you were wise,
you wouldn't wait till it comes to that,
but you'd go home horseless
since you always used to pay in kind;
I have known you for two years now
and three months additionally,
and I never saw a horse and saddle
going to your door with you.

He answering the horse:

6. O beast, mean and wicked,
who'd tell you as history
that I lacked a horse and saddle
and it wasn't worth going home with me?
I could put a dozen
in bridle and harnesses
without your being present,
your legs in rope fettering;
you were usually in a quagmire
behind some drystone dyke
involved in thieving, though now you're
coming over all superior;
I've seen you in fetters,
with complaints they weren't tightened up:
I've often put them on you
and now I don't regret it.

The horse answering again:

7. No one alive would believe you
that in that condition I'd wait for you,
that you would put my hoofs
in tightened gin traps;
my curse on you, you poor soul,
you'd be better
showing me greater kindness
lest I drive you from the countryside;
if it wasn't for me you'd be lifeless,
incapable of that fine conversing;
I'd make a feast for the birds of you,
though there's not much to eat on you;
if it wasn't for the wails of your children
though you're the wretch in charge of them,
I wouldn't have shown you any mercy
though it's vexing to put up with you.

53.

RANN MOLAIDH DO SHEANN BHÀTA

A bha aig seann duine, dhan robh dèidh mor air snaoisean 's air drama, air dha bhith sireadh srachd coille a-mach o Pholl Til.

1. Dèanamaid ealain don bhàta
    Chaidh air bhèidse
A-mach à Poll Til nan creag àrda
    'S na tràigh mìne,
A dh'iarraidh iom-fhuasglaidh dhan àite
    Tha gun fhiodhrach
Do choille nan gasan àrda,
    'S nan slat dìreach.

2. Theannadh a-mach i le fòirneadh
     Nan ràmh glè-gheal,
Ri cladach na creige mòire
     Gu Cnoc Ghàidheal;
Chaidh a Caiptean fhèin air bòrd innt',
     Ròiceil sèisteach,
Le ghillean sgiobaidh neo-lòdail
     Còir san èiginn.

3. An sin chàireadh a gasan ròpach
     Na bhròig shocair,
Is cheangladh a stagh gu h-òrdail
     Ri sgruig thoisich;
Cheangladh cuplannan neo-shilteach
     Ris gach stoc aic'
Tro ailbheagan croma spògach
     Nach robh meata.

4. Theann iad a-mach gu Eas Àboist
     Le sàr-bhuillean,
Is shuidh Coinneach Mòr gu làstail
     Shìos na deireadh;
Dh'èigh e ris na gillean sunndach
     Bhith gu h-ealamh,
Gu ruitheadh iad feadh a' bhàta,
     Mar sràid baile.

5. Nuair a thog iad an sin a siùil ghlè-gheal
     Ri cruinn àrda,
'S a cheangladh gach ball gu h-ìosal
     Nam fior àite,
'S a shuidh an laoch toirteil treubhach
     Gu neo-sgàthach
Ga stiùradh gu mìn neo-bheumnach,
     'S i ruith gàireach.

6. Do ghlaodh e nuas le cruaidh-fhacal,
    'Cairt is combaist,'
Len cumadh e iùil gu beachdaidh
    Ro mhìn pongail;
'S gach aon nì dhan còir bhith 'n taic ris,
    Faighte nuas e:
Botail is bucas tombaca,
    Gu casg fhuachda.

7. Nuair fhuair i 'n sin cothrom astair,
    'S fada chluinnte
Gach meall a bhuaileadh ri toiseach
    Le boc 's aognaidh;
Cha d' chàireadh dà chois fo cholainn
    Sheasadh innte,
'S i cho luath air druim na fairge
    Ri sgarbh caothaich.

8. Na gabhadh do ghillean fuathas
    No droch mhisneachd
Fhad 's a dh'fhanas tusa 'n uachdar,
    Iùbhrach sgiobaidh;
Cha tig a-staigh air do chlàir
    Na lìonadh slige,
Ged bhuaileadh do chrann sna speuraibh
    Le leum bhidein.

9. 'S ann fo do chasan tha 'n fhàrdaich
    As feàrr uchdach
Gu dìreadh ri baideil àrda
    Nam bàrr boicneach;
'S gu tàrsainn à claisean dorcha
    Nan garbh-ghucag,
Mun lùbadh na bilean uaine
    Le cruaidh-chopadh.

10. Shràcadh tu tro ghleannan oillteil
    Mar gheur-ealtainn,
Sgoilteadh tu na beanntaibh barra-gheal
    Air an tarsainn;
Leumadh tu thar bàrr gach bèiste
    Mar threun bhradan,
Smiùradh tu cìosanaich bhalla-bhreac
    Fod gharbh-aisnidh.

11. Ged a dh'èireadh stoirm le sneachda
    Sgapadh slèibhtean,
Chor 's gum bi clachain a' chladaich
    A' ruith sna speuraibh,
Ged a dh'fhàsadh an fhairge corrach
    Molach beucach,
Nan cumadh an t-Àgh o chreig i,
    Cha bhiodh beud dhi.

12. 'S ann tha na gibhtean aig seann duine
    Fhuair fo chois thu,
Mur bhitheadh gu sgaoil a cheann
    Le do chruaidh shlacainn;
Bòdhrar le beucail nan tonn e
    'S le srann acfhainn,
Le bìgeil fhulagan piantail
    'S le sian shlatan.

13. Nan cluinneadh Pàrlamaid Shasgain
    Tapadh d' fhàrdaich,
'S fad' o bhiodh tu 'n loidhne batail
    Le neart làidir;
Choisneadh tu buaidh ann le casgradh
    Air feachd nàmhaid,
'S mheudaicheadh tu iunntas Bhreatainn
    'S meas dhan àite.

53. A Verse in Praise of an Old Boat

It was owned by an old man, very fond of snuff and whisky, after he had been searching for a piece of wood beyond Poolteil.

1. Let us make a poem to the vessel
    that made a voyage
out from Poolteil of the high cliff-tops
    and the smooth shoreline
to the wood of the high saplings
    and the straight branches,
to bring relief to the township
    that lacks timber.

2. She pushed off with the thrusting
    of the white oars
from the shore of the big boulder
    for the Hill of the Gaels;
her own Captain went on board her,
    bellowing, tuneful,
with his trim lads, light-footed,
    dependable in danger.

3. Then her roped mast was fitted
    into its snug hollow,
and her stay was tied neatly
    to the stem-post;
her shrouds were tied undripping
    to her gunwale
through bent clawed ring-bolts
    that were not flimsy.

4. They set out for Eas Àbost
      with hearty oarstrokes,
and Big Kenneth sat proudly
      down in her sternage;
he called to the cheerful lads
      to look lively
until they'd run about the vessel
      as on a street in a city.

5. When they raised her bright sails
      to her lofty masts,
and every rope was tied below
      in its rightful place,
and the sturdy fellow sat bravely,
      undaunted,
he steered her gently, without violence,
      and she ran roaring.

6. He called out with loud voice
      for map and compass,
with which he'd carefully keep on course
      with exact precision,
and for everything else he needed
      to be brought up:
bottles and a tin of tobacco
      to keep the cold out.

7. When she then got the chance to make speed,
      there could be heard from afar
every swell that hit her prow
      with frightful blow;
in a body there were never two feet
      that could stand up in her,
with her as fast on the ocean's back
      as a maddened cormorant.

8. Let your lads not be alarmed
     or of poor courage,
while you remain up on the surface,
     of your agile yew-wood;
no more comes in through your planking
     than would fill a shell,
though your mast were to hit the heavens
     with a bird's leap.

9. Below your feet are the timbers
     best breasted
for rising against the towering
     of the shaggy rollers,
and to emerge from the dark valleys
     between swelling billows
before the green lips curled over
     with fierce foaming.

10. You'd strike through dreadful valleys
     like a sharp razor,
you'd split the white-crested mountains
     on the diagonal;
you'd leap over the back of every monster
     like a vigorous salmon,
you would fondle the dappled starfish(?)
     below your sturdy ribcage.

11. Though there'd arise a snowstorm
     that would make hills vanish,
such that the pebbles of the shoreline
     were flying in the heavens,
though the ocean would grow angry,
     shaggy and roaring,
if Fortune would keep her from the rock,
     nothing would harm her.

12. He is a gifted old fellow
   who got you below his feet,
if his head wouldn't split
   with your mighty thrashing;
he is deafened by the roaring of the billows
   and the whirring of the tackle,
by the creaking of painful endurance
   and the soughing of yard-arms.

13. If the Parliament of England were to hear of
   your excellent construction,
long would you have been lined up for battle
   with great power;
you would win victory there, with slaughter
   over the enemy forces,
and you would increase the wealth of Britain
   and the respect for the country.

54.

RANN FÌRINN DON BHÀTA CHEUDNA

1. Dèanamaid ealain dhan làpraich
   Chaidh air bhèidse
A-mach à Poll Til nan creag àrda
   'S na tràigh mìne
A dh'iarraidh sprotagan neo-fhàsmhor,
   Na choill' Ìnich,
Far nach faighte fad an ràcain
   De dh'fhiodh dìreach.

2. Shlaod iad a-mach i le dòrainn
   A cheart 'r èiginn
Ri cladach na Creige Mòire
   Gu Cnoc Ghàidheal;
Dh'èalaidh iad à sin air bòrd innt',
   'S b' e chùis oillte
Com an robh anam neo-bhàsmhor
   Dhol sa bhèist ud.

3. Bha i sgallach breac mar dhèile
   Air dhroch locradh,
Bha sruth dearg o cheann gach tàirne
   Mar à corcar;
Mar a bha mheirg air a cnàmh
   'S a làr ga grodadh,
Bha neid nan corrachan-còsag
   Na bòird mhosgain.

4. An fhàrdach as aognaidh 's as measa
   Chaidh fo aodach,
An fhàrdach as trom 's as tric' ultach
   Air fear-taomaidh;
Rachadh an ealtaidh air h-iteig
   Thro gach taobh dhith,
'S ghearradh tu dh'fheur innte na dh'itheadh
   Mart san Fhaoilleach.

5. Chan iarrainn-sa 'phian dha nàmhad
   Bhiodh gam ruagadh
Ach a bhith 'n taobh a-staigh dhed chlàraich
   Air druim chuantaibh;
Cha deagh an t-uisge na b' ìsle
   Dha na 'n cruachan
Ged bhiodh deichnear cho dìsle
   Ga thoirt bhuaithe.

6. Tha do chrann mar mhaide-sùirn
    A bhiodh air gualadh,
'S tha do shiùil mar phàipear fliuch
    An dèidh a shuathadh;
'S do bhuill mar shràibhleanan meata
    De chrìon-luachair,
Os cinn na closaich a ràineadh
    Ri gàir chuantaibh.

7. 'S mòr gur motha fhuair do shlèibhean
    A phèin maradh
Na 'n fheadhainn tha dol na h-Innsean
    Air luing crannaig;
Ge nach do leig thu às d' fhianais
    Riamh a' charraig,
Bu trioblaideach do luchd-riaghlaidh
    Fod chrìon-bhallaibh.

54. A Truthful Verse to the Same Boat

1. Let's make a poem to the wee fellow
    who embarked on a voyage
out from Poolteil of the cliff-tops
    and the smooth beaches
in search of seasoned timber
    from the wood of Ìneach,
where enough straight timber for a rake's handle
    would never be found.

2. They dragged her out with vexation
    and equal trouble
by the shore of the big cliff-face
    to the Hill of the Gaels;
from there they crawled on board her –
    a matter of terror
for a body housing a soul immortal
    to enter that monster.

3. She was bald and pitted like dealboards
    planed badly,
there was a red stream from every rivet
    as if from crimson dyestuff;
the rust had so consumed her
    and her floor so rotton
that there were nests of woodlice
    in her musty planking.

4. The worst and most dismal of lodgings
    under sailcloth,
the heaviest and most frequent of burdens
    to the baler;
birds could take to wing
    through her planking,
and in her you could cut enough fodder
    to feed a cow in winter.

5. For a foe who had pursued me
    I would ask no other torment
than to be within your dealboards
    on the back of the oceans;
the brine would sink no lower
    on him than his haunches
even were a tensome,
    however ardent, baling.

6. Your mast is like a kiln stick
    turned to charcoal,
and your sails are like wet paper
    after rubbing;
your cables are like feeble tendrils
    of withered rushes,
above the carcase that would clamour
    to the roar of oceans.

7. Far more did your slaves suffer
    sea-sickness
than those who make for the Indies
    in a masted galley;
though you never let out of your sight
    the rocky landmark,
that was challenge enough for your crewmen
    below your withered tackle.

55.

RANN MOLAIDH DO THAIGH ÙR

a thog duine uasal dhan goirte Ruairidh MacNèill ann an Steinn

1. A dhaoine, seallaibh air an aitreabh
Tha mise faicinn lem shùilean:
Cìosamal Mhic Nèill à Barraigh
Air tighinn a-steach an dùthaich;
Teaghlach mùirneach rìoghail ceutach
Anns am bi cinn-fheadhna 's diùcan:
Pìob ga spreigeadh na do thrannsa,
Sranntraich each is faram chrùidhean.

2. 'S ann an Steinn a thog thu 'n aitreabh
Anns am faighte 'ghlainne lìonta,
Ruma glas is fìon na Frainge,
Uisge-beatha 's branndaidh riabhach;
Mu dheidhinn gach seòrsa bidhe,
Chan urra mi dhuibh ga chunntas:
Cruithneachd is briosgaidean Innseach,
Muc ga sgrìobadh 's muilt gan rùsgadh.

3. Talla nam buidheannan mòra,
'S èibhinn an sluagh tha mun cuairt dha,
'S mòr a chì iad dhe gach iongnadh,
A' cur an saoghail seachad gun ghruaimean;
Beannachd dhan làmh a chuir na clachan –
Tha iad neartmhor snaidhte làidir,
'S na bu mheasa saoir a' ghiuthais –
'S buidheach mi dh'obair an làimhe.

4. Nan dèanainn le mo bheul innse
Mar a tha m' inntinn ag ràitinn,
Cha d' rinneadh 's cha dèanar aitreabh
A chìte 's an caisteal sa làmh rith'.

5. Chuala sinn eachdraidh à Èirinn
Air Bail-o-Cliar nan stuagh lìomha,
'S air an Tùr uaine a bha 'n Lunnainn,
Gum b' urramach an gnìomh dhaoin' e,
'S air a' chaisteal bha 'n Dùn Èideann
Fada mun do cheusadh Crìosda
'S air an eaglais mhòr tha 'n Glaschu
'S air a' chaisteal a tha 'n Sruighleidh.

6. 'S iomadh ceàrn on d' fhuair sinn eachdraidh
Air aitreabhan a bha ainmeil –
Bha aitreabh ann a Hanòbhar
Le ursainnean òir 's le còmhl' airgid –
Ach a leithid seo a dh'aitreabh
Chan fhacas an taice ri fairge,
Ga dèanamh le h-aol 's le clachan
Cho geal ri sneachda nan garbhlach.

7. Nuair a chaidh mi staigh na trannsa
Sheall mi os mo cheann gu dìblidh:
Chunnaic mi gach nì bha àghmhor
'S cha nàir' leam teannadh ra innse:
Coinnlean cèire bhith gan lasadh
Mu bhòrd snaidhte dhen fhiodh rìomhach;
Òr is airgead trian mo sheallaidh,
Sgàthanan glana gun lìth orr'.

8. Thig luingeas nan gunnaidh mòra
Len cuid seòil a-steach fod dharas;
Thèid gach caiptean sìos na gheòla
Is èighidh e gur mòr an t-annas:
An aitreabh àrd a tha air tìr
'S a slios cho gile ri cliabh eala:
'Teannamaid a-steach ga h-ionnsaigh,
Gu 'm faiceamaid sùrd a balla.'

9. Thèid iad a-staigh air an daras
'S cuiridh iad an ad fon cleòca;
Suathaidh iad am brògan dubha
An carpad buidhe 's fiamh an òir air;
Falbhaidh iad gu socair sàmhach
Modhail nàrach feadh gach seòmair,
An ad 's am brògan fon achlais,
Ge nach lapach an ceann-sgòd iad.

10. Gabhaidh iad nàire agus eagal
'S teichidh iad a-mach le fuathas;
Bheir gach fear a shoitheach fèin air
'S togaidh e cuid bhrèidean suas rith';
Ruithidh iad air tonnan ballach,
Uaine 's geal a' streap rin guaillean,
'S cha stad iad gu 'n ruig iad Lunnainn,
Thoirt urram do dh'aitreabh Ruairidh.

55. A Verse Praising a New House

that a nobleman called Ruairidh MacNeill built in Steinn

1. O people, behold this mansion
that I can see with my own eyes:
Mac Nèill's Kisimul from Barra
has come into the country;
a cheerful, regal, charming family
which produces dukes and chieftains,
the pipes being played in your entrance,
snorting horses and hooves' clatter.

2. It is in Stein you've erected the building
where a glass would be found overflowing
with white rum and the wine of France,
with whisky and richly-hued brandy;
of all the different foodstuffs
I can't give you a description:
wheat and Indian-meal biscuits,
a pig being scratched and wedders sheared.

3. The hall of illustrious gatherings,
magnificent the people that frequent it,
they see plenty of every kind of wonder,
to while away their lives pleasantly;
bless the hand that did the stonework
which is robust, chiselled, sturdy,
and nor were the carpenters any less accomplished –
I am more than satisfied with their performance.

4. If I could express in language
what my mind is thinking,
a building never was and never will be erected
that can compare with this castle.

5. We have heard stories from Ireland
of Dublin of the polished pillars,
and of the green Tower that was in London,
honoured among man's endeavours,
and of the castle that was in Edinburgh
long before Christ was crucified,
and of the cathedral in Glasgow,
and the castle in Stirling.

6. We've heard tell from many quarters
of edifices that were famous –
there was a building in Hanover
with golden jambs and doors of silver –
but such a building as this one
has never been seen beside an ocean,
made of masonry and lime-wash
as white as the snow of the mountains.

7. When I went into the hallway,
I looked above me with trepidation:
everything I saw was marvellous,
and I'm not ashamed to tell it:
wax candles burning brightly
on carved tables of beautiful timber;
a third of what I saw was gold and silver,
with gleaming untarnished mirrors.

8. A fleet of ships with great cannons
will pass under sail below your gateway;
every captain will disembark into his dinghy
exclaiming how great the marvel
that so lofty a building exists in the country,
with its ramparts white as the swan's bosom:
'Let's go on in towards it
and see how lively is its ballroom(?).'

9. They'll enter the doorway
and place their hats under their mantles;
they'll tread their black footwear
on the yellow carpet with golden shimmer;
they'll tiptoe quietly and discreetly,
circumspect, awestruck through every chamber
with their hats and shoes in their oxters,
though they were never shy on the end of a sailyard.

10. Ashamed and frightened,
they'll flee the place with terror;
each one will make for his own vessel
and will hoist its mainsail;
they'll speed over the speckled rollers,
green and foaming, splashing to their shoulders,
and they'll never stop till they reach London,
to spread the praise of Ruairidh's mansion.

56.

ÒRAN MOLAIDH A' BHUNTÀTA

1. Cuiream m' aithne agus m' iùl ort,
    Fhir as dlùth thig mun teine;
Nuair as giorra gach cùrsa
    Bidh an t-sùil aig gach duin' ort;
Thèid gach bean air a glùn dhut
    Gus an dùmhlaich thu chuile;
Cha bhi gean air an tùrlaich
    Gus an rùisgear do chulaidh.

2. Chan eil fear a chuir ùir ort
    Nach robh 'dhùrachd fod fhilleadh,
Chuireadh sgil air do ghiùlan –
    Thig tha 'n ùiread od sheanaid!
Ged a shileadh an driùchd ort,
    Bhiodh do lùirichean tioram:
'S ann a shireadh a' bhùirn dhut
    Gheobhte sunnd air a' ghille.

3. Thèid an tolladh sna cùilean
    Nuair a spùillear do thoradh;
Cha bhi smal air a' bhùirleasg –
    Thèid an dùsal às aire;
Cha bhi gainne air a' phùidse
    Gus an dùin air an Earrach:
Cha toir ainnis do chùis dhìot
    O nach diombadh do leannan.

4. Cha tig allaban dlùth dhut
    Ma bhios lùths ann am beannachd;
Bheir thu coibhneas dhan ùmpaidh
    Bhios a bhrù air mar eallach:
Mur dèan aran a' chùis dha,
    Cha bhi lùb air a stamaig
Nach toir d' fhaileas gu dùmhlaid
    Ann an smùidean o bhannas.

5. Ged a gheibh thu do phlùiteadh,
    Cha bhi mùig air do mhalaidh:
Chan e 'n gearan do dhùthchas –
    Tha thu siùbhlach dhan fhalamh;
Fhir a shalaicheadh na sgùirdean
    A chuireadh sùrd air an teallaich,
'S iomadh teang' agus cùlaig
    Mun do dh'ùraich thu callann.

6. Cha bhi carraid na caoineadh
   Air an sgaoiltich dha mair thu;
Nuair *dh'fhàillicheas* taodan
   Cha bhi braoisg air an aire;
Bheir thu sreamadh na h-aoise
   Thar an aodainn am fan thu,
Is bheir thu faileas na faoilte
   A h-uile taobh air an gabh thu.

7. 'S iomadh cailleach thug gràdh dhut,
   Ged a shàraich thu 'n drannaig;
'S iomadh buille gun fhàbhar
   Thug thu mheàirleach na feannaig;
Cha b' e buinnig nam màsan
   Mura tàrradh iad d' fhalach
Fad 's a chuireadh an deàrna
   Fulang ànradh do mheallaidh.

8. Thàinig urram gun uabhar
   Air do shuaicheantas meallach;
Cha bhi mallachd mun cuairt dhut —
   Chan eil bruaillean ad bharail;
Nuair a sgiolas na gruaidhean
   Air am buadhaich an ainnis
Thèid an tilleadh on uaigh leat
   Ann an snuadhachadh glainid.

9. Thèid thu bhroilleach nan uaislean
   'S bidh thu luath chon nan sgalag;
Thig thu 'n goire na tuathadh
   Eadar chuant' agus pheallach;
Thèid thu thalla nan truaghan
   Eadar ghruamach is gheanail:
'S leat an gealladh on dualchas
   Air nach d' fhuaradh an sgannal.

10. Fhir mun guileadh na pàistean
  Nuair a dh'fhàgadh tu 'n sealladh,
Mura tuinicheadh bàrr ort
  Bhiodh an làmh air an anart;
'S tric a thilleadh am bàs leat
  O na màileidean falamh:
Gad a spioladh e chàir dhiubh
  Bheireadh d' fhàileadh an nimh às.

11. Beannachd leanaibh is mhàthraibh
  Air an àilgheasachd shocair
Chuireadh garadh is càirdeas
  Eadar clàir agus poitean;
Thar am b' fhosgaireach gàire,
  Nuair a smàladh tu bhochdainn;
Thàinig fortan an àigh ort:
  Nì thu àireach is doctair.

12. Cha bhi coigreach ad fhàrdaich
  Ann an àileadh na mosaich;
Chan e 'Ochan!' do chànan —
  Tha do làmh air a fosgladh;
Cha b' thu coltas do nàbaidh
  Ann an slànachadh loitean,
Mar tha 'm brochan gun tàileasg
  A chumas bràithreil a' ghorta.

56. A Song in Praise of the Potato

1. Let me make your acquaintance,
man who comes near to the fireplace;
when the courses are scantest,
everyone looks to you, hopeful;
every woman prays to you
to fill the storehouse;
there will be no fun at the bonfire
till off comes your jacket.

2. No one who heaped earth on you
hasn't longed for your reappearance;
skill was spent on your funeral –
you come anew from your senescence!
Though the dew were to fall on you,
your tattered leaf would be thirsty:
the lad would be found cheerful
when fetching you water.

3. They'll make pits in corners
when your bounty is plundered;
there'll be no end to the party –
there'll be no thought of sleeping;
in the pouch (?) there'll be no shortage
till the close of springtime:
no scarcity will deplete you
as spite is not your sweetheart.

4. You will find no need to wander
if there's strength in a blessing;
you bring kindness to the blockhead,
whose belly's like a burden;
if bread doesn't suffice him,
there'll be no hollow in his stomach
that your shade won't make bulky
with his gums' grinding.

5. Though you get a soaking,
you don't get sulky:
to complain isn't your nature –
you are handy for the empty;
O man who'd dirty aprons,
who would cheer the fireside,
there's many a tongue and molar
where you renewed the chatter.

6. There'll be no strife or weeping
on the drying-ground you're spread on;
when strings are breaking,
there'll be no thought of gurning;
you will bring old-age wrinkles
to the faces who eat you,
and you give the gleam of welcome
in every place you venture.

7. Many an old wife loved you,
though you were a heavy burden;
many a blow without favour
you gave to the lazybed robber;
you didn't reach the barrel's bottom
unless they tried to hide you,
whose palms were suffered
by those who would steal you.

8. Your deceptive appearance
has gained honour without hauteur;
no cursing attends you –
your reputation is unclouded;
when cheeks are wasted
by the effects of hardship,
you turn folk back from the graveyard
in the best of colour.

9. You are beloved of the noble
and snapped up by the humble;
you stand close to the peasants,
both the tattered and the tidy;
you enter the rooms of the wretched,
both the gloomy and the merry:
yours the promise of a bloodline
in which no scandal was discovered.

10. You whom the children would cry for
if you'd ever desert them,
if your shaws grew no produce,
shrouds were made ready;
you rebuffed death often
round bags that were empty:
though it pared their looks off,
your reek took the sting out.

11. Blessings on children and mothers,
on their tender palates,
warmth and kindness have settled
between table and vessels,
above which smiles were cheerful
when you snuffed out hunger;
blessed good fortune came with you:
you're both herdsman and doctor.

12. No stranger in your dwelling
will feel the whiff of meanness;
'Alas!' is not your language –
your hand is always open;
you're not like your neighbour
in the healing of anguish,
like porridge lacking substance,
that is a brother to famine.

57.

RANN DO DH'ÈILDEARAN AN LÒIN MHÒIR

1. Ged tha ùpraidean an t-saoghail
A' cumail dhaoin' air bheagan tàmha,
Chan urrainn mi gun bhith smaointinn
Air na laoisg a chaill an nàire.
Èildearan dubh' an Lòin Mhòir
Nach d' fhuair eòlas air an àithne
Bhith nan suidh' an cathair binn
An aghaidh muinntir a fhuair tàlant.

2. 'S fìor choltach iad ris na h-òighean
Thàinig len cleòcannan àlainn
An coinneamh an Fhir nuadh-phòsta –
Cò bu spòrsaile na àsan?
Nuair thàinig feum air na lòchrain,
Bha iad dòlam agus tràighte,
'S fhuair iadsan taobh 'muigh na còmhla,
Far 'm bi seòrsa dhem bheil àsan.

3. Càit an d' fhuair iad nan dall-eòlas –
A ghuite bha 'n dòrn Rìgh na Slàinte,
Bhith ga tarraing às a mheòirean
Gus na gòbhraibh a bha nan àireamh?
An Ierico, ge b' ionad mòr e,
Cha robh cho feòlmhor ri Ràhab,
Ach fhuair i sealladh air an tròcair
Nach d' fhuair na slòigh a bha ga càineadh.

4. 'S iad na Pharasaich da-rìribh,
A ghlanas taobh clì meis' spàine,
A chagnas a' chuileag as fhaoine
'S a shluigeas le ghaoisid an càmhal.
Cha chuala 'n cuairt mo thìm mi
An cliù ga innse 'n taigh an nàbaidh,
Ach cho gionach ris an uaigh,
Gu liùgach fuar ma gheibh iad fàth ort.

5. B' e 'n càs an t-òganach uasal
Tha air a chuartachadh len clàbar;
Iad a' solar dheth gach tuaileas,
Cumail bruaillean anns gach fàrdach.
Ach nam biodh esan cho mion-eòlach
'S a tha mis' air fòtasan pàirt dhiubh,
Chan ann bho litrichibh Phòil
A fhuair iad còir a bhith san àireamh.

6. Ged tha Oilthighean Dhùn Èideann
A' rannsachadh geur anns gach cànain,
Cha d' fhuair iad air feadh an leughaidh
Mar fhuair Greugaich Cheann an t-Sàile.
Eli, ge b' ionnsaichte geur e,
Seall am beum a thug e 'Hànah,
Ach chan eil acasan de thùr
Ach leantainn cùrsaichean Bhalàam.

7. Ged a tha 'n t-sail ann ur sùilean,
Chì sibh an smùirnean tha 'n càch leò;
Cha tug sibh an aire don chuilbheart
A thionndaidh gu brùideil air Hàman:
Shuidhich e croich ann an caonnaig
Gu bàs aognaidh Mhordecài,
Ach thàinig a' chasaid gu bròn dha:
Chrochadh air sgòrnan na àit' e.

8. Thàinig a chàirdean gu Iob
Nuair chual' iad a dhòrainn 's a chàsan:
Bha iad a' sealltainn an dìlseachd
Mìneachadh dha 'n nì thug plàigh air;
B' àill leò e dh'àicheadh na fìrinn,
'S strìochdadh do na theireadh àsan:
'S beag nach do leag iad am fìrean
Cho ìosal 's a dhèanadh Sàtan.

9.'S eagal leam gum faic mi 'n t-uabhas
Bheir sibh a-nuas air a' cheàrn seo,
An leanabh a bheannaich an t-Uan,
A' cumail uaith' nì chaidh àithne dha:
Baisteadh ann an ainm na Trianaid
Bho làithean cian Abrahàim –
Cha b' fhiosrach mis' air a dhiùltadh
Le Abstol ùngte no Fàidh.

10. Tha sibh nur caithris aig Iòrdan,
Cumail an òigridh à Pàrras;
Cha leig sibh leanabh gu Eòin,
A chum a phòsadh ris an t-Slàn'ghear.
Tha cosamhlachd a' Mhic Stròidheil
A' sealltainn dhòmhsa mar a tha sibh:
Cha tèid sibh a-steach don t-seòmar
Chionn gun tugadh beò ur bràthair.

11. Ma gheibh thu drama bho dhuin'-uasal,
Tha thu 'n uair sin air do mhàbadh;
Ma chuir thu car na do ghuaillean
A' sealltainn bhuat le feithe ghàire,
Bheir Iain MacAlastair suas thu;
Leugh thu 'n *Cuairtear* air an t-Sàbaid –
Fuiling a-nis do bhinn
Bho Chalum seang 's bho Eòghan Tàillear.

12. Dh'fhaighnich mi dh'fhear dhiubh le ciùine,
'Am faigh thu 'm bùrn dhomh air mo phàistean?'
'S fhreagair e mi gu leth ghnùgach,
'Chan eil thu iompaichte dha sin.
Ach theirig do Thotaig 's do Shiadar,
'S gu Aonghas ciar anns an Fhàsach:
Ma bheir a' mhuinntir sin gnùis dhut
Gheibh thu do chùisean gu d' àilgheas.'

13. Feuchaidh tu smiorail ri Ruairidh
Gu 'n toir e suas dhut a bhòta;
Saoilidh mi gum faigh thu suairce
'N duin' uasal sin Maighstir Nòble.
'Cha bu mhath leam a bhith cruaidh ort,
Bheir thu cuairt dhomh 'bhuain na mòna,
'S thèid mise gu uchd mo dhìchill
Nuair a bhios na dìslean còmhla.'

14. Ciod e tha dalladh an aodhair
A tha 'g aontachadh le sgleòthan,
'S gum faic thu greann air an aogasg,
Mar gum biodh an t-aog gam pògadh?
Chan fhaigh thu 'choibhneas nan aodann
Na bheir taobh an rathaid-mhòir dhut;
Ach mo bheannachd bhith nur n-aodach,
Ged nach toir sibh gaol dom chòmhradh.

57. A Poem to the Elders of Lonmore

1. Though the world's upheavals
give people little respite,
I cannot help thinking
about the rogues who've lost their humility:
the wretched elders of Lonmore
who've no knowledge of the commandment:
sitting in the seat of judgement
against others who've received a talent.

2. They are just like the virgins
who came in their lovely mantles
to meet the new Bridegroom,
and who could be more light-hearted?
When there was need of the lanterns
they were found wanting and empty,
and they found the door closed against them,
where their sort belong rightly.

3. Where, in their blind knowledge,
did they get the corn-fan the Saviour handled,
pulling it from His fingers
for the goats that were in their number?
In Jericho, though a great city,
there was none as lustful as Rahab,
but she caught a glimpse of the mercy
denied the hosts who'd lampooned her.

4. They are indeed Pharisees
who lick the underside of the ladle,
who chew the gnat that is weakest
and who swallow the camel with all its hairiness.
In all my life in the house of their neighbour
all I've heard of their reputation
is of their being as greedy as the grave
and sneaky and cold if they gain the advantage.

5. The problem was the young noble
who has been smeared with their nastiness,
with them seeking out every scandal
to keep trouble in every household.
But if he were as knowledgeable
as I am of the faults of some of them,
it isn't from the letters of Paul
that they got the right to be numbered.

6. Though the universities of Edinburgh
are researching deeply into every language,
in all their reading they never found
what the Greeks of Kintail have;
though Eli was sharp and learned,
look at the blow he gave to Hannah,
but they don't even have the sense
not to follow the ways of Balaam.

7. Though the beam is in your eyes,
you see the mote in the eyes of others;
you never noticed the cunning
that turned nasty on Haman.
He built gallows in a squabble
for the dreadful death of Mordecai,
but his accusation came to sorrow:
he was hanged in Mordecai's place.

8. His friends came to Job
when they heard of his suffering and troubles –
they were looking in all sincerity
to explain to him what plagued him;
they wished him to deny the truth
and to yield to what they counselled:
they almost brought the righteous man
as low as Satan would have.

9. I'm afraid I see the horror
you'll bring down on this district,
keeping what has been ordained
from the child the Lamb has blessed:
baptism in the name of the Trinity
from the distant days of Abraham –
I never heard of it being refused
by an anointed Apostle or prophet.

10. You are watching by Jordan,
keeping the young out of heaven;
you won't allow a child to reach John
to marry him to the Saviour.
The parable of the Prodigal Son
reveals to me your ways:
you won't enter the chamber
because your brother was brought alive again.

11. If you accept a dram from a noble,
you are then denounced with anger;
if you shrug your shoulders
looking around laughing,
John MacAlasdair will upbraid you;
you read the paper on the Sabbath –
suffer now your sentence
from skinny Calum and Ewen the tailor.

12. I asked one of them calmly,
'Will you baptise my infant?'
and he answered, scowling somewhat,
'You're not converted for that.
But go to Totaig and to Shiadar,
and to swarthy Angus in Fasach:
if those people countenance you,
you will find matters to your pleasing.'

13. You remonstrate strongly with Rory
to make him vote in your favour;
I imagine you have the favour
of that nobleman, Mr Noble.
'I wouldn't like to be hard on you,
you'll do a turn for me peat-cutting,
and I will give it my best effort
when the elders are together.'

14. What is blinding the pastor
that consents to humbug,
so you see a scowl on their faces
as if death kissed them?
They don't show you enough kindness
to make way for you in the roadway;
but your sails have my blessing,
though you will not like my converse.

58.

DÀN A' BHREITHEANAIS

1. Èistibh, uile shluagh na cruinne,
An sealladh a bhuilich mo thàmh orm:
Dh'fhosgladh na speuran san ear
Mar choslas dorais bhiodh air stàball;
A dhà-dheug de dh'eachaibh geala,
Leum mar dhealanach gu làr iad,
Is trùpair na shuidh' air gach fear dhiubh,
Am faileas an earraidhean sgàrlaid.

2. Bha sliabh, ar leam, àrd is corrach,
Corr' chraobh thomadach de dh'Alum;
Smuaintich mi Sliabh nan Crann-ola –
Bha e coslach ris an àit' ud.
Thàinig aon le sgiathaibh iolair,
'S dh'èigh e air mullach an fhàraidh,
'Ruith an aont' a bh' aig an talamh:
Sèid an fhalaisg 's na gabh bàidh ris.

3. 'Dòirtibh an fhuil air gach bealach,
Cuiribh cabhag air gach nàmhaid
Gu bhith 'n amhaichean a chèile,
'S na gabh dèistinn anns an àraich.
Mar a dh'innseadh leis an diadhair,
Thig Gog gu h-iargalt gu Màgog,
Chur tuillidh cudthruim san t-slabhraidh
Cheanglar gu teann air an t-Sàtan.

4. 'Ruithibh air na ceithir ghaothaibh,
Seulaichibh luchd-gaoil an t-Slàn'gheir;
Seulaichibh gach uile ghlùn
Nach robh gan lùbadh dha na Dàgoin;
Nuair a shèideas mis' an trombaid
Le ùghdarras o na h-àrdaibh,
Chan fhaicear tuillidh mu chùbaid
Luchd-iùil gun sùilean gun ghràsan.

5. 'Ìmpir' bha riaghladh air rìoghachd,
Tha crùn rìoghail ort an tràth sa,
Ach 's goirid gu 'm bi thu san òtraich,
Nach fuiling sròn bhith nad àileadh.
Buailear do ghlùinibh ri chèile,
Mar dh'èirich do Bheltesàsar,
'S chan aithnichear leat an làmh-sgrìobha
Bheir air mhìreanach don bhàs thu.

6. 'Tha Mellenium Iehòbha
Dol a thòiseachadh an tràth sa,
'S cha b' e sin an sealladh sòlais
Do ghionadair ròiceil an àrdain.
Dhìth sibh an talamh 's an t-òghradh,
Thog sibh ur sròinibh mar Bhàbeil,
Reic thu d' anam airson d' fheòla,
'S thiodhlaic thu fon chòir an tàlann.

7. 'Bheil thu crìothnachadh le deuchainn
Ro thàirneanach fiadhaich Shinài;
Nach eil an talamh na fhianais
Gun robh thu riamh ad fhear-àicheidh?
'S aithne don ghealaich 's don ghrèin thu,
Gun robh do dhèanadas mar Chàin,
A lìonadh gach bealach a dhèanadh
Barrachd riaslaidh dha do bhràthair.'

8. Ràinig a' ghaoir cùirt nam flaitheas,
Daoin' agus mnathan is pàistean,
Gan spùilleadh 's a' rùsgadh nan taighean,
Cur am beatha 'n iomadh gàbhadh.
Ahab, nuair thàinig a ghionach
Gu caraibh a chur mu Nàbot,
Dh'òl na brùidean a chuid fala
'S chaidh anam don teallach bhàsmhor.

9. 'Thruaill sibh an teampall 's an altair,
Rinn sibh stairsneach dhe na fàithntean;
Cha tug sibh aoigheachd don mhac,
Is phrann sibh an leac an robh àithntean.
Ghabh sibh an saoghal nur glacaibh,
Thug sibh ur tlachd is ur gràdh dha;
Dìonaibh e nis bhon lasair –
Chaill sibh a thaic mar rinn Dàtan.

10. 'An seall thu air bratach an lagha,
Ri crann soilleir aig a' bhàs,
Na mìltean eug a' falbh na chomann,
'S e 'g iarraidh na 's urrainn e thàrsainn?
Ma gheibh e thu gun an t-urras,
Chan eil tuillidh gus a ràidhtinn;
'S e Tòphat mhòr do dhearbh innis,
Às nach tillear le cion àit' thu.

11. 'Sèidibh air rèilean nam planaid,
Rolaibh gu mean do dh'aon àit' iad;
Buinibh sèimh ri grèin 's ri gealaich –
Rinn iad gach car a chaidh àithn' daibh.
Cuir brat ump' a chumas glan iad,
Gu 'm faic iad sealladh a' bhlàir ud
Nuair ghoileas an fhairge mun talamh,
'N àm bhith teannachadh a nàmhaid.

12. Càit a-nis a bheil na h-eachaibh
Air na mharcaich sibh gu stàtail,
Smaointinn gum bu leibh an talamh
'S cìsean ur calla dhuibh pàight' ann?
Nithear a-nis do ghearradh
O gach malairt a rinn àrd thu,
Dh'ionnsaigh durragan a' ghrunnda,
Gun chiùil gun sùilean ri càirdean.

13. 'Bheireadh sibh Dia far na cathrach
Nan dèanadh nimh agus làmh e;
Chuireadh sibh fàinnean ur corrag
San laogh mhallaicht' a rinn Aaron.
On b' e Barabas ur roghainn,
Bidh sibh gun leaghadh na nàbachd
Anns an ionad sin an cual thu
'M bi a dhuais aig an fhuar-chràbhadh.

14. 'Bu tric a sheirmeadh ann ad chluasan
'N t-uabhas thig ort an là ud,
Ach chaidil thu 'n creithlichean suaine,
 Àrdan is uabhar gad thàladh;
 Cha d' rinn thu do theang' a ghluasad
Mu fhuil luachmhor an Uain Chàisge,
Ach sluigear an-diugh sa Mhuir Ruaidh thu:
'S feuch ri d' uaill an cùm i 'n-àird thu.'

58. A Poem on the Judgement

1. Listen, all of earth's people,
to the vision my slumber bequeathed me:
the skies in the east were opened
like a door opening on a stable;
then twelve white horses bounded
down to the ground like lightning,
sitting on each of them a trooper,
in shadow in robes of scarlet.

2. A hill appeared to me, high and pointed,
with the odd tree of Alum;
I thought of the Mount of Olives –
it resembled that location.
One appeared with the wings of an eagle,
and shouted from the top of the lookout,
'The covenant with the earth has ended:
fan the muirburn and show no pity.

3. 'Spill the blood on every pathway,
goad on all enemies
to be at the throats of one another,
and don't be sickened by the slaughter.
As the divine prophet has related,
Gog will come with dread to Magog,
to add more weight on the fetters
that will be tightened fast on Satan.

4. 'Run on the fourfold winds,
put a seal on those who love the Saviour;
put a seal on every knee
that did not genuflect to the Dagons;
when I blow on the trumpet
with authority from the highest,
no more will be seen round a pulpit
guides without eyes or graces.

5. 'You emperor who ruled a kingdom,
you wear a royal crown at present,
but it's not long till you'll be on the dungheap,
and no nose will suffer your odour.
Your knees will tremble together,
as happened to Belshazzar,
and you won't recognise the hand writing
that leads you to death by the bridle.

6. 'Jehovah's Millennium
is going to begin now,
and that would be no sight of solace
to the voracious pround glutton.
You all destroyed the earth and the harvest,
you raised your noses like Babel,
you sold your soul for your body,
and in the ground you buried the talent.

7. 'Are you trembling with anguish
before the terrible thunder of Sinai;
isn't the earth a witness
that you were always an apostate?
The sun and moon both know you:
like Cain's was your conduct,
in finding every way you could muster
to increase your brother's hardship.'

8. The rumbling reached the court of heaven,
men, women and children,
plundering them and stripping their houses,
putting their lives in many a danger.
When his greed drove Ahab
to cheat Naboth,
the beasts drank his blood,
and his soul went to the deadly furnace.

9. 'You have profaned the temple and the altar,
you've trampled over the commandments;
you gave the Son no welcome,
and smashed the tablet of commandments.
You have embraced the world
and have given it your love and affection:
protect it now from the flame –
you've lost its support, as did Dathan.

10. 'Will you look at the law's banner
held by death on a bright standard,
with the dead joining his party in thousands,
as he grabs as many as he can capture?
If he gets you without warrant,
there'll be nothing more to speak of;
great Topheth is your certain point of muster,
which will not rebuff you for lack of room.

11. 'Blow on the orbs of the planets,
roll them gradually to the one position;
handle the sun and moon gently –
they have done all they were commanded.
Cover them to keep them clean,
so they can get a view of that battle
when the sea boils round the earth,
and its foe will be straitened.

12. 'Where now are the horses
on which you rode proudly,
thinking you possessed the earth
with the payment of your requital?
Now you will be severed
from every transaction that made you haughty,
towards the earth's maggots,
without songs or eyes for companions.

13. 'From the throne you would topple the Godhead
if spite and hand could do it;
you would melt the rings of your fingers
into the cursed calf made by Aaron.
Since your choice was Barabas
you will be indissolubly in his company
in that place where you have heard
that hypocrisy will be rewarded.

14. Often did your ears hear the sermon
of how you'll be overcome that day by terror
but you have been slumbering in your cradles,
rocked by pride and arrogance.
You didn't bestir your tongue to speak of
the precious blood of the Paschal Lamb,
but today the Red Sea will gulp you:
see then if your pride can keep you afloat.

59.

DÀN DON GHRÈIN

1. A ghrian a shiùbhlas cian mun cuairt,
   Nach leig thu nuas thugam do sgeul?
Cò 'n Triath thug dhut do chasan luath
   No bheil do bhuaidh agad uat fhèin?
Gun chaochladh mionaid air do shnuadh
   On chiad là ghluais thu 'n cluain nan speur,
Gun aois, gun tinneas no gun suain
   A' cur gnè smuairein air do sgèimh.

2. Còig mìle bliadhn' is ciadan còrr
   O fhuair thu eòlas air do chùrs';
Chan eòl do neach air bith do lòn,
   Ach lionta beò fa chomhair gach sùl'.
Os cian chuireadh umad còt',
   'S cha b' ann de chlòimh no sheòrs' à bùth,
Ach fìnealt', innealt' ann an glòir,
   San fhìon-lios pòst' le òrdugh triùir.

3. San àm san robh Mac Rìgh nan Rìgh
   A' fulang dìteadh o na h-Iùdhaich,
Bha mòran de na naoimh ag inns'
   Gun tug thu fianais anns an tùrn –
Mas ann le tioma fo phian,
   No air iarraidh on àrd-chùirt,
Chuireadh do ghilead fo sheun,
   'S chùm thu rinne cian do chùl.

4. Ach 's ioghnadh leam nuair bha do phrionns'
   A' call a lùth air an t-sail ghairbh,
A cheann fo sgitheach sìos a' lùbadh
   Is fhuil a' brùchdadh len cuid arm,
Nach tug thu sitheadh gan ionnsaigh
   Le àr brùite a dh'inneal mairbh,
A thionndadh an cridheachan brùideil
   On cùis-shùgraidh gu gal searbh.

5. Ach freagair mi le briathraibh tlàth,
   Ged tha thu àrd os mo cheann,
O 's sinn obair nan aon làmh –
   Na gabh tàmailt ri mo sgeilm.
Bu mhiann le m' anam 's lem chàil
   Gum biodh do chànan dhomh soirbh:
An dèanar do philleadh o d' à'ist,
   No 'n lean thu gu bràth do ghairm?

Freagradh na Grèine:

6. Còig mìl' bliadhn' is ochd ceud deug,
   Thug mis' a' riaghladh fo nèamh,
A' toirt an cuibhreann do gach reult
   'S don ghealaich, mo chlèireach sèimh.
Chan eil fios a'm air mo chrìoch,
   O nach bu leam fhèin mo thrèin' –
'S dìomhaireachd sin aig na Trì
   Nach gabh inns' ach uaith' fhèin.

7. B' ioghnadh leat mi dh'fhuireach balbh
   Nuair bha farbhas air an t-sliabh,
Ach bha na h-aingle guineach garg
   A' togairt falbh gu sin a dhìol;
Ach Ìos' a bha ris a' chrann,
   Ghuidh gu teann na mhòr-chiall,
Athair! Na caith iad do Thòphat,
   Dìon luchd mo thòrachd-s' o phian.'

8. Ciamar a cheilinn-sa bròn:
   Esan chuir glòir na mo ghruaidh,
Bhith faicinn bhith sracadh fheòla
   Is uilt a mheòir fon òrd chruaidh.
Nam bite air caismeachd thoirt dòmhs'
   Gu gleac an còmhraig an Uain,
Bhiodh iad an lasraichean Shòdoim;
   Ach chum tròcair sin uath'.

9. Ceud mìle millean mìl' uair
     Chuir mise cuairt os ur cinn,
'S aithne dhomh ìosal is àrd,
     On fhuair mi 'n tàlann on Rìgh:
Nuair chuireadh an t-suain air Àdhamh,
     Bha mi sa ghàrradh nan cainnt –
Bha e mar mise air an là sin
     Gu 'n tug e bàs air a chloinn.

10. Ò, nis èistibh-se na thràth,
     On tha 'm bàs a' tarraing teann –
Dùinear uinneagan na h-àirc'
     'S thèid brat sgàrlaid air mo cheann-s'.
An t-ùmaidh bha goil ann an àrdan
     'S a bha sàrachadh nam fann,
Dùinear sa ghoil e, 's cò 'chàirdean
     A sheasas na àit' san fhang?

11. Sibhse a gheibh an sealladh uabhais,
     Ur Dè, ur cruachan 's ur sprèidh
Bhith nan lasraichean mun cuairt duibh,
     Gàir a' chuain is stràcadh speur,
Raontaichean arain luchd-uabhair
     'S iad nan luathaidh tro chèil' –
Mur bi earradh geal an Uain ort,
     Tuilleadh fuasglaidh cha dèan feum.

12. Cuimhnich a' bhith-bhuantachd mhòr,
     Cuimhnich mar tha Pòl ag inns',
Cuimhnich air d' anam bhios beò,
     Mas ann an dòrainn no 'n sìth;
Cuimhnich air an fhuil chaidh dhòrtadh,
     Bhiodh naoidhean òg air a' chìch,
A' dìobairt gach gionach 's fòirneart,
     'S dìreadh riutha do shòlas – Slàn leibh.

59. A Poem to the Sun

1. O sun that travels far abroad,
won't you relate your tale to me?
What Lord gave you your rapid feet,
or are your powers derived from yourself?
Without a minute's change to your hue
from the first day you moved in the meadow of the skies,
neither age, nor illness, nor sleep
casting the slightest shadow on your looks.

2. It is five thousand years and hundreds more
since you became acquainted with your course;
no-one knows what you consume,
though you look healthy and well-fed to every eye.
Long since you put on your coat
and it wasn't made of wool or of anything bought,
but finely-wrought, contrived in heav'n,
married in the vineyard as ordained by three.

3. At the time the Son of the King of Kings
was suffering condemnation from the Jews,
many of the saints relate
that you bore witness in your turn –
whether it was from sensitivity to pain
or at a request from the high court,
your brightness was blotted out
and for long you turned your back on us.

4. But I'm surprised that when your prince
was losing strength on the rough beam,
his head drooping beneath the thorns,
and his blood being spilled by their arms,
you didn't hurl towards them yourself
with the fierce slaughter of a deadly machine
to turn their brutal hearts
from their merry play to bitter tears.

5. But answer me with gentle words,
though you are high above my head –
since we are the work of the same hands,
don't be affronted by my taunt.
I would love, both my body and soul,
to be able to understand your tongue:
can you be turned from your norm
or will you forever follow your call?

The sun answers:

6. Five thousand and eighteen hundred years
I have spent ruling under heav'n,
giving its share to every star,
and to my gentle cleric, the moon.
I have no knowledge of my end,
since my strength is not of myself,
that mystery belongs to the Three
and cannot be told but by themselves.

7. You were surprised that I stayed quiet
when destruction went on on the Mount,
but the angels were sharp and fierce,
wanting away to revenge that;
but Jesus who was on the Cross,
He prayed earnestly in his great sense,
'Father, don't cast them into Tophet,
spare my persecutors from pain.'

8. How could I have hidden my grief
at seeing him who put glory in my cheek
with his flesh being torn and his finger-joints
crushed by the hammer's blows?
If I had been given the power to march
to fight in defence of the Lamb,
they would be in Sodom's flames;
but mercy spared them that.

9. A hundred thousand thousand million times
I made a circuit over your heads;
I know both high and low,
since I got the talent from the King;
When Adam was sent to sleep
I was in the garden, in their speech –
he was like me that day,
till he brought death on his race.

10. Oh, listen now while there's time,
since death is drawing close –
the windows of the ark will be closed
and a scarlet cloak placed on my head.
The fool that was boiling in pride
while oppressing the weak will be locked
in the boiling heat, and who are his friends
who will take his place in the fold?

11. You who will see the terrible vision
of your God, your corn stacks and your cows,
being in flames around you,
with the ocean's roar and the tearing of the skies,
the fields of corn of the proud
destroyed and turned to ash –
unless you wear the white raiment of the Lamb,
further supplication will do no good.

12. Remember the great eternity,
remember what is related by Paul,
remember your soul will live on
whether in torment or peace;
remember the blood that was spilt,
there was a young babe at the breast,
who banished all tyranny and greed,
rising above them to bliss – Farewell.

60.

ÒRAN DO THULAICH GHLAIS RIS AN ABRAR 'TUNGAG'

1. 'S mi tighinn thro chala Thungag
'S an driùchd air a badanan,
Bu bhùireanach na ciùil
Tighinn siùbhlach thro feadanaibh.
Cha b' ann de fasan gum biodh tachdadh
Ann an taic am feadaireachd,
Cha bheachdaicheadh don còmhradh
Nach deònaicheadh freagairt daibh.

2. Ge b' fhileanta na sgòrnain
Air còmhradh 's air ceilearadh,
Bu sgileile na meòirean
Air spògan a speireachan,
Le breabadh chas air uillinn chais,
Na meangain altach fhulaingeach,
Mun eadradh air am bòrdaibh
Ag òl far nan duilleagan.

3. Tha iomadaidh air dòrtadh
De sheòrsaichean iongantach
Gu biolairean an òlaich
O bhòcain nam fìrichean,
Le bùirich dhos am bun a' phreas
Don togair freagradh rifeidean
Ri bileanaibh a leòidean,
Gu còmhlanach, mileagach.

4. Bha luinneag air an smeòraich
Ri sgròban nan cliofannan,
'S i spioladh far an fheòirnein
Dhe lòn mar a shireas i.
Tha 'm biadh 's an deoch gun fhàillinn gorta
Mu na tobair iomasglach;
Cha seinn iad air na h-òrgain
Gach sòlas a chinnich dhaibh.

5. Tha 'n coileach air a chòmhdach
Le còta de dh' ioma dath,
Le choilearan air òradh
Gu ròineagach rionnagach,
A' tighinn a-mach o bhun a stac
Gu sùgach, frachdach, furachair,
Le chìrean dearg tha ròsach
'S le bhòtannan fionna-gheal.

6. Bha leannan banail pòsta
Gu còmhraideach furanach
Ri mealladh gean a ghògain
Gu h-òslaineach binnfhaclach,
A' falach-fead mu ghur a neid
'S a' cogar eadar fhilleanan
Le spiorad mire 's òige
Gu sòlasach sùileanach.

7. Cha salaich fear na cròice
A bhròg air a bhioraichead,
'S an fhallaing chanaich mhògaich
An ròidean a h-innisean,
D' fhallas culaidh bainneach cuille,
Meallach duilleach binneagach,
Gu bearrach daileach ceòthach,
Gu lòineagach slinneanach.

8. Tha ghealag leumnach earrachaol
Gu balbh anns na glumagan,
'S a lainnir air a' ghainmhein
Gu h-airgeadach cuileagach,
'S i snapadh guib 's a' snapadh chuip,
A' ceapadh thuice chuileagan,
Gu geamach sailleach mealgach,
Gu garbhanach cullarach.

9. Ged thilleadh air an t-samhradh,
Bidh Tungag gun uireasbhaidh;
Ged shileas o na beanntaibh
Gach alltan nan tuileachan,
Nan tonna bras a' lomadh leac,
A' tonnadh shac gu linneachan,
Ro lili soilleir ceann-dearg,
Mar lainntear a' turraman.

60. A Song to a Green Hillock Called 'Tungag'

1. As I came through a cleft at Tungag
with the dew on her grassy mounds,
the melodies were noisy
flowing through her rivulets.
Not her custom for their whistling
to be affected by blockages;
no-one could listen to their converse
without wanting to answer them.

2. Though fluent the thrapples
at talking and carolling,
more skilful were the talons
on the feet of her sparrow-hawks,
legs striking on twisting woodbine,
the branches jointed, flexible,
about milking time on their tables,
drinking from the foliage.

3. A multitude has descended
of wonderful varieties,
between cresses among the grasses
and the roe bucks of the deer-forests
with drones murmuring from the thicket
which desire reeds' answering,
with blades of grass from her inclines,
tussocky and poppy-decked.

4. The thrush had a ditty
as she scratched at the rocky bluffs,
as she picks from a grass-blade
her choice of nourishment.
Food and drink never fail
round the springs that are numerous,
they cannot sing on the organs
of every joy that accrued to them.

5. The cock is wearing
a multi-hued covering,
with his little collar gilded,
starry and feathery;
coming out from below his stack,
cheerful, ragged, watchfully,
with his comb red and rosy
and his white boots glittering.

6. His comely wedded sweetheart
is talkative and welcoming,
enjoying the cheer of his crowing,
ecstatic and eloquent,
playing hide-and-seek with her nest's brood
and whispering through its filaments
with a playful youthful spirit,
cheerful and sharp-sighted (?).

7. The antlered one won't dirty
his hoof whatever the gradient,
with the paths to her pastures
cloaked in shaggy cotton-grass,
with moisture of milky sweet flag apparel,
full of mounds, foliage and pinnacles,
with ridges, dales, and hazes,
giving growth to wool and sturdiness.

8. The leaping, thin-tailed white-trout
is silent in the river pools,
its sheen on the sandbank
looks frisky and silvery,
as it snaps its mouth snapping foam,
catching for itself damsel-flies,
it is bleary-eyed, plump, full of roe,
brawny and capable.

9. Though an end comes to summer,
Tungag will know no scarcity,
though pouring from the mountains
every burn comes deluging,
in fierce rapids stripping boulders,
pouring burdens into cataracts,
before the pink-headed lily
like a lantern wavering.

Sources for the Texts and Tunes and Editorial Notes

Sources and Notes on Two Poems on Neil MacLeod's Death

1. **Rannan Cuimhneachain air Niall MacLeod (sic), am Bàrd**
le 'Domhnullach'
Source: NE.4.g.11, vol. 3, no. 148a, one of four scrapbooks kept by Alexander MacDonald now held by the National Library of Scotland. He has not noted which newspaper printed it. I am grateful to Ulrike Hogg at the National Library of Scotland for drawing my attention to this poem written by Alexander MacDonald (1860–1928) – here 'Domhnullach', the author of *Story and Song from Loch Ness-side* (Inverness 1914) and a Gaelic poetry collection, *Còinneach 'us Coille* (Inverness 1895). As well as echoing the sentimental tone of much of Neil's verse, this poem also echoes his use of the 'standard Habbie', a metre made popular by Burns and adopted by Niall into Gaelic (see introductory note to no. 9).

2. **Cumha Nèill MhicLeòid** (anon)
Source: Ailean MacDhòmhnaill, 'Am Maighstir Beag', who got it from his cousin Ailean MacDonald Munro Peutan, who had it from his father.
2.c. *Caointeach*: A female fairy whose wail warned of an approaching death.

Sources and Notes on Songs and Poems by Niall MacLeòid

1. **An Gleann san robh Mi Òg** (1883)
Source: MacLeòid 1975: 1
Source for tune: *Blackwood's Edinburgh Magazine*, 1823, p. 598.

2. **Fàilte don Eilean Sgitheanach** (1883)
Source: MacLeòid 1975: 22
Source for tune: Mhàrtainn 2001: 23

3. **Cumha Eilean a' Cheò** (1883)
Source: MacLeòid 1975: 123

4. **Màiri Bhaile Chrò** (1883)
Source: MacLeòid 1975: 16

5. **Duanag an t-Seòladair** (1883)
   Source: MacLeòid 1975: 28
   Source for tune: Mhàrtainn 2001: 21

6. **Mo Dhòmhnallan Fhèin** (1883)
   Source: MacLeòid 1975: 37
   Source for tune: Mhàrtainn 2001: 26

7. **Mo Leannan** (1902)
   Source: MacLeòid 1975: 178
   Source for tune: Mhàrtainn 2001: 20

8. **Am Faigh a' Ghàidhlig Bàs?** (1883)
   Source: MacLeòid 1975: 13
   A translation by Niall MacLeòid exists (MacLeòid 1909: 212)

9. **Brosnachadh na Gàidhlig** (1883)
   Source: MacLeòid 1975: 44

10. **Còmhradh eadar Òganach agus Oisean** (1868)
    Source: *An Deò-Gréine*, 18 (1922–23), 58–59, 77–78
    7.e. Dwelly does not cite *fiadhaire* but see Dinneen, sv *fiadhaire* 'hunter'; the word
    feachdaire 'warrior' would make sense but would not give assonance.
    12.h. diobair (rather than dìobair), metri causa
    20.e. see Armstrong's Gaelic Dictionary sv. *ceanail* 'faulty'.

11. **Sealladh air Oisean** (1883)
    Source: MacLeòid 1975: 165

12. **Mhuinntir a' Ghlinne Seo** (1902)
    Source: MacLeòid 1975: 190
    Source for tune: Mhàrtainn 2001: 25

13. **Na Croitearan Sgitheanach** (1883)
    Source: MacLeòid 1975: 131
    Source for tune: *An Sgeulaiche*, Leabhar I, no 1, 1909 p. 26

14. **'S e Nis an t-Àm** (1893)
    Source: MacLeòid 1975: 150

15. **Taigh A' Mhisgeir** (1883)
    Source: MacLeòid 1975: 59
    4.c–d. Cf. Ecclesiastes 7:2–4.

16. **An Uaigh** (1883)
    Source: MacLeòid 1975: 170

17. **Òran na Seana-Mhaighdinn** (1883)
    Source: MacLeòid 1975: 64
    Source for tune: Burns 1969: 532

18. **Turas Dhòmhnaill do Ghlaschu** (1883)
    Source: MacLeòid 1975: 87
    8.g-h: 'am fear ud' may indicate a mild oath.

19. **An Seann Fhleasgach** (1883)
    Source: MacLeòid 1975: 144

20. **Bàs Leanabh na Bantraich** (1883)
    Source: MacLeòid 1975: 81

21. **Cumha Leannain** (1883)
    Source: MacLeòid 1975: 97
22. **Mi Fhìn is Anna** (1902)
    Source: MacLeòid 1975: 184
23. **Cuairt do Chuith-raing** (1883)
    Source: MacLeòid 1975: 30
24. **Coinneamh Bhliadhnail Clann Eilean a' Cheò** (1909)
    Source: MacLeòid 1975: 107
25. **Fàilte don *Bhàrd*** (1902)
    Source: MacLeòid 1975: 183
26. **Dùghall na Sròine** (1883)
    Source: MacLeòid 1975: 109
27. **Tobar Thalamh-Toll** (1909)
    Source: MacLeòid 1975: 119
28. **Dòmhnall Cruaidh agus an Ceàrd** (1883)
    Source: MacLeòid 1975: 158
29. **Rainn do Neòinean** (1883)
    Source: MacLeòid 1975: 116
30. **Ri Taobh na Tràigh** (1893)
    Source: MacLeòid 1975: 137
31. **Don Lèigh MacGilleMhoire, nach Maireann** (1893)
    Source: MacLeòid 1975: 148
32. **John Stuart Blackie** (1902)
    Source: MacLeòid 1975: 187
    Cf. translation by Meek 2003, no. 37

Sources and Notes on Songs and Poems by Iain Dubh

33. **Gillean Ghleann Dail**
    Sources: An Deò-Gréine, vol.17 (1921–22), 10 verses
    MacAonghais 1973: 114–15: 8 verses, with v. 7 incomplete
    Mhàrtainn 2001: 18, 5 verses and music
    Gillies 2005: 71–73, 8 verses
    James Ross 1964, *Iain Dubh Dhòmhnaill nan Òran,* 23 minutes into the programme.
    Allan Campbell (*AC*)
    Ailean Dòmhnallach (*AD*)
    Source for tune: Ross 1964, transcribed by Neil Campbell
    Alternative readings:
    1.g-h. *AC:* 'S bi cuimhn' agaibh an còmhnaidh air nuair a sheòlas sibh à Cluaidh
    2.a-c. *AD:* Nuair thèid thu òg 's tu amaideach
        A-mach air long nan seòl,
        Bidh cùisean dhut cho aineolach …
    2.f. *AC:* 'S do sgrios dhan domhainn mhòr

3.a. *MacA*: Nuair dh'fhàgas tu am fearann seo

5.c. *AC:* Gun toir gach là do neart asad

5.g. all other sources: read *slabhraidh* for *sèineachan*

6.c-f. *MacA*: Bheir companaich air tìr thu Chuireas droch innleachd na do cheann; Bheir h-ìghneagan toil-inntinn dhut A tha sna taighean-danns'

6. e-f. *AC:* Bidh mòran do thoil-inntinn ann,

's na chì thu 'n taighean danns'

8.a. *MacA*: Chaidh mi tro gach àmhghair

9.a. *AC:* Is ged tha 'n deoch na mhollachadh

9.b. Mar 's aithne dhuibh gu lèir

10.h. a vaudeville or music hall song made popular by Lottie Collins in 1892.

34. Mo Mhàthair an Àirnicreap

Sources: Mhàrtainn 2001: 19 (*CM*), 6 verses.

George Clavey in James Ross, 1964, *Iain Dubh Dhòmhnaill nan Òran*, 22 minutes into programme (*JR*)

Allan Campbell (*AC*)

Ailean Dòmhnallach (*AD*)

Neil Beaton (*NB*) 'Mo Shoraidh Leat, a Mhàthair' 5 verses at http://www.tobarandualchais.co.uk/fullrecord/78544/1 (SSS Collection)

Ùisdean MacRath sings 6 verses on Bliadhna nan Òran at http://www.bbc.co.uk/alba/oran/orain/mo_mhathair_an_Àirnicreap/

Source for tune: Ross 1964, transcribed by Neil Campbell

1.e. *NB*: mo chridhe nì mo sgàineadh

2.h. *CM*: òighean

2.d. *JR*: 'S mi 'g amharc gun phròsbaig

3.a. *NB*: Càit an robh thu, a Mhàiri Chaimbeul

3.d. *NB*: as t-samhradh nuair a thigeadh am blàths

4.a. *NB*: 'S e thogadh orm sòlas Didòmhnaich a' dol don Ghleann

4.d. *taigh-sheinn*: literally 'singing-house'; cf. similar usage of *taigh-leughaidh* for 'church'.

4.g. *NB*: … air bàrr nan crann

4.d. this may mean the church rather than a class in psalm-singing

5.b. *AD*: 'S tu dh'aithnichinn an-diugh thar chàich

5.d. *AC:* 'S e do bhrìodal a dhèanainn slàn.

35. 'S Truagh nach Mise Bha Thall an Caileabost

Source: Ailean Dòmhnallach, who noted the words from Eàirdsidh Bàn Ros (Archie Ross) in Staffin, December, 1970, who told him no-one else had the song.

36. Anna NicLeòid

Sources: An Gàidheal, An t-Sultain, 1938: 197

James Ross, 1964, *Iain Dubh Dhòmhnaill nan Òran*, 7.20 minutes into programme. The editor of *An Gàidheal* states: Bha an t-òran so air a dhèanamh le Iain MacLeòid nach maireann, bràthair Nèill, am bàrd ainmeil Sgitheanach. 'S e Calum Mac-a-Phì an Cillemarnaig a chuir chugam e, agus tha mi na chomain air son sin a dhèanamh; agus bidh luchd-leughaidh *a' Ghàidheil* buidheach dheth mar an ceudna. Cho fad 's as aithne dhomh is e so a' chiad uair a bha an t-òran a-riamh an clò – Am Fear-deasachaidh.

Source for tune: Ross 1964, transcribed by Neil Campbell

v.2. Rubha an Dùnain

The third verse sung by George Clavey in Ross 1964 is as follows:

Ma tha beusan baindidh
Chuireadh fonn air dòigh,
Ged bu mise (sic) am prionnsa
Cha diùltainn dhi mo làmh;
Aithris le do bheul dhomh
Nach eil breug no sgleò,
Anns na chuala do chluas
San duan aig Iain MacLeòid.

37. **Ò, Anna, Na bi Brònach**

Source for words and tune: James Ross, 1964, *Iain Dubh Dhòmhnaill nan Òran* (19.12 minutes into programme).

Tune transcribed by Neil Campbell.

3.d. This may refer to fishing grounds.

38. **Aoir Dhòmhnaill Ghrannda**

Sources: An Deò-Gréine, Vol. 17 (1921–22), 43–44 (*DG*), where it is entitled 'Rann Chille-Chomghain'

MacAonghais 1973: 115–17 (*MacA*)

Allan Campbell from his father, Eàirdsidh Ruadh (1917–1997) (*AC*)

The poem is introduced by Sam Thorburn and recited by Peigi Shamaidh (née MacDonald) in James Ross, 1964, *Iain Dubh Dhòmhnaill nan Òran*, 11.10 minutes into programme (*JR*)

Sam Thorburn, collected by James Ross in 1953 at http://www.tobarandualchais.co.uk/fullrecord/6003/1 (SSS Collection)

1.c. *AC* has *luachmhor* but *fiachmhor* fits the rhyme scheme better, though its meaning is more obscure. Naboth: I Kings 21: Naboth did not want to part with his vineyard when King Ahab demanded it because it was against Jewish law to sell land that was in the family. Naboth paid with his life for his desire to protect his land; likewise, Donald Grant used disproportionate means to protect his kale from the township sheep.

2.b. for *làmhaidh*, other versions have *làmhag* and *làmhadh*

2.d. *AC*: Gheàrr e nuas i na h-òrdugh

3.c. *AC*: for *spiorad* read *faileas*

4.e–f. *AC*: A bhurraidh gun tùr, dè 'n rùn a bh' air d' aire
Nuair spuill thu na camain fod spògan,

5.e. *MacA*: for *Til* read *Dil*, but *Tiel* seems preferable as Loch Pooltiel is named after him.

f. *AC*: Thàinig air turas bho chladh Chille Chòmhghain,

g. *AC*: *a bhèist*, but *a bhiast* is preferable for the metre

6.h. Cf. Jonah 4:6

7.b. *MacA*: O mheàirle gun choimeas, gun deòin-mhaith

AC: A mhàirle gun chogais 's gun deòin-mhaith

7.h. *AC: Bha na dhaorsa dom cholainn an-còmhnaidh*, but the rhyme with *ghealaich* suggests *anam*

8.f. *AC:* Bha le h-àilleachd a' sgaradh a' bhròin dhiubh

9.f. Cf. Dwelly *stròic*

9.h. *AC:* Bha na dhaorsa dom cholainn an còmhnaidh

11.c. Hamara: the only place in the environs of Glendale where there was a wood (MacAonghais 1973: 118).

11.i. Dòmhnall's cheeky quip, ''S na tig air chabhaig' (And don't come back in a hurry) is not in the oldest source from 1921 but is in all the other versions.

39. Òran Catriona Ghrannda

Sources: James Ross, 1964, *Iain Dubh Dhòmhnaill nan Òran*, 16.10 minutes into programme, otherwise unpublished.

Tobar an Dualchais; two verses are sung by Samuel Thorburn in 1953 at http://www.tobarandualchais.co.uk/fullrecord/1707/1 (SSS Collection).

Source for tune: Ross 1964, transcribed by Neil Campbell.

40. Nuair Rinn Mi Do Phòsadh

Source: James Ross, 1964, *Iain Dubh Dhòmhnaill nan Òran*, 9 minutes into programme, otherwise unpublished.

2.e. *camphar* (camphor), cf. poem no. 48.1.h, or perhaps *camabhil* (camomile) with elided 's in following line (this gives the trisyllabic word required of the metre) or *calamus* (sweet flag oil). Cf. Song of Songs 4: 13–14.

41. A' Bhean Agam Fhìn

Source: MacLeòid, Niall, *Clàrsach an Doire*, 1975 [1883]: 84.

4.f. mun rachainn

42. Òran an Àigich

Sources: *An Deò-Gréine*, vol. 17 (1921–22), 6

MacAonghais 1973: 119–120 (*MacA*)

Allan Campbell (*AC*)

3.c. *MacA:* lèineag

4.h. *AC:* Ag iasgach nad fhasgadh gun nàir' no gun ghruaim

6.e. *AC:* for *ceum* read *dhruim*.

43. Òran a' Cheannaiche

Sources: *An Deò-Gréine*, vol. 16 (1920–21), 183

MacAonghais 1973: 118–119

Clavey in James Ross, 1964, *Iain Dubh Dhòmhnaill nan Òran* (25.30 minutes into the programme) sings 5 verses in the order 1, 3, 4, 5, 2 as given here, which allows the poem to open and close with the poet speaking.

Allan Campbell has 8 verses.

Kenna Campbell: words from the singing of Murchadh Chaluim Sheumais (Murdo Campbell), Roag, Skye (SA1957-066-5)

Source for tune: Ross 1964, transcribed by Neil Campbell.

1.a-b. *KC:* 'S on a dh'fhàg mi thu,

chan eil sruth sa mhuir nach aithnich mi

3.b. *AC:* a chaidh òg 'mach nad mharaiche

4.d. *AC:* air buntàta 's an còrrach dhaibh;

4.h. *DG:* bhiodh crith-thalmhainn mun teallaichean (*round their hearths*)

4.h. *AC:* bhiodh crith-thalmhainn mun dealaichinn

4.h. *JR:* bhiodh crith-thalmhainn nam dhealachadh

5.e-f. *JR:* chan eil iasg anns an t-sàl

nach eil snàmh nam chuid bhuinneagan

5.f. *KC:* Gach langa thig air snàmh

gu mo thràigh tro na cruinneagan (eddies)

6.c. *KC:* Cha d' fhàg iad crùbag na mo chùiltean

8.b. *AC:* for *furanach* read *suilbhireach*; *KC:* nì e rium còmhradh sùil-lìonach

8.c. *AC:* for *seanchas* read *a' dàn*.

44. **Òran do dh'Fhear Hùsabost**

Sources: Mac-Talla (8 January 1904), p. 112; 9 verses

MacKenzie 1934: 87–88: in the order 1, 4, 6, 8 and 7 as given here. (*OST*)

AC: 5 verses, as MacKenzie (1934).

MacTalla has been chosen as the main source, being the longest and the oldest. Allan Campbell's version probably shares its source with *Old Skye Tales*, though they are not identical.

1.a. *OST* and *AC:* Tha moit am measg nam bàrd orm

1.c. *AC:* mun Rìgh

4.d. *AC:* 'S cho bàidheil riut a rèir

6.f. The line has been taken from *OST* and *AC* in preference to *MT:* Gam fliughadh ri do shàil

7.a. *OST* and *AC:* read *anabarrach* for *anamhuineach*

7.c. *AC:* Ach tha modh is ùidh a' Chrìosdaidh ort

8.f. *OST* and *AC:* 'S rachadh d' ainm a chur don Fhraing.

45. **An Gamhainn a Tha aig Mo Mhàthair**

Source: MacAonghais 1973: 113–121.

Rev. Iain MacAonghais writes that his version came from Iain Ruairidh Chaluim Bhàin of Glendale.

46. **Tost Dhòmhnaill an Fhèilidh**

Sources: John MacDonald (Iain Aiteig) on *Tobar an Dualchais* (*TD*)

http://www.tobarandualchais.co.uk/en/fullrecord/9862/8 (SSS Collection).

BBC recordings of Fionnlagh MacNèill (*FMacN*), which is very close to Kenna Campbell's unpublished version (*KC*) belonging to her family, the Campbells of Greepe, with the verses 3 and 4 sung in the opposite order, and with an extra verse (5) given below.

Allan Campbell's father (*AC*) verse 1.

Source for tune: Ross 1964, transcribed by Neil Campbell.

1.b and h. Supplied by *AC*

1.e–h. *FMacN* and *KC:*

na botaill bhranndaidh air a chùlaibh

's drùis a' tighinn on corcaisean,

's mun cuir mi boinne ri mo cheann dheth,

feuchaidh mi ri 'toast' thoirt dhuibh.

2.e. *FMacN* and *KC*: Bha sitheann fhiadh ann air a riaghladh

3.c. *FMacN* and *KC*: Cho math 's a' riaraicheadh tu stòp

3.f. *FMacN* and *KC*: 's tu feuchainn ri cur dram' oirre

(as if Dòmhnall were trying to take his dram at the same time as smoking his cigar)

3.g. *FMacN*: 'S am fàbhar uasal ceann an tairbh

4. The place where the subject has gained respect is described as *Ceann a' Bhaile* by Iain Aiteig and Allan Campbell, *Bràghad Albainn* by Finlay MacNeil and KC, and *Tuath Alba* by Alan MacDonald.

4.c. *FMacN* and *KC*: read *do phàrantan* for *Tarmod Bàn*

5. *FMacN* and *KC* supply a different 5th verse:

Feumar innse na mo rann

    Cho mòr 's a mheall (thu) nochd orm,

Nuair thug a' phròis ort òl dhen bhranndaidh

    Na chuir greann no bochdainn ort,

Do dhà shùil dùinte na do cheann

    'S gur gann a nì thu 'm fosgladh,

'S cha chreidinn mura bithinn ann

    Cho fann 's a dh'fhàs an osn' agad.

I must tell in my verse

how much tonight I mistook you

when pride made you drink enough brandy

to made you scowl, out of sorts,

your two eyes closed in your head

so you could hardly open them,

and I wouldn't believe if I not been there

how your breathing grew devitalised.

5.c. *carpad* cf. 55.9.d

6.g. *FMacN* and *KC*: for *do chasan* read *do thòn*.

47. **An Eaglais a Th' ann an Lìte**

Source of anecdote: Allan Campbell

Source of poem: Allan Campbell's transcript of the poem as narrated by Sam Thorburn and recorded by James Ross for the School of Scottish Studies in 1957.

6.b. *air làimhe* (metri causa) for *air làimh*.

48. **Don Doctair Grannda**

Source of poem: Dr Lachlan Grant's papers Vol 1, NLS ACC 12187.

Source of translation below: Macleod, Roderick 2013: 15–16.

1.h. *caumpher*

2.a. orig. *aobhar* for *fàbhar*, but *fàbhar* rhymes with *phàirt* and suits the sense better.

1. I have been told by many of the success of Dr Grant and the achievements by which he is rising (in estimation) among the peasantry in the land of the bens. Every person, high and low, who was in trouble and sickness has had their gloom and grief cleverly removed by your medicines.

2. The King of Grace is showing His favour to those who are sick and hurt by sending you to Edinbane where you now reside. Your skill and talents go far above your class, giving health to every poor person who was in pain and in anguish.

3. The doctors in Edinburgh are famous for their knowledge of every disease, hurt and sore that arises in our kind – I would prefer the skill of Dr Grant, among the sick – always expected out – to drive away their troubles.

4. I have been told that you are a real gentleman and that you have much cause for being that. You are kind to every poor one who comes to you with sad and putrid sores. You are an honour to your country and I am sorry I have not your acquaintance. Many a one you are keeping alive for time to seek mortally.

Sources and Notes on Songs and Poems by Dòmhnall nan Òran

There are two main sources for Dòmhnall nan Òran:

(i) Domhnul Macleòid, *Orain Nuadh Ghaeleach: maille ri beagain do cho-chruinneachadh urramach na 'n aireamh* Le Domhnul Macleoid, ann an Durinish, sa'n Eilan Sciatheanach. Inbhirneis: Eoin Young 1811. (Of the sixty poems in this collection, twenty-one are of Dòmhnall nan Oran's own composition.)

(ii) Domhnull Macleòid. *Dàin agus Orain*. Glascho: G. Mac-na-Ceardadh 1871.

49. **Marbhrann do Chaiptean Alasdair MacLeòid, ann a Bhatan**
    Source: MacLeòid 1811: 107
    Metre: *cumha*: 4 long lines of 4 stresses (written as 8 lines) rhyming on final stress, with second and third stressed vowels forming internal rhyme.
    Source for the second tune: Macdonald, Patrick, 1784, *Highland Vocal Airs*, no. 61 'Keapach 'na fàsach'.
    1.b. Or 'that I ever saw with my eye'; *chunnacas* may be past passive or a first person synthetic verb.
    2.c. *aomadh*, orig. *aobhachd* 'joy'; see DIL *aomhacht*
    3.g. Dwelly *muir* 2 : worry, discomposure?
    5.b. *tùrn* from Scots 'turn'
    5.e. probably Kilmartin Cemetery in Loch Eynort, Minginish
    6.a. rach + direct obj. Cf. no. 54.7.c
    7.c. *sròile*: orig. *sroilibh*
    7.h. The same sort of badge is described by Iain Dubh in no. 46, 'Tost Dhòmhnaill an Fhèilidh' v. 3.
    15.e. Dwelly cites *feartainn* as plural form in Sutherland.
    15.f. For *cré* see Dwelly *creubh*.
50. **Smeòrach nan Leòdach**
    Source: MacLeòid 1811: 127

There is an abbreviated version in *Sàr-Obair nam Bàrd Gaelach* with some textual variations (MacKenzie 1872: 354–355). There is a version in *The Gaelic Bards from 1775 to 1825* which is only a fragment of the original and whose refrain shows variations in the vocables (Sinclair 1896: 145–146). Budge 1972: 395, 4 vv

Metre: *cumha*, with four stresses per line, the second and third of which make internal rhyme, and the final stress of each line rhymes throughout the verse.

v.1 It is possible that *feadan* refers to a set of whistles like pan-pipes rather than a single chanter.

v.3 *spiaclan* (spectacles), making an internal rhyme with *fhìona*, seems to be a mistake arising from the ambiguity of 'glasses' as both 'goblets' and 'spectacles' in English.

4.c–d. MacLeòid 1811:

> Mana dh'fheudas mi chur deiseil,
>
> Maran caochail mi mo bheadradh?

6.d. *ga tilleadh* : orig. *gan tilleadh*

7.c. *gun socadh*: *lit.* not bent like a ploughshare

7.d. For *bhian* read *bhlian*: 'from the loins of . . .' ?

8.d. The line may refer to dead hinds tied by their legs onto the backs of ponies.

9.c. *sliseadh*: orig. *sliosadh*

11.c. Cf. Dwelly *connspann* and Macbain's 1896 dictionary, where both *connspunn* and *cònsmunn* are listed together

11.d. For *feòil* MacLeòid (1811: 129) appears to have *seòil*.

11.b. See Dwelly *giamh/ geimh*

13.c. *tòiteach* for *toiteach* for metrical purposes

14.a-b. This is probably an allusion to the clan badge of a black bull's head between two poles with red flags.

15.c. Cf. Dwelly *carrasanaich*

15.d. See *GWE*: *deachamh*: cur san deachamh

16.a. *liomhach*: orig. *libhach*

18.a. *fearann*: orig. *fearthain*

18.b. orig. *charrabh*

19.b. *siaradh*: orig. *sioradh*

20.d. *paireach*, orig. *pairach*. cf. Dw *peireadh*, 'rage'?

22.a. *chiaradh*: orig. *chianadh*

25.d. *ulaidh*: orig *ullidh*, perhaps for *uilidh*: 'a new surname on the crown of all'

26.d. *ghanntas* is apparently used as a verb here

27.d. The second couplet puns on the word *luadh*, giving an image of song both as plaited strands of breath and as thread being waulked by the tongue.

28.c. Is ma thig naosg a ghaoirich mar rium (Budge 1972: 395) (if snipe come to crow beside me)

30.a. 'unfurlings' *lit.* 'sightings'; this probably refers to the tradition that the Fairy Flag should only be unfurled three time, after which it would lose its magical powers (MacLeod 1912–13: 111–112)

31.a. For this ancestor, see also *TGSI*, vol. 51, p. 69 and Matheson (1970: 108).

v.32 John Norman was the 24th chief (*Book of Dunvegan* I: xxxvi)

32.a. *Ascall* (despite GOC) in contradistinction to *asgall*; see Dwelly, cf. Mac Mhaigh-stir Alasdair's *asgaill earraich*.

3l.b. *gorm*: 'blue' of swords generally indicates steel

32.d. *leanmhainn*: orig. *leanbhin*.

51. Litir Ghaoil ga Freagairt

Source: MacLeòid 1811: 144

Metre: *amhran* with seven stresses per long line, with the stressed vowels appearing in the same sequence in each long line of the verse. In all but the last verse, all the couplets rhyme on *à*, falling on the penultimate syllable. In the final verse, this changes to *ò*.

1.d. *fàrdaich* lit. dwelling

1.e. The darts of the evil one spoken about by Paul in Ephesians 6:17?

1.e. From Ephesians 6:16?

4.e. For *chùl mo chas* read *chaol mo chas*? The rhyme scheme requires *chùl*, but the context suggests *ceangal nan trì chaoil*, the tying of the wrists and the ankles to the waist, which perhaps makes 'ankles' a more likely translation than 'Cupid strapped me on the backs of my legs'.

5.c–d. uncertain translation

6.h. *na* has been omitted from orig. line: *'S tàmh na le ciall cha tàir mi.*

7.c. orig. *crich*

7.c–d. uncertain translation

7.f. *na*: orig. *na'n*

9.b. orig. *shugh* for *shùgh*: 'you are my share of the sap of the earth'?

9.g. *boladh*: orig. *poileadh*

10.e. orig. *muith*

11.e. Her parents' pledge that they should not marry?

52. Oran Mhurchaidh Bhig

Source: MacLeòid 1811: 42

Metre: cumha: 4 long lines of 4 stresses (written as 8 lines), rhyming on the ante-penultimate syllable, with second and third stressed vowels forming internal rhyme.

1.f. or perhaps *acainnean* 'equipment'

4.f. *mhialaint*: orig. *mhithlinn*

5.c. *tuillidh*: orig. *uillidh*

5.d. orig. *an fhearainn,* but the metre requires a third syllable

5.p. orig. *gu do dhorais leat*

6.a. *bhrìbeil*: orig. *phrìobail*

6.h. orig. *mu d' chassan*, but the metre requires a third syllable

7.i. and in *mura bhiodh* (sic), cf. 53.12.c.

53. Rann Molaidh do Sheann Bhàta

Sources: MacLeòid 1811: 151

Budge 1972: 396

Metre: Based on the classical syllabic metre, *snéadhbhairdne* $2(8^2 + 4^2)$, in which the first line of the couplet has eight syllables and the second line has four syllables, the final stress of both lines falling on the penultimate syllable.

1.b. *bhèidse* for *bhòidse* for rhyme with *i* in *mìne* etc

2.f. orig. *Roichdeal, seusdach,*

3.e. orig. *neo-shealltach*

4.f. *ealamh*: orig. *ealluath*

7.c. *meall*: perhaps 'shower'

7.g. *luaithe* for *luath*

8.d. 'of your crewed vessel'?

9.g. *bilean*: orig. *billean*

10.a. *oillteil*: orig. *eiltail*

10.g. We have been unable to find a meaning for *ciosanach* short of 'basket', which seems unlikely here. Supposing the word to be a misprint with i̱ for l̠, we may have a version of *glasán* 'coalfish', or if i̱ is a misprint for r̠, we may have a version of *crosán* 'starfish' (Ó Dónaill 1977).

11.c. *clachan*: orig. *clachain*

11.f. orig. *beichdneach* (cf. DIL béicnech)

13.c. orig. *loina battail.*

54. Rann Firinn don Bhàta Cheudna

Source: MacLeòid 1811: 156

Budge 1972: 397

Metre: *Snéadhbhairdne* 2(8² + 4²) as for poem no. 51

1.a. orig. *làpruich*; cf. *Dwelly làpanach* and *làbanach?*

1.g-h. literally: 'where the length of a rake's [handle] would not be found/ of straight timber'

v.2 *A cheart 'r èiginn*: this would seem to be a case of *tmesis* where the *r* of *air* in the phrase *air èiginn* has become detached from *air* and attached to *èiginn*. For a discussion of this and other examples, see Ó Baoill, Colm 'A Scottish Gaelic Tmesis' in the *Journal of Celtic Linguistics* (2014).

5.g. for the form *cho dìsle* see note on the related form *cho ghile* (no. 55.8.g.) below.

7.a. orig. *shleibhan*, rhyming with *phèin*, from English 'slave'?

7.c. *dol na h-Innsean*: the metre allows no preposition here; cf. no. 49, v. 6.a.

55. Rann Molaidh do Thaigh Ùr

Sources: MacLeòid 1811: 173

Budge 1972: 398–400

Guth na Bliadhna 15 (1918) 68–71 (contr. Iain N. MacLeòid)

Celtic Magazine 4: 232–235

Metre: The poem does not always scan well as stressed verse and we should look instead for a syllabic basis for the metre. This is *rannaigheacht bheag mhór* 2(8² + 8²), having eight syllables in each line with the final stress on the penultiamte syllable. There is *aicill* in each couplet, and the final stress of each couplet rhymes with the all the others in this position within each verse.[1]

1.h. orig. *sranntraich*

2.h. orig. *ruagadh*, but *rùsgadh, metri causa*, is suggested by the late William Matheson in a copy of *Orain Nuadh Ghaeleach* once owned by him.

3.h. *obair* should be pronounced *ubair* here, *metri causa*

4.d. orig. *a chìte sa'n caisteal-sa lamh r'i.*

5.b. orig. *libha*

8.e. *cho + abstract noun,* often lenited, e.g. *cho ghile,* is an attested usage, e.g. Mac Mhaighstir Alasdair: *cho gile ri cainichein* in 'Cuachag an Fhàsaich'; *cho luaithe ri roth* in 'Brosnachdh Eile do na Gàidheil'; *cho cruaidhe ri dhol a bhualadh nan dòrn* in 'Òran à Bàideanach' in *TGSI,* vol. 22; *co gile ri cailc na fuinn,* in 'Mìcheal nam Buaidh' and *co gile ri sneachd nan cruach* in 'Achan nan Naomh', both from Carmichael, *Carmina Gadelica.* (Thanks to Rody Gorman for these examples.) See also *cho dìlse,* no. 54, 5.g. above.

8.h. or perhaps: 'so that we can see the cheer within its walls'?

9.a. orig. *dorus,* but *daras* rhymes with *ad* in the next line.

9.d. Cf. 46.5.c.

56. Òran Molaidh a' Bhuntàta

Source: MacLeòid 1811: 96

Metre: *amhran,* with the four stressed vowels in every couplet rhyming in the same sequence within the verse, and sometimes also between verses. However a syllabic basis of rannaigheacht bheag $2(7^2 + 7^2)$ is also evident.

Title. orig. *Bhontado* for *bhuntàta*

2.d. For endings in *-id / -ead* used to form abstract nouns from the adjective, cf. *misde, lughaide*; see Matheson (1970: 126–127, nn. 652, 655).

3.e. orig. *air a' phùige*

4.g. *dùmhlaid* for metrical purposes; see *dòmhlad* Dwelly

4.e. Cf. Dwelly under *brú*: *tha a bhrù air an t-sop, his belly is on the straw* (this applies to a gluttonous person or animal)

5.a. *plùiteadh* from *Sc. plo(u)t?*

5.c. orig. *allamh*

5.d. orig. *th'shallach*

6.b. Dwelly: *sgaoilteach* 2

6.c. orig. *dh'aillicheas*

v.6. The thinking must be that people will live to grow old sustained by the potato.

7.b. For *drannaig* see Dwelly: *dronnag*

10.h. *d' fhàileadh*: orig. *taileadh*

11.h. *àireach is doctair*: in the sense that the potato both provides and heals.

57. Rann do dh'Èildearan an Lòin Mhòir

Sources: MacLeòid 1871: 3

An Deò-Gréine (vol. 12: 7–8) is a version almost identical to the above.

A noticeably different version is given by the Rev. Domhnull Budge (*TGSI* 47: 400–403). This version probably came from oral tradition and has an extra stanza in which favourable mention is made of Tormod Mac Mhurchaidh Shaoir.

Metre: It may be significant that the poet refers to this piece as a *rann* rather than as an *òran,* as it has a syllabic basis, *rannaigheacht bheag mhór* $2(8^2 + 8^2)$, with 8 syllables per line, *aicill* within each couplet, and the same rhyme between couplets in all but the last two verses. However, the influence of *amhran* metre is evident too, in the tendency for the four stressed syllables to rhyme in sequence between couplets.

2.g–h. See Matthew 25:1–13.

3.d. Budge: *Gu a ghropadh chan ann ga caradh*

3.g–h. See Joshua 2:1–7.

4.b–d. lit: 'who clean the underside of the bowl of the spoon'. Cf. the proverb *A' call làn na lèidhe air imlich a màis*: 'Losing the ladle-full licking its outside'. Cf. Matthew 23:24–25.

6.e–f. See I Samuel, story of Eli, the priest, and Hannah.

6.g–h. See Numbers 31:16.

7.a–b. Matthew 7:3.

7.c–h. In the Book of Esther, Haman wants to have Mordecai and all the Jews of ancient Persia killed, but Esther dissuades the king of this action and Haman is hanged himself on the gallows he had built to hang Mordecai.

v.8. See Book of Job: God withdraws his protection of Job to show Satan Job's faith, for even when Job loses everything, he does not curse God.

9.c–d. See Luke 18:16.

58. Dàn a' Bhreitheanais

Sources: MacLeòid 1871: 11

and *An Deo-Gréine* (vol. 12: 172–173)

Metre: The syllabic count of the first verse fluctuates between seven and nine syllables, but thereafter the syllabic basis of *rannaigheacht bheag mhór* 2(8² + 8²) becomes clear. There are eight syllables per line, *aicill* within each couplet, and the same rhyme between couplets on *à* in all of the fourteen verses. Watson says that an irregular first verse was part of the *iorram* tradition and can be observed in Iain Lom etc. (see Watson 1976: li and liv).

v.1 For the heavens opening and one white horse appearing, see Revelations 19:11; for the four horsemen of the Apocalypse, see Rev. 6:1–8.

v.2 For the Four Living Creatures, see Rev. 4:7.

v.3 *'S na gabh dèistinn…Gabhaibh* would seem consistent with the beginning of this verse, but *gabh* is required for metrical purposes.

Gog and Magog represent the nations of the world, banded together by Satan in a battle against Christ (Rev. 20:7–8).

v.4 *ceithir*: orig: *ceithrir*

For the four angels holding the four winds, see Rev. 7:1.

For the seven trumpets, see Rev., chapters 8, 9 and 12.

Dagon: a corn god and the chief god of the Philistines, see 1 Samuel 5:2–7.

For blind guides, see Matthew 15:14.

v.5 *do Bheltesàsar* (sic), instead of 'Belsàsar', perhaps for syllabic count. Belshazzar: see Daniel 5 for the hand writing on the wall at a banquet which the prophet Daniel interpreted as presaging the death of king Belshazzar and the fall of Babylon to the Persians.

v.6 The Millennium, during which time Satan will be imprisoned and the resurrected martyrs will live with Christ before the final battle between good and evil (Rev. 20:1–6).

6.f. Another sign of man's pride in competing with God to reach heaven.

For the parable of the talents, see Mat. 25:13–30.

6.e. *an t-òghradh*: original *an t'ògradh*: cf. Dwelly (sv. *foghar) a's t-Fhoghar*

6.h. *còir* for *càthar (metri causa)*

7.d. *àicheidh*; orig. *àicheadh*

v.8 See I Kings 21:1–6 for Ahab's treachery to gain Naboth's vineyard. His wife Jezebel persuaded him to invite Naboth to a fast and have him stoned by the crowds for dishonouring God and the King. Elijah then prophesied that Ahab's blood would be licked from the ground as was Naboth's. Iain Dubh also used this image in poem no. 38, v.1 'Aoir Dhomhnaill Ghrannda'.

v.9 For hospitality to the son, see Matthew 25:40.

Dathan and Abiram, the sons of Eliab, were swallowed up by the earth as a punishment for undermining Moses (see Deut. 11:6 and Numbers 16).

v.10 Tòphat for Tophet(h). The Valley of Hinnom was used as a place for burning child-sacrifices to Molech (2 Kings 23:10), and became synonymous with Hell in the Christian tradition.

v.12 Dòmhnall also saw the rider as a figure of pride in poem no. 52. 'Òran Mhurchaidh Bhig'.

The proud man presumes that Christ has made good our sin and that there will be no further reckoning.

Gun chiùil: *ciùil* had a plural sense for the poet. Compare 12: 1 *Bu bhirealtach na ciùil*

v.13 See Exodus 32:4 for Aaron and the golden calf.

See Matthew 27:15–26 for Barabas being released from death in preference to Christ.

59. Dàn don Ghrèin

Source: MacLeòid 1871, 6–9.

also in *An Deò-Gréine* (vol. 12: 61–62).

Metre: *cumha* with four long lines of eight stresses with the eighth stresses rhyming on monosyllables and rhyme between the fourth and sixth stresses.

vv3 and 10. Cf. Rev. 6:12 'And I beheld when he had opened the sixth seal, and, lo, there was a great earthquake; and the sun became black as sackcloth of hair, and the moon became as blood'. The Gospels also refer to the darkness of the sun at the crucifixion, e.g. Matthew 27:45; while the Report of Pontius Pilate sent to Tiberius Caesar in Rome refers to the moon being blood-red on the day of the Crucifixion (see *The Lost Books of the Bible and the Forgotten Books of Eden*, 1926, Collins World, 35th impression 1977, pp. 276–277).

5.d. *sgeilm*: orig. *sheilm*

5.g. *à'ist* < *àbhaist*

7.g. for Tophet, see note at 58.10 above

60. Òran do Thulaich Ghlais ris an Abrar 'Tungag'

Source: MacLeòid 1871: 16

Metre: *cumha* with four long lines of four stresses (written as eight lines), rhyming on the ante-penultimate syllable, with second and third stressed vowels forming internal rhyme.

title: *Tulach* is normally masculine.

1.a. Chala: orig. *challa*; perhaps *thalla*?

1.c. *bhùireanach*: orig. *bhirealtach*. This may be a coinage based on *birl*.

3.h. *mileagach*: cf. Dwelly *meilbheagach* 'abounding in poppies'.

3.c–d. The normal forms have short *o*: *bocan* and *olach,* but are lengthened here for the rhyme scheme on *ò*.

4.f. *iomasglach*: cf. Dwelly *iomasgladh* 'miscellany'

4.g. orig. *Tha seinn iad air na h-òrgain*

5.d. *rionnagach*: orig. *ruinneagach*

5.f. *sùgach*: orig. *suchdach*

5.f. *frachdach*: perhaps from *frachd* 'rags'; or a form of *frogail* 'cheerful'?

6.d. *òslaineach*: from *os* (>*òs* for *aicill* with *ghògain*) + *laineach*?

6.h. orig. *suilleanach*. *Sùileanach* may be Dòmhnall's coinage based on *sùileach*, as here the metre requires a trisyllable, or perhaps *sileanach* 'full of grain'.

7.e.orig. *Do fhallas culaidh bainneach cuilidh*. Uncertain translation. *cuille*, for *cuilidh*, rhymes with *duilleach* in next line.

7.h. *mhògaich*: normally *mogach*

lòineagach; orig. *loinneagach,* but the need to rhyme with *ceòthach* suggests *ò*

slinneanach: literally 'broad-shouldered' > 'sturdiness'

8.d. *cuileagach*: orig. *culagach*

8.e. *chuip*: this has a plural sense: 'pieces of foam'

8.h. *cullarach* orig. *cularach*; see Dwelly *collarach*?

9.f. *tonnadh* for *tunnadh* (cf. no. 49.3).

A Word on Dòmhnall nan Òran's Metres

Dòmhnall nan Òran uses a range of syllabic and stressed metres. The earliest Gaelic verse is believed to have been stressed, but was largely superseded by syllabic verse during the Classical period. As the Classical period came to an end in the 17th century, stressed verse re-emerged in the vernacular, though sometimes bearing the hallmarks of syllabic verse.

In Dòmhnall nan Òran's titles, syllabic metres are indicated by the word *rann* (verse), while the word *òran* (song) indicates a stressed metre, either *cumha* or *amhran*. The word *dàn* can indicate either a syllabic or a stressed metre. However, the distinction between syllabic and stressed metres is not always cut and dried. In poems 55 and 56, for example, while the irregularity of the stress suggests a syllabic basis, the sequential rhyming of stressed vowels in the couplet is more typical of *amhran* metres. It is interesting to see *amhran* metres used by Dòmhnall, for they were relatively rare in Scotland as compared to Ireland. The majority of his poems use *cumha* metre, which requires end-rhyme and internal rhyme in every couplet. This may be simpler than the requirement of *amhran*, where the stressed vowels (up to seven) appear in every couplet in the same order.[1]

Examples of each type of metre follow:

(1) *Snéadhbhairdne* is a syllabic metre in which the first line of the couplet has eight syllables and the second line has four syllables, and the final stress of both lines falls on the penultimate syllable. This is represented by the formula $2(8^2 + 4^2)$. In the following example from 'Rann Molaidh do Sheann Bhàta' (poem 53, verse 13) the end rhyme in each couplet is picked out in bold, and the internal rhyme is underlined. Unlike the syllabic metres of the classical period, rhyme in the vernacular consists mainly of assonance.

Nan cluinneadh pàrlamaid <u>Shasgain</u>	8 syllables
Tapadh **d' fhàrdaich**,	4 syllables
'S fad o bhith tu'n loidhne <u>batail</u>	8 syllables
Le neart **làidir**;	4 syllables
Choisneadh tu buaidh ann, le <u>casgradh</u>	8 syllables
Air <u>feachd</u> **nàmhaid**,	4 syllables
'S mheudaicheadh tu iunntas Bhreatainn	8 syllables

(2) This example of *Cumha* from 'Marbhrann do Chaiptean Alasdair MacLeòid' (poem 49, verse 1), shows the end rhyme and internal rhyme in each couplet picked out in bold and underlining respectively.

> Seo an geamhradh as <u>cianail</u>
>   Chunnacas <u>riamh</u> le mo **shùil**,
> Dh'fhàg ar làthraichean <u>sguabte</u>
>   Is a chuir <u>fuadach</u> for **mùirn**;
> Thug e buille ro <u>chruaidh dhuinn</u>,
>   Dh'fhàg e <u>fuar sinn</u> is **rùisgt'**
> On là thogadh <u>an t-uasal</u>
>   Choisinn buaidh le deagh **chliù**.

(3) This example of *Amhran* is from 'Litir Ghaoil ga Freagairt' (poem 51, verse 3).
The seven stressed vowels in every couplet in the verse approximate to the sequence *io: ò: ia: ò: ia ò: à.* The assonating words are picked out in italics, with the end rhyme shown in bold:

> 'S e *shnìomh* mo *dheò* gur *h-eun* thu *chòrr*
>   O *sgiamhaich glòir* thar **chàich thu**,
> Mar *fhiamh* an *òir* fo *shian* an *t-sròil*
>   Mun *iath* na *gòisnibh* **tàlaidh**;
> Chaidh *sian* do *bheòil* ma *ghnìomh* mo *lò*
>   Le *fianais phòg* is **càirdeas**,
> 'S ga b' *fhìon* ri *òl* e, *dh'fhiach* a *shòlas*
>   *Pian* air *sheòl* na **dhà dhomh**.

(4) The transition between syllabic and stressed verse can be seen in 'Òran Molaidh a' Bhuntàta' (poem 56, verse 2). The syllabic structure is evident, of seven syllables per line, ending on a dysyllable, as in *rannaigheacht bheag* $2(7^2 + 7^2)$. At the same time, the four stressed vowels in every couplet in the verse rhyme in the same sequence as in *amhran*. The vowels are *i: ù: ù: i* and are marked by italics and bold type. (Words which do not conform to the sequence have been bracketed.)

> Chan eil (*fear*) a chuir *ùir* ort
>   Nach robh a *dhùrachd* fod **fhilleadh**,
> Chuireadh *sgil* air do *ghiùlan* –
>   Thig thu an *ùirid* od (**sheanaid**)!
> Ged a *shileadh* an *driùchd* ort
>   Bhiodh do *lùirichean* **tioram**:
> 'S ann a *shireadh* a' *bhùirn* dhut
>   Gheobhte *sunnd* air a' **ghille**.

Notes on the Editors

Meg Bateman is a senior lecturer at Sabhal Mòr Ostaig in Skye, part of the University of the Highlands and Islands, and is the co-editor and translator of several other anthologies, as below.

An Anthology of Scottish Women Poets, with Catherine Kerrigan, Edinburgh University Press, 1991

Gàir nan Clàrsach/The Harps' Cry: An Anthology of 17th Century Gaelic Poetry, with Colm Ó Baoill, Birlinn, Edinburgh, 1994

An Anthology of Scottish Religious Verse, with Robert Crawford, James McGonigal, St Andrew Press, Edinburgh, 2000

Duanaire na Sracaire/The Song-book of the Pillagers: Anthology of Scotland's Gaelic Verse to 1600, with Wilson McLeod, Birlinn, Edinburgh, 2007

She has also published four collections of her own poetry, the most recent being *Transparencies,* Polygon 2013.

Anne Loughran was born in Belfast. She did a degree in Celtic Studies at Aberdeen University and an MLitt. on the bibliography of the Gaelic literature of Skye. Her interest in Dòmhnall nan Òran and his family was first inspired by a friend, a native of Glendale, who had known members of the family. Anne has published articles on Gaelic song in *Scottish Gaelic Studies*. An edited version of her MLitt. thesis is accessible online at www.apjpublications.co.uk/skye)

Norman Macdonald has worked in teaching and in broadcasting in Scotland and in North America. Born in Drynoch in Skye, he was educated at Carbost and Portree schools and graduated MA with Honours in History from Aberdeen University. During the 15 years that he worked as professor in the Humanities Department at Cape Breton University in Sydney, Nova Scotia, he travelled widely, teaching and lecturing in Canada and the US. He has made a special study of cultural transfer between Skye and Cape Breton 1770–1870. He worked for 18 years as a Gaelic radio producer with the BBC. He has recently completed a book on Skye biography to be published in 2014.

Endnotes

Introduction

1. MacAonghais, I. (1973), 'Bàrdachd Iain Duibh Mac Dhòmhnaill nan Òran', *Gairm*, 82: 113–121; and Thomson, D. (1974), *An Introduction to Gaelic Poetry*, London, Gollancz: 233.

2. Macdonald, Martin (2013), 'Màiri Bhaile Chrò is caileagan eile', The Gaelic column, *The Press and Journal*, 31 August 2013.

3. This introduction is based on my paper 'Neil MacLeod, Bard of Skye and Edinburgh' given at the Association of Scottish Literature conference on 'Crossing the Highland Line', Skye, June 2012.

4. Ian MacLeod in Thomson, D.S., ed. (1983), *The Companion to Gaelic Scotland*, Oxford, Blackwell, pp. 183–184.

5. Meek, Donald (1976), 'Gaelic Poets of the Land Agitation', *TGSI*, 49 (1974–76): 309–376, esp. pp. 312–315; and Thomson 1974: 224–233.

6. MacDiarmid, R.C. (1988), 'Donald MacLeod, the Skye Bard – His Life and Songs', *Transactions of the Gaelic Society of Glasgow*, 1: 18–33, esp. p. 22.

7. MacLeod, John N. (1917), 'Dòmhnull nan Òran: Am Bàrd Sgitheanach', *TGSI*, 29 (1914–19): 119–133, esp. p. 125.

8. MacKinnon, Donald (1913–14), 'Neil MacLeod', *Celtic Review*, 9: 151–156; esp. pp. 153–154.

9. Thomson 1974: 232.

10. See *A' Chòisir Chiùil*, parts 1–4 for songs by Neil prescribed for the Mod.

11. See for example Sorley MacLean (1985), 'Realism in Gaelic poetry' in W. Gillies (ed.), *Ris a' Bhruthaich*, Stornoway, Acair.

12. Macdonald 2013.

13. A comparison can be made here with Iain MacIllEathain, Bàrd Thighearna Chola (1787–1848), a contemporary of Dòmhnall's, who also collected songs and published them with his own in 1818 before leaving for Canada (thanks to Rob Dunbar for this information).

14. See no. 49. 'Smeòrach nan Leòdach' and cf. 'Òran na Comhachaig' by Dòmhnall mac Fhionnlaigh nan Dàn, *c.*1550.

15. Listed in the 1889 Register of Marriages for the District of Blythswood in the Borough of Glasgow.
16. John MacInnes quoted by Ian MacLeod (Dingwall) in Thomson (1983: 183).
17. http://www.youtube.com/watch?v=dRp40Adh0GU.
18. MacDiarmid 1888: 23.
19. See Macdonald, A. and Macdonald, A., eds (1924), *Poems of Alasdair mac Mhaighstir Alasdair*, Inverness, Northern Counties Newspaper and Publishing Co. Ltd, pp. 370–401 and Watson, W.J., ed. (1937), *Scottish Verse from the Book of the Dean of Lismore*, SGTS, fol. pp. 218 and 224.
20. It should be noted that Aonghas Dubh MacNeacail thinks that this is one of the poems by Iain Dubh published under Neil's name.
21. Poem no. 5, p. 36.
22. A comparison of love poems could be made between 'Litir Ghaoil ga Freagairt' by Dòmhnall, 'Ò Anna, Na Bi Brònach' by Iain and 'Màiri Bhaile Chrò' by Neil; and of nature poems, between 'Òran do Thulaich Ghlais ris an Abrar 'Tungag' by Dòmhnall, 'Òran an Àigich' by Iain and 'An Gleann san Robh Mi Òg' by Neil.
23. See 'Cumha Eilean a' Cheò', 'Bàs Leanabh na Bantraich' and 'Cumha Leannain'. A different sort of ventriloquism is evident in 'Tobar Thalamh-Toll', which he wrote for a specific old woman when she was moving away from the well that had served her for many years.
24. Meek 1976: 309–376,
25. 'An Gamhainn a Bha aig Mo Mhàthair' and 'Tost Dhòmhnaill an Fhèilidh'.
26. These are 'Anna NicLeòid','Gillean Ghleann Dail', 'Mo Mhàthair an Àirnicreap', 'Òran a' Cheannaiche', 'Oran do dh'Fhear Hùsabost','Tost Dhòmhnaill an Fhèilidh' and 'Nuair Rinn Mi Do Phòsadh'.
27. MacLeod 1917b: 127.
28. MacLeod 1917b: 155
29. Though they vary in length between three and 22 verses (the latter in couplets), the vast majority (59/88 – almost two-thirds) are between 6 and 9 verses long, 6 being the commonest.
30. MacLean 1985: 69; Thomson 1974: 232.
31. See also 'Aoir Dhòmhnaill Ghrannda', 'An Gamhainn a Bha aig Mo Mhàthair' and ''S Truagh nach Mise Bha Thall an Caileabost'.
32. Letter dated 8 March 1898, NLS NE.4.g.11, v. 4 – Neil MacLeod to A. MacDonald. This letter was located by Ulrike Hogg (NLS).
33. Letter dated 26 May 1898, NLS NE.4.g.11, v. 4 – Neil MacLeod to A. MacDonald.
34. MacLean 1985: 68.
35. Bassin, Ethel (1977), *The Old Songs of Skye: Frances Tolmie and her circle*, London: Routledge & Kegan Paul, pp. 106–107. Thanks to Colm Ó Baoill for drawing attention to this connection between Tolmie and Neil.
36. A note in Malcolm MacFarlane's handwriting among his papers says that there are many who know all Neil's songs, and that he had never written or set a poem to music that was not executed with finesse: 'Is dìomhain a bhi leughadh eiseimpleir air bàrdachd Niall. Cha'n urrainn da bhi nach eil moran dibh a tha eolach oirre air fad.

Cha d' rinn e ordu-seinn no dàn nach eil math agus tha cuir fìor ghrinn. (NLS Acc 9736/65, miscellaneous notes and fragments in red ink on a strip of paper 6×1 inch).

37. I must thank Mairead Bennett for this point.

38. The phrase comes from Gerda Stevenson, a singer-songwriter herself.

Biographical Details

1. Listed in the 1889 Register of Marriages for the District of Blythswood in the Borough of Glasgow.

2. http://www.bbc.co.uk/alba/oran/people/iain_macleoid_iain_domhnall_dubh_nan_oran/

3. http://www.tobaranduaIchais.co.uk/en/fullrecord/53309/5. Further anecdotes can be heard on the web-site of Bliadhna nan Òran: http://www.bbc.co.uk/alba/oran/orain/mo_mhathair_an_airnicreap/.

4. Personal correspondence, October 2013.

5. Thanks to Mary Beaton and Allan Campbell for this information on Anna a' Phosta. Allan Stewart was Mary Beaton's granduncle.

6. http://www.tobaranduaIchais.co.uk/en/fullrecord/57486/12

7. See the register of marriages for the District of Duirinish.

8. Donald appears to have died when very young; he is not listed in any census returns subsequent to that of 1851.

9. Register of deaths for 1872 and 1898.

10. See 'Teaghlach Dhòmhnaill nan Òran', fol.

11. Personal communication, November 2013.

12. See notes on 1841 census on the Scotlands People website: http://www.scotlands people.gov.uk/content/help/index.aspx?1262

Niall MacLeòid

1. Ùisdean MacRath (d. 1988, Troon) remembered as a child being given a shilling by Neil, and described him with his wide blue eyes and white hair as having the appearance of a saint. http://www.bbc.co.uk/alba/oran/people/uisdean_macrath/

Iain Dubh

1. I am grateful to Dorothy Henderson, née Thorburn, for this information.

2. See http://www.bbc.co.uk/alba/oran/people/uisdean_macrath/

3. Personal correspondence with Allan Campbell 31: 08: 13.

4. See http://www.bbc.co.uk/alba/oran/people/uisdean_macrath/

5. See MacKinnon, Iain (2012), "*eachdraidh nar cuimhne*' An analysis of the idea that the Highlands and Islands of Scotland can be understood as a site of internal colonisation', unpublished PhD thesis, University of Ulster.

Sources for the Texts and Tunes and Editorial Notes

1. See Watson (1976: xli) for further examples of this metre in vernacular verse.

A Word on Dòmhnall nan Òran's Metres

1. Watson (1976: liv-lxiv, esp. lx) refers to the 'long line' as the basic unit, even when it is printed as a couplet, but I prefer to use the term 'couplet', both because this is the form in which the poems are conventionally printed, and because each line of the couplet is of similar line length to the syllabic verse with which there is a clear overlap.

Bibliography

A' Chòisir-Chiùil: the St. Columba Collection of Gaelic songs arranged for part-singing, originally published in six parts, the final part in 1913.

Bassin, Ethel (1977), *The Old Songs of Skye: Frances Tolmie and her circle*, London, Routledge & Kegan Paul.

Bateman, Meg (2009a), 'The environmentalism of Donnchadh Bàn: pragmatic or mythic?' in C. MacLachlan (ed.), *Crossing the Highland Line: Cross-Currents in Eighteenth-Century Scottish Writing*, Glasgow, ASLS.

Bateman, Meg (2009b), 'Cruth na Tìre ann am Mac-meanmna nan Gàidheal' ann an RichardCox (deas.), *Dualchas agus an Àrainneachd*, Skye, Clò Ostaig.

BBC (1964), James Ross's radio programme, *Iain Dubh Dhòmhnaill nan Òran*, broadcast 3 February 1964.

BBC (*c.*1977), Aonghas Dubh MacNeacail's programme on Iain Dubh in the series *Bàird nan Òran.*

Bliadhna nan Òran, BBC website of Gaelic songs: http://www.bbc.co.uk/alba/oran/en/

Budge, Rev. Domhnull (1972), 'Bàird an Eilean Sgiathanaich: Domhnull MacLeòid,'Domhnull nan Oran', *TGSI*, 47: 392–403.

Burns, Robert, 1969, *Poems and Songs*, ed. James Kinsley, Oxford, Oxford University Press.

Campbell, John Gregorson (1891), *Waifs and Strays of Celtic Tradition,* vol. 4, London.

Dinneen, Patrick (1927), *Focloir Gaedhilge agus Béarla*, Dublin.

Domhnallach, Tormod (1965). 'Dioghlum bho Achaidhean na Bàrdachd', *Gairm*, 51: 270–278; 52: 316–323; 53: 29–42.

Gillies, Anne Lorne (2005), *Songs of Gaelic Scotland*, Edinburgh, Birlinn.

Gillies, W., ed. (1985), *Ris a' Bhruthaich*, Stornoway, Acair.

Loughran, Anne (1986), 'The Literature of the Island of Skye: A bibliography with extended annotation', two volumes (vol. I, pp. 218–236, 238–245 on the MacLeods, Donald, Iain and Niall), M Litt thesis, University of Aberdeen. Revised version available online at: www.apjpublications.co.uk/skye.

MacAonghais, An t-Urr. Iain (1973), 'Bardachd Iain Duibh Mac Dhomhnaill Nan Oran', *Gairm*, 82: 113–121.

Macbain, 1896, *An Etymological Dictionary of the Gaelic Language,* Stirling.

MacCodrum, John (1938), *The Songs of John MacCodrum*, vol. 2, ed. William Matheson, Edinburgh, SGTS.

MacDiarmid, R.C. (1888), 'Donald MacLeod, the Skye Bard – His Life and Songs', *Transactions of the Gaelic Society of Glasgow*, 1: 18–33.

Macdonald, A. and Macdonald, A., eds (1924), *Poems of Alasdair mac Mhaighstir Alasdair*, Inverness, Northern Counties Newspaper and Publishing Co. Ltd

MacDonald, Martin (2013), 'Màiri Bhaile Chrò is caileagan eile', The Gaelic column, *The Press and Journal*, 31 August 2013.

MacGregor, Alasdair Alpin (1930), *Over the Sea to Skye*, London, Chambers.

MacInnes, Lt. Col. John (1899), *The Brave Sons of Skye,* London, Eyre & Spottiswoode.

MacInnes, Rev Dr John, NLS Inventory Acc. 10022 Rev Dr John MacInnes, 105 'Iain Dubh MacDhomhnuill nan Òran' and 108 'A small Gaelic Verse collection'.

MacKenzie, John (1872), *Sàr-Obair nam Bàrd Gaelach,* Edinburgh (first published 1841).

MacKenzie, William (1934), *Old Skye Tales,* Glasgow.

MacKinnon, Donald (1913–14), 'Neil MacLeod', *Celtic Review,* 9: 151–156.

MacLean, Sorley (1985), 'The Poetry of the Clearances' in W. Gillies (ed.), *Ris a' Bhruthaich*, Stornoway, Acair.

MacLeod, Donald John (1980), *Twentieth Century Publications in Scottish Gaelic,* Edinburgh, Scottish Academic Press.

MacLeod, Gordon (2011), 'The MacLeods of Trumpan Reconsidered', *MacLeod Genealogical Notes,* 21 September

MacLeod, John N. (1917a), 'Domhnull nan Oran: Aitreabh Ruairidh', *Guth na Bliadhna,* 14: 444–467.

MacLeod, John N. (1917b), 'Dòmhnull nan Òran: Am Bàrd Sgitheanach', *TGSI,* 29 (1914–19): 119–133.

MacLeod, Neil (1922–23), 'Còmhradh eadar Oganach agus Oisean', *Gailig (An Deò- Gréine),* 18: 58–59, 77–78.

MacLeòid, Dòmhnall Iain (2011), *Dualchas an Aghaidh nan Creag: Gaelic Revival 1890–2020,* Inbhirnis, Clò-beag.

MacLeòid, Domhnul (1811), *Orain nuadh Ghaeleach maille ri beagain do cho-chruin- neachadh urramach na'n aireamh.* Le Domhnul MacLeoid, ann an Durinish, sa'n Eilan Sciatheanach. Inbhirneis: Eoin Young. Also a digital book: http://digital.nls.uk/ early-gaelic-book-collections/pageturner.cfm?id=76648173.

MacLeòid, Domhnull (1871), *Dàin agus Orain.* Domhnull MacLeòid. Glaschu: Mac-na-Ceardadh. [Dòmhnall nan Òran]. Also a digital book: http://digital.nls.uk/ early-gaelic-book-collections/pageturner.cfm?id=78767280.

MacLeod, Fred T. (1912–13), 'Notes on the Relics preserved in Dunvegan Castle, Skye, and the Heraldry of the Family of MacLeod of MacLeod', *Proceedings of the Society of Antiquaries of Scotland,* 47: 111–112. Available at: http://archaeologydataservice.ac.uk/myads/copyrights.

Macleod, Dr Roderick (2013), *Dr Lachlan Grant of Ballachulish: His Life and Times,* Isle of Colonsay, House of Lochar

MacLeòid, Niall, *Clàrsach an Doire,* 6 edns, 1883–1975, this edition 1975, Glasgow, Gairm.

Neil MacLeod, letters to A. MacDonald in NLS NE.4.g.11, v. 4 fol.

Mac-Talla (1892–1904), Gaelic newspaper published Sydney, Nova Scotia.

Matheson, William (1970), *The Blind Harper: The Songs of Roderick Morison*, vol. 12. Glasgow, SGTS.

Mhàrtainn, Cairistiona (2001), *Òrain an Eilein,* An t-Eilean Sgitheanach, Taigh na Teud.

Meek, Donald (1976), 'Gaelic Poets of the Land Agitation', *TGSI*, 49 (1974–76): 309–376.

Meek, Donald E. (2003), *Caran an t-Saoghail,* Edinburgh, Birlinn.

Morrison, Alick (1976), *The MacLeods: the Genealogy of a Clan,* Section 5, Edinburgh, Associated Clan MacLeod Societies.

National Records of Scotland for 1872, Deaths, County of Inverness, Parish of Duirinish, Poloskin, etc.

Ó Dónaill, Niall (1977), *Foclóir Béarla*, Baile Átha Cliath: Oifig an tSoláthair.

Thomson, Derick (1974), *An Introduction to Gaelic Poetry*, London, Gollancz.

Thomson, Derick, ed., (1983), *The Companion to Gaelic Scotland*, Oxford, Blackwell.

Thomson, Derick (1993), *Gaelic Poetry in the Eighteenth Century*, Aberdeen, ASLS.

Thomson, Derick (1996), *Alasdair Mac Mhaighstir Alasdair: Selected Poems*, Edinburgh, SGTS (New Series).

Thompson, Frank (1992), *History of An Comunn Gaidhealach: The First Hundred,* Inverness, An Comunn Gaidhealach.

Tobar an Dualchais (a website of over 33,000 sound recordings made in Scotland since the 1930s): http://www.tobarandualchais.co.uk/

Watson, W.J., ed. (1937), *Scottish Verse from the Book of the Dean of Lismore,* SGTS.

Watson, W.J. (1976), *Bàrdachd Ghàidhlig,* An Comunn Gàidhealach (first publ. 1918).

Whyte, Henry (1883), *The Celtic Lyre,* Edinburgh and Glasgow.

Index of Titles

Index of First Lines

Index of People and Places

References are given to
poems by number and verse.

Aaron 58.13
Adam 10.13; 59.9
Àdhamh 10.13; 59.9
Ahab 58.8
Àigeach, an t- 42 *passim*;
   43.1
Aingle, na h- 59.7
Àirnicreap 34.1
Alasdair Macleoid, Caiptean
   49 *passim*
Alasdair Caimbeul 45.3
Alba 10.10; 3.4; 44.4;
   49.10 and 31; 44.4 and
   8
Alum 58.2
Angels, the 59.7
Anna Campbell 34.5
Anna Chaimbeul 34.5
Anna MacLeod 36.1; 37
   passim
Anna MacQueen 41.3
Anna NicCuinn 41.3
Anna NicLeòid 36.1; 37
   passim
Aodann Bhàn, an 48.2
Aoineart 49.5
Astrailia 43.3
Atlantic, the 5.9

Australia 43.3

Bàbeil 58.6
Babel 58.6
Bachelor, the Old 19 title
Bailiff, the 18.13
Bàillidh, am 18.13
Bail-o-Cliar 55.5
Balàam 57.6
Barabas 58.13
Bàrd, am 43 *passim*; 47.5
Bàrd, Am 25 *passim*
Bàs 20.7; 51.10
Bean Dhòmhnaill Bhàin
   45.2
Bean Iain 'icAoidh 41.9
Belshazzar 58.5
Beltesàsar 58.5
Beurla 18.4
Baile Chrò 4 *passim*
Bhantrach, a' 20 title
Bhatan 49.3
Bhatarsteinn 42.1
Bhean, a' 41 *passim*
Bhràghaid Alba 37.3
Big Iain 47.1 and 4
Blà-bheinn 24.9
Blackie, Professor John
   Stuart 8.1; 9.1 and 5;
   32 *passim*
Blaven 24.9

Bòrd, Am 23, line 65
Bratach-shìtheadh nan trì
   seallaidh 50.30
Breadalbane 37.3
Breatainn 53.13
Breitheamh, am 15.12
Breitheanas, am 58 title
Bridegroom, the 57.2
Bull, the 50.14
Buntàta, am 56 *passim*

Caileabost 35.1
Cain 58.7
Calum Ros 43.6
camel, the 57.4
càmhal, an 57.4
Cape of Good Hope 35.3
Catrìona Ghrannd 39 title
Catriona Grant 39 title
Ceann a' Bhaile 46.4
Ceann an t-Sàile 57.6
Ceann Sàil Aoighre 23, line
   8
Ceannaiche, an 43.1
Ceap an Dòchais 35.3
Ceard, an 28 *passim*
Charles the keeper 38.11
Cheàrdach, A' 31 *passim*
Children *see* Clann
China 33.6
Chreag, a' 43 *passim*

Author, the (God) 23, line 60

Thrush of Clan MacLeod, the 50 *passim*

Tì, An 22.7; 30.4

Tiel, son of the King of Norway 38.5

Tinker, the 28 *passim*

Tobar Thalamh Toll 27 *passim*

Tòphat 58.10; 59.7

Topheth 58.10; 59.7

Totaig 57.12

Tough Donald 28 *passim*

Tower, the 50 chorus

Townhead 46.4

Tree 1.1; 3.4; 4.5; 6.7;11.2 and 11; 12.6; 29.2 and 9; 30.6; 31.2; 36.5; 38 *passim*; 49.12; 50.7 and 28; 58.2

Trì, na 59.6

Triath, an 59.1

Trinity, the 59.6

Tungag 60.1

Tùr, an 50 chorus

Uaigh/fon fhòd/fo na leacan/ fon ùir 4.7; 9.2; 16 *passim*; 20.9; 28.19; 29.11 and 13; 31.1; 32.7; 34.2; 47.2; 56.8; 57.4

Uan, an t- 57.9; 58.14; 59.11

Ughdar, an t- 23, line 60

University 9.3; 57.6

Vatten 49.3

Virgins, the wise and foolish 57.2

Waterstein 42.1

Well of Earth Hole 27 *passim*

Widow 20 title

Wife of John Mackay 41.9

Wife, my own 41 *passim*